U0935993

现代职业教育体系建设系列教材

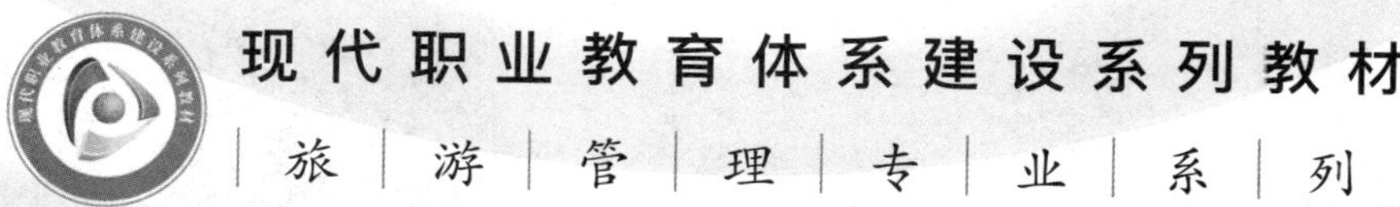

LÜYOU DIANZI SHANGWU

旅游电子商务

杨香花 郭盛晖⊙主编

广东高等教育出版社
Guangdong Higher Education Press
·广州·

内容简介

本教材共分为4个项目，介绍以网络为主体，以旅游信息库为基础，利用最先进的电子手段运作旅游业及其分销系统的商务体系。内容贴近旅游企业的工作任务，提供实训操作步骤图，图文并茂，有助于学生课内外学习，满足不同层次、不同教学条件下课程教学的需要。

图书在版编目 (CIP) 数据

旅游电子商务 / 杨香花，郭盛晖主编. —广州：广东高等教育出版社，2017. 10（2021. 7 重印）
（现代职业教育体系建设系列教材. 旅游管理专业系列）
ISBN 978 – 7 – 5361 – 5926 – 6

Ⅰ. ①旅…　Ⅱ. ①杨…　②郭…　Ⅲ. ①旅游业 – 电子商务 – 高等职业教育 – 教材　Ⅳ. ① F590. 6–39

中国版本图书馆 CIP 数据核字（2017）第 123475 号

出版发行	广东高等教育出版社 地址：广州市天河区林和西横路 邮编：510500　营销电话：（020）87551597　38493773 网址：http://www.gdgjs.com.cn
印　　刷	广州市穗彩印务有限公司
开　　本	787 mm × 1 092 mm　1/16
印　　张	20
字　　数	490 千
版　　次	2017 年 10 月第 1 版
印　　次	2021 年 7 月第 2 次印刷
定　　价	46.00 元

出版说明

自2014年全国职业教育工作会议召开以来，职业教育改革发展进入了新的发展阶段。各地围绕推进职业教育领域综合改革，大力发展现代职业教育。在新一轮的改革创新浪潮中，广东省将科学建立现代职业教育系列标准，推动现代职业教育课程教材改革作为深化职业教育改革的重要内容。《广东省人民政府关于创建现代职业教育综合改革试点省的意见》中明确要求：“建立中职—专科高职—应用本科衔接互通的标准框架体系及专业课程教学标准，开发相关的示范课程及教学资源库，研制现代职业教育体系规划教材。”《广东省现代职业教育体系建设规划（2015—2020年）》也明确提出：“到2020年，在50个专业试点中高职衔接专业标准和课程标准，开发500门中高职衔接的示范课程及资源库，编写1 000本现代职业教育体系规划教材。”

为贯彻落实省政府加快发展广东现代职业教育的工作部署，2013年以来，广东省教育厅陆续启动了74个专业教学标准和课程标准研制项目，取得了一批重要的研究成果，包括现代职业教育标准体系建设系列丛书，一批专业的教学标准以及1 100多门专业核心课程标准。广东省教育厅十分重视标准研制成果的推广和应用，连续两年下发通知（粤教职函〔2015〕77号、粤教职函〔2016〕58号），明确各地、各中等职业学校要特别围绕已经完成的专业教学标准和课程标准开发教材。广东省教育研究院聚焦标准成果的转化，组织参与标准研制的专家学者和一线教学经验丰富的专业教师，研发出目前呈现在读者面前的系列教材。

本系列教材以专业教学标准和课程标准为依据，呈现出三大特点：一是系统性。专业教学标准和课程标准的研制始终坚持“能力核心、系统培养”的指导思想，通过岗位分层实现职业能力分级，基于职业能力分级实现中职、高职、本科的教育分层。教材的研发与标准研制一脉相承，体现教育属性和职业属性的有机结合，既能满足专业教学及升学的需要，也能满足就业的需求。二是创新性。标准研制成果明确地将职业能力点有机地融入课程之中，建立了以职业能力为核心、中高职分级培养的课程体系。教材通过行动导向、项目引领、任务驱动等模块化教学，增强了“做中学、做中教”的教学双向互动，让职业能力培养有效地体现在教学过程当中。三是实用性。教材内容的研发基于工作过程及职业情境，对准由行业企业专家提出的真实用人要求和职业

活动，让学生切实掌握就业岗位工作内容，达到职业能力及职业道德要求，实现学有所指、学有所用的目的。

系列教材的研发得到了广东省教育厅高中职处、高教处等领导的关心和指导，也得到省内有关职业院校、行业企业的大力支持和积极参与，在出版期间尤其得到了广东高等教育出版社的大力支持，在此特别致以衷心的感谢！

系列教材的出版是我们为了实施和推广专业教学标准和课程标准所做的一项探索性工作，由于水平有限，难免存在不尽如人意之处和谬漏，恳请广大专家、读者和一线教师提出宝贵意见，帮助我们把这项工作做得更好。

现代职业教育体系建设系列教材编委会
2016 年 7 月

前　言

在信息技术日新月异、管理理念层出不穷、企业信息化建设全面推进的市场形势下，高等教育作为为社会输送高端人才的基地，面临着优化课程体系结构，使教学内容更贴近社会、贴近应用的责任。旅游电子商务是一门典型的边缘学科，其内容随着管理理论、信息技术和企业应用的发展而不断更新。任何一门应用学科，只有紧密结合企业实际，才能使学科发展更具有生命力，由此对课程的实践性提出了更高的要求。在现行教育条件下，如何兼顾学科发展的前沿性、实践性以及实验条件的差异性，为学习者提供一套先进、完整、可操作的实验体系成为《旅游电子商务》教材创作团队共同的目标。

1. 体系结构

本教材共分为4个项目，项目1旅游电子商务应用模式分析，通过小科及其团队亲自体验与撰写《旅游电子商务发展历程与现状》《携程旅行网商业模式分析》来理解旅游电子商务的基本概念与内涵、发展现状与发展模式。项目2旅行社内部管理信息系统运营，以小科在旅行社对旅行社业务管理系统的操作为主线，来了解旅行社日常工作过程中业务系统的操作，如录入和维护旅游线路、制订旅游团队计划、销售旅游产品、安排旅游团队接待、统计旅游业务、设置与维护旅行社系统、管理旅行社系统用户及比较分析常见旅行社系统功能。项目3旅行社电子商务及其网站运营管理，以小科团队完成旅行社网站运营管理过程中一系列任务来熟悉旅行社网站运营管理过程，这些过程包括分析与评价旅行社官方网站界面与内容，撰写旅行社官方网站搜索引擎优化分析报告，设计旅行社官方网站方案，设计旅行社官方网站首页，申请与运营旅行社微信公众号，制作旅行社产品营销广告图片，制作旅行社宣传微视频。项目4旅游目的地电子商务及其网站运营管理，也是以旅游目的地景区日常工作的常见任务为训练任务，包括分析与评价旅游目的地网站，设计旅游目的地网站方案，设计旅游目的地网站首页，撰写旅游目的地产品营销软文，制作旅游目的地产品微视频。

2. 内容设计

每个项目都包括本项目的学习目标、项目情景、项目导图，项目下有实训任务，实训任务包含任务引入、任务准备、任务实施、任务资源、学习评价、知识链接等内容，每个项目的最后还有拓展训练。任务实施包含系列学习活动，每个学习活动分步骤完成。通过完成一个一个的学习活动，最后完成整个任务。

3. 教材特色

为了满足不同层次、不同教学条件下“旅游电子商务”课程教学的需要，经过反复论证和精心设计，形成本教材逻辑清晰、精心打造、独树一帜的风格特色。本教材的特色归纳如下：

（1）内容贴近旅游企业工作任务。

本教材中的实训任务基本上来自于旅游企业实际业务当中的具体任务，然后经过加工处理形成典型工作任务，再形成实际实训任务。

（2）方便自主学习，提供实训操作步骤图。

考虑到在特定的教学条件下，很多实训在规定的教学学时内无法安排，需要学生在课外自行完成，以及企业员工在实际操作过程中没有旁人指导，因此教材对每个实训任务操作做出了周密考虑，并且提供实训操作的步骤图演示。学生和企业员工可以参照步骤图自主完成相应任务，掌握相关内容。

本教材主要供高校旅游管理专业教学使用，也可以作为旅行社、景区企业员工信息化应用培训的学习资料。

本教材由杨香花、郭盛晖担任主编，王取银、陈顺、刘雨涛、黄湛波担任副主编。郭盛晖编写了项目 1，王取银、黄湛波编写了项目 2，杨香花编写了项目 3 并负责本教材的统稿，陈顺、刘雨涛编写了项目 4。

由于计算机技术、网络技术是一个发展极为迅速的新兴领域，其理论框架和方法体系还在建设和完善的阶段，因此，在本教材的编写过程中我们虽然做了不懈的努力，但由于作者本身水平有限，教材缺点、错漏在所难免。我们诚挚地希望读者对本教材的不足之处给予批评指正，多提宝贵意见，以便于教材修订时加以完善。

编　者

2017 年 2 月

目 录

项目 1
旅游电子商务应用模式分析

学习目标

（1）了解我国常用的旅游电子商务平台。
（2）掌握旅游电子商务平台的操作流程。
（3）能够在旅游电子商务网站平台上预订酒店、机票、景点门票等旅游产品。
（4）能够在旅游电子商务平台在线支付产品费用。
（5）了解我国旅游电子商务应用发展现状、旅游电子商务相关概念与分类。
（6）掌握旅游企业经营理念与品牌营销等相关知识。
（7）能够上网搜集某旅游电子商务平台发展相关资料，分析其商业模式。
（8）在小组协作学习过程中，提高学生自主学习与团队协作精神。

项目情景

小科是旅游管理专业大学一年级（简称“大一”）的学生，即将放暑假，他想利用暑假期间出去游览大一课堂上老师介绍的《我想去桂林》那首歌中提到的景点桂林，但现在属于有时间没有钱的阶段，需要节约开支。他听说现在旅游电子商务网站上有优惠，很多网站“烧钱”拓展旅游市场，于是他想利用互联网去实现旅游计划与安排，同时他也在思考现在的旅游电子商务到底发展得怎么样了？这么多旅游网站，这些网站都是通过什么方式进行盈利的呢？是一种什么样的商业模式？将来自己是否也可进入旅游电子商务行业中？

项目导图

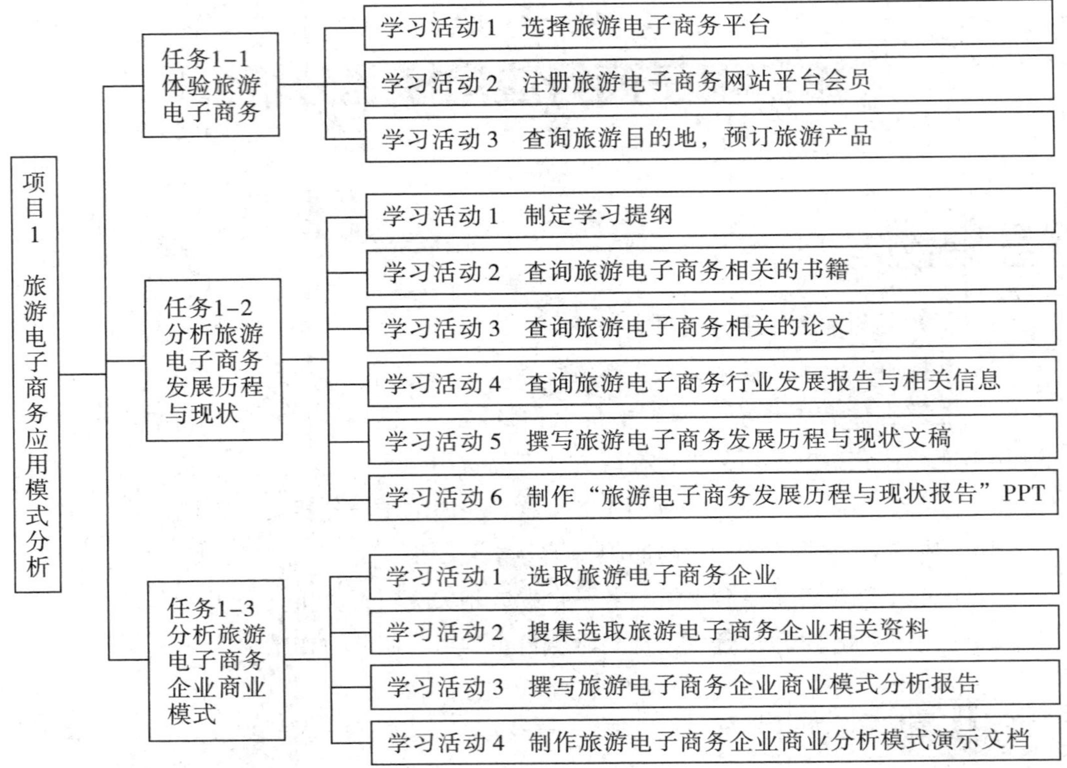

任务 1-1　体验旅游电子商务

任务引入

小科想利用现在比较流行的旅游电子商务平台来实现自己的暑假出游计划，于是他开始在“百度”中查找旅游电子商务网站，在网络平台上查找桂林旅游的相关信息，预订去桂林的高铁票和酒店，实现自己的梦想。

任务准备

作为第一次运用旅游电子商务平台的新手，要完成网上查询信息、订票的工作，首先要上网查询主要的旅游电子商务平台网站；其次要去银行办理网络银行，申请支付宝等在线支付工具。

任务实施

学习活动 1　选择旅游电子商务平台

通过搜索查询、了解目前常用的旅游电子商务平台（或旅游手机 APP），然后选取自己喜欢的平台。

步骤 1：百度查询旅游网站

小科在百度（http://www.baidu.com）输入搜索关键词“中国旅游网排行榜”，点击“百度一下”，就进入如图 1–1–1 所示界面。百度左侧为查询结果，右侧相关网站是推荐与搜索词相关的网站。从图 1–1–1 来看，小科大概知道了目前我国比较流行的旅游网站有携程、途牛、艺龙、同程、驴妈妈等，对旅游网站的名称有了初步认识。

步骤 2：深入了解旅游网站

为了更深入了解旅游网站，小科点击了搜索中的第 3 条，进入如图 1–1–2 所示的界面，即旅游网站排名榜单。从图 1–1–2 可知，携程旅行网排名第一，接下来是去哪儿、蚂蜂窝等。小科相信网络排名，最终选择了携程旅行网，在此平台上进行预订。

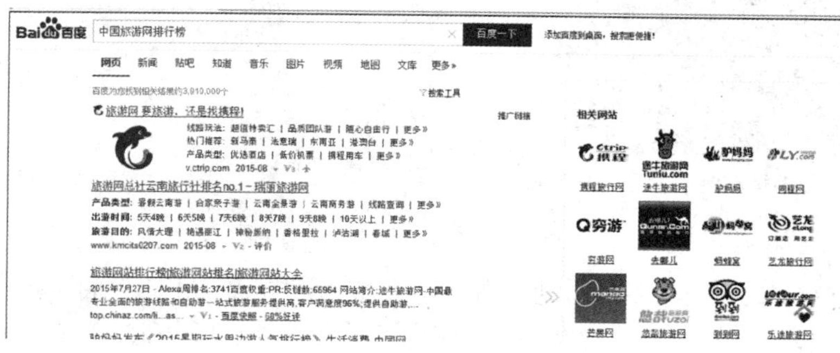

图 1–1–1　百度搜索界面

榜单 - 网站排行榜　TOP.CHINAZ.COM/TOP500　搜索

TOP500　交通旅游　旅游网站

TOP500 / 休闲娱乐 / 生活服务 / 综合其他 / 教育文化 / 网络科技 / 行业企业 / 体育健身 / 医疗健康 / 交通旅游（旅行社、酒店宾馆、交通地图、票务预订、旅游网站） / 新闻媒体

旅游网站排名榜单　　筛选排序

排名	网站	ALEXA	权重	PR	得分	趋势
1	携程旅行网	1132	9	7	4305	↓
2	去哪儿	387	9	7	4304	↓
3	蚂蜂窝	1952	9	7	4288	↑
4	途牛旅游网	3360	9	7	4269	↓
5	欣欣旅游网	15910	9	6	4002	↑
6	艺龙旅行网	4616	8	7	3639	↓
7	酷讯旅游网	19380	8	7	3506	↑
8	驴妈妈旅游网	2253	7	7	3449	↓
9	乐途旅游网	1402	7	7	3391	↑
10	穷游网	2934	7	6	3292	↓

图 1–1–2　旅游网站排名榜单（2015–8–7 查询）

（资料来源：http://top.chinaz.com/top500？t=279）

学习活动 2　注册旅游电子商务网站平台会员

根据自己的喜好，选取至少一个旅游电子商务网站平台或者旅游手机 APP，注册成为它的会员，然后在平台上订购旅游目的地旅游线路、酒店、机票（任选一）等旅游产品。

步骤 1：打开手机 APP

小科在他的智能手机上安装携程 APP，安装好之后手机桌面图标如图 1–1–3 所示。在图 1–1–3 中点击【携程旅行】，进入如图 1–1–4 所示的携程 APP 界面。

图 1–1–3　手机安装的携程 APP 图标

图 1–1–4　携程 APP 界面

步骤 2：进入登录 / 注册界面

在图 1–1–4 中，点击【我的】进入如图 1–1–5 所示界面，在此界面点击【登录 / 注册】进入如图 1–1–6 所示界面。在此界面上，如果已经有账号直接登录就可以，也可用微信、QQ、微博、人人网等账号进行登录。

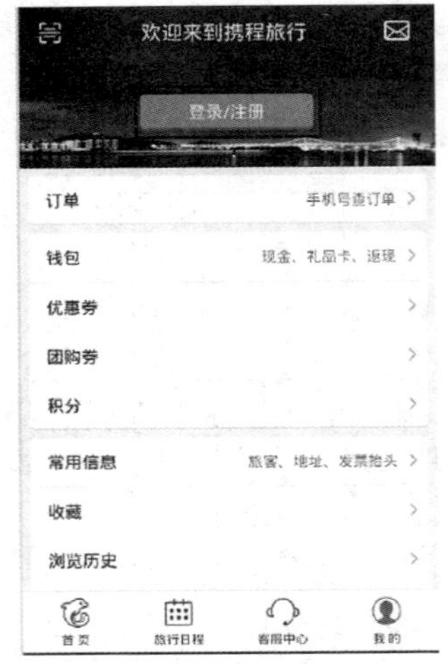

图 1–1–5　携程 APP“我的”界面

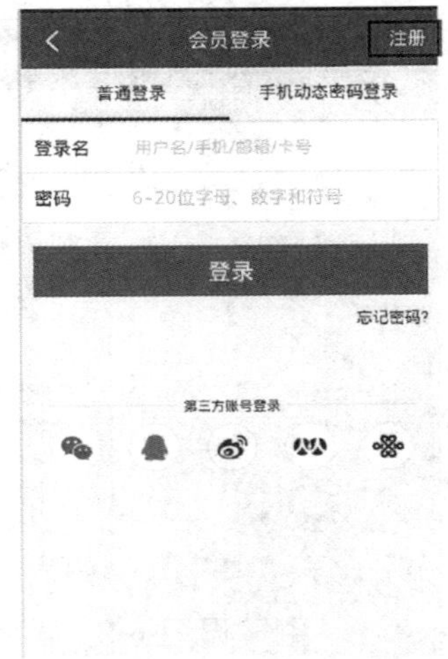

图 1–1–6　携程 APP“会员登录”界面

步骤 3：注册会员

在图 1-1-6 所示界面中，点击右上角的【注册】，就进入注册界面，如图 1-1-7 所示，在“手机号码”后面输入小科的手机号码 135×××××××7，然后点击【下一步，验证手机号】进入如图 1-1-8 所示界面，在验证码栏输入小科手机收到的验证码，点击【下一步，设置密码】，进入如图 1-1-9 所示界面，输入密码后，手机会收到注册成功短信，如图 1-1-10 所示。

步骤 4：登录会员，修改账户信息

回到图 1-1-6 所示界面，输入登录名、密码进入如图 1-1-11 所示界面，在此界面中点击【社区】进入如图 1-1-12 所示界面，在此界面中点击【设置账户信息】进入如图 1-1-13 所示界面，点击相应栏目，设置好相关信息。

温馨提示：

（1）如果已经有携程会员卡，请直接用卡号登录，无须重新注册用户名。

（2）直接用手机注册的携程会员，建议进入平台后用邮箱进行验证，选择一个常用邮箱，这样可以手机号或者邮箱账号进行登录，将来如果更换手机，需在携程“账户信息”中及时更改，同样，如果邮箱账号有变也可在此进行修改。

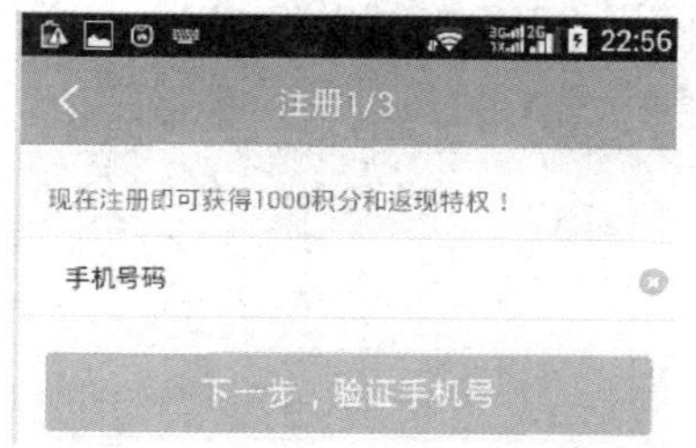

图 1-1-7 携程会员手机注册第一步

图 1-1-8 携程会员手机注册第二步

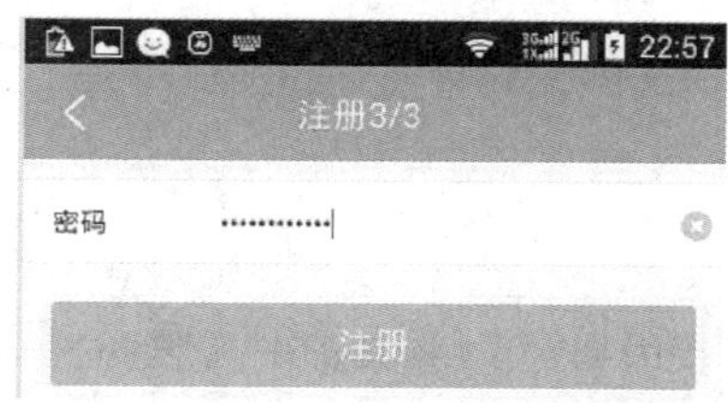

图 1-1-9 携程会员手机注册第三步

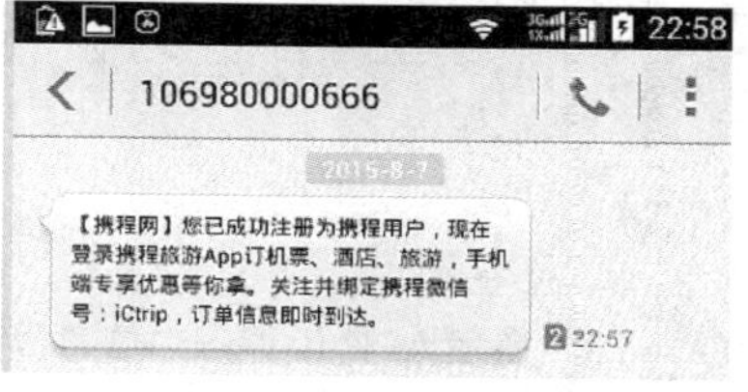

图 1-1-10 携程会员注册成功通知短信

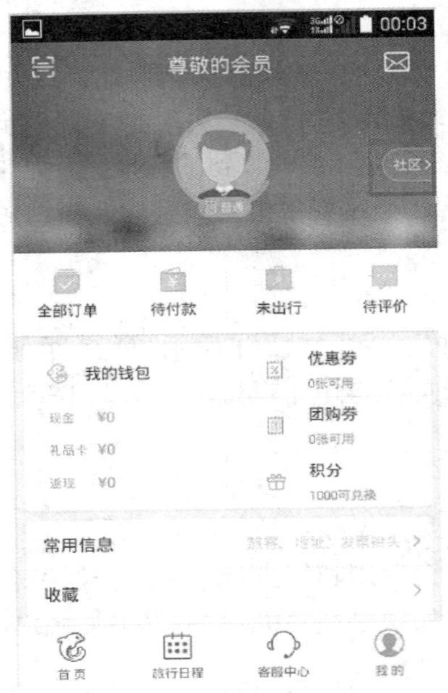

图 1–1–11　携程 APP 登录会员界面

图 1–1–12　携程 APP 社区界面

图 1–1–13　携程 APP 设置账户信息界面

图 1–1–14　携程 APP 客服中心

步骤 5：进入客服中心界面

在图 1–1–13 点击 < 返回到主界面，然后点击【客服中心】进入如图 1–1–14 所示的客服中心界面，在此可以了解常见问题的解答。到目前为止，小科已经完成了账号的注册，接下来可以查询旅游信息，购买相关旅游产品了。

学习活动 3　查询旅游目的地，预订旅游产品

请根据自己的旅游需要查找旅游目的地信息，并预订合适的旅游产品。

步骤 1：搜索旅游目的地

小科暑假的旅游计划就是去广西桂林旅游，进入携程 APP 中直接搜索关键词“广西桂林”，点击【搜索】就进入如图 1–1–15 所示的搜索界面，在这里可以看到与桂林相关的旅游产品、酒店等信息。小科选择了第二行即【桂林的全部旅游产品】，点击它之后进入如图 1–1–16 所示界面，桂林的旅游产品共有 2 683 条，第一页显示了 4 条旅游产品信息。

图 1–1–15　携程 APP 搜索界面

图 1–1–16　旅游目的地搜索结果界面

步骤 2：浏览旅游目的地旅游产品

在图 1–1–16 所示界面中点击第一个旅游产品，进入如图 1–1–17 所示界面，屏幕中上面是一张旅游景点的图片，从佛山出发，信天游，编号：2627461。下面是产品名称、价格，产品评分为 3.2 分，共有 78 人出游，有 5 条点评信息，分别列出交通线路、住宿餐食、导游讲解等信息以及出发班期与价格日历（可选择自己出行的那天查看）。

继续往下看可以看到产品特色、3 日行程、须知等信息。在产品特色栏目下面有产品经理推荐与产品特色所描述的相关信息（见图 1–1–18），小科觉得产品很不错，能够充分吸引他继续了解行程信息，该旅游产品行程信息中第一部分产品概要（见图 1–1–19），对住宿、景点、交通、自由活动进行了简单描述。接下来的行程信息对 3 天游览过程有详细的介绍。游客须知内容，包括费用包含（如图 1–1–20）、自理费用（如图 1–1–21）和预订须知（如图 1–1–22）等信息，预订须知中提到产品由深圳市深国旅行社有限公司操作。

图 1-1-17　携程 APP 旅游产品浏览第一屏

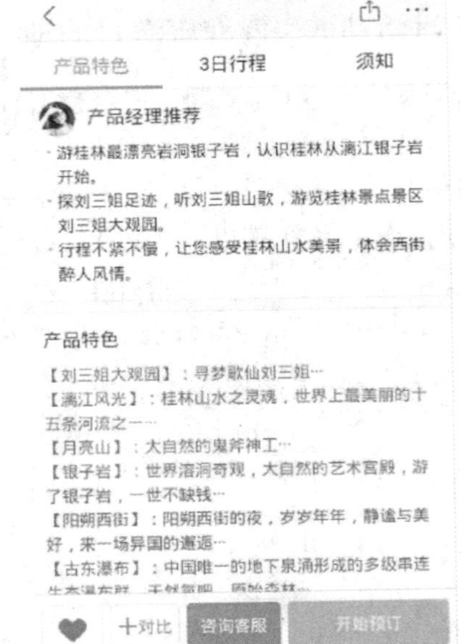

图 1-1-18　携程 APP 旅游产品特色

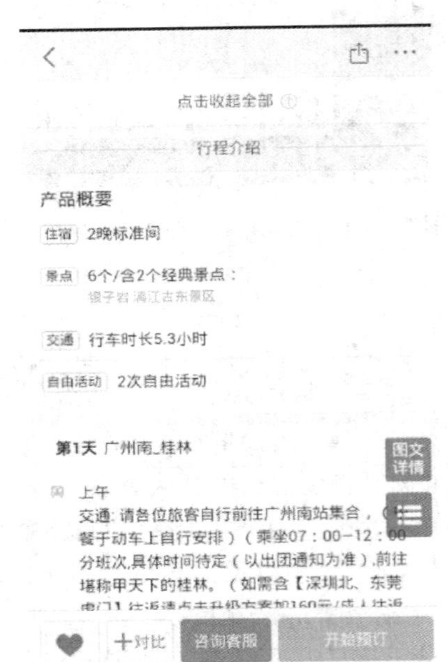

图 1-1-19　携程 APP 旅游产品行程

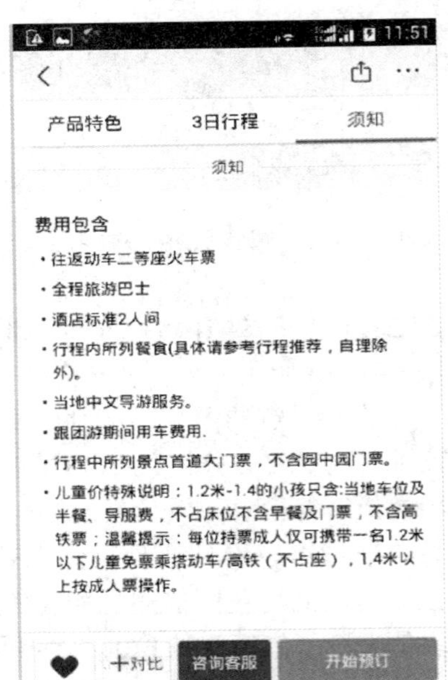

图 1-1-20　携程 APP 旅游产品须知第一屏

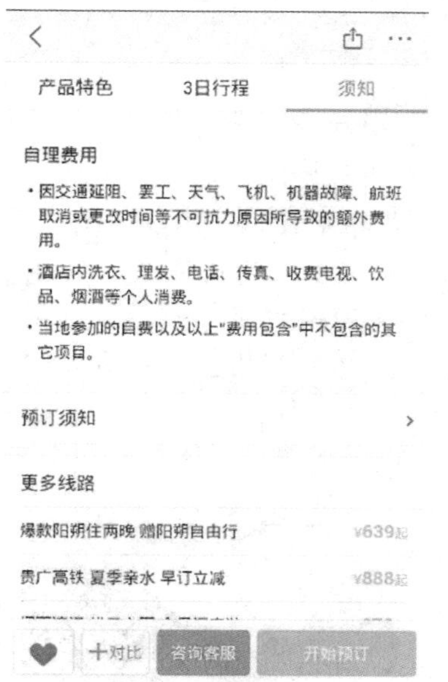

图 1–1–21 携程 APP 旅游产品须知第二屏

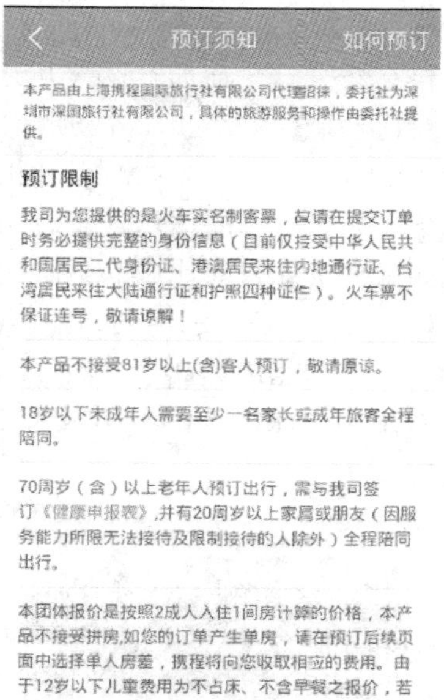

预订须知 如何预订

本产品由上海携程国际旅行社有限公司代理招徕，委托社为深圳市深国旅行社有限公司，具体的旅游服务和操作由委托社提供。

预订限制

我司为您提供的是火车实名制客票，故请在提交订单时务必提供完整的身份信息（目前仅接受中华人民共和国居民二代身份证、港澳居民来往内地通行证、台湾居民来往大陆通行证和护照四种证件）。火车票不保证连号，敬请谅解！

本产品不接受81岁以上(含)客人预订，敬请原谅。

18岁以下未成年人需要至少一名家长或成年旅客全程陪同。

70周岁（含）以上老年人预订出行，需与我司签订《健康申报表》,并有20周岁以上家属或朋友（因服务能力所限无法接待及限制接待的人除外）全程陪同出行。

本团体报价是按照2成人入住1间房计算的价格，本产品不接受拼房,如您的订单产生单房，请在预订后续页面中选择单人房差，携程将向您收取相应的费用。由于12岁以下儿童费用为不占床、不含早餐之报价，若

图 1–1–22 携程 APP 旅游产品预订须知

步骤 3：查看旅游产品点评信息

小科看完旅游产品相关信息之后，想看看曾经去过的游客的评论，希望能够从别人的评论中更深入地了解旅游产品，再做决定。因此返回图 1–1–17，点击【5 条点评】，进入如图 1–1–23 所示界面，从上面可以看出总点评分为 3.2 分，其中 4 分 3 个，3 分 1 个，1 分 1 个，游客对此次旅游感受进行评价，既有文字描述，也有对交通线路、住宿餐食、导游讲解 3 个方面的单独评价，旅游产品供应商针对游客的评价进行及时的反馈留言。小科看完这些评价之后，打算再看看其他旅游产品对比之后再决定选择哪个产品。

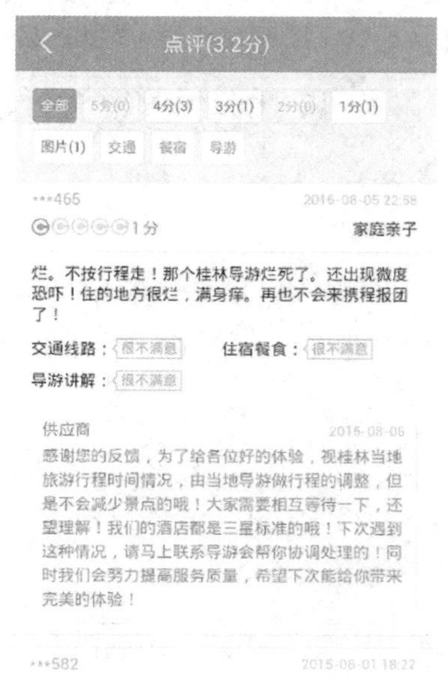

图 1–1–23 携程 APP 旅游产品点评 1

图 1–1–24 携程 APP 旅游产品点评 2

步骤 4：对比旅游产品

小科在看完这个旅游产品之后还得了解其他产品，比较之后再确定选择哪个，携程 APP 有对比功能，如图 1-1-17 所示，点击图下侧的**十对比**会变成**✔对比**，同时界面变成如图 1-1-25 所示，出现㊝图标。然后回到图 1-1-16 所示界面，选择其他产品，小科选中第二个产品了解产品信息，查看完相关信息之后，加入对比，会出现如图 1-1-26 所示界面，如果再次加入对比产品会出现㊝，以此类推，可以多个产品对比。

在如图 1-1-26 所示界面，点击㊝图标，进入如图 1-1-27 所示界面，如果有 3 个以上对比，每次只能选择 2 个，然后点击【开始对比】，进入如图 1-1-28 所示界面，从图上可以看出两个旅游产品分别从基本信息、费用、交通、酒店、景点、用餐等多个方面进行对比。

图 1-1-25　携程 APP 增加对比产品 1

图 1-1-26　携程 APP 增加对比产品 2

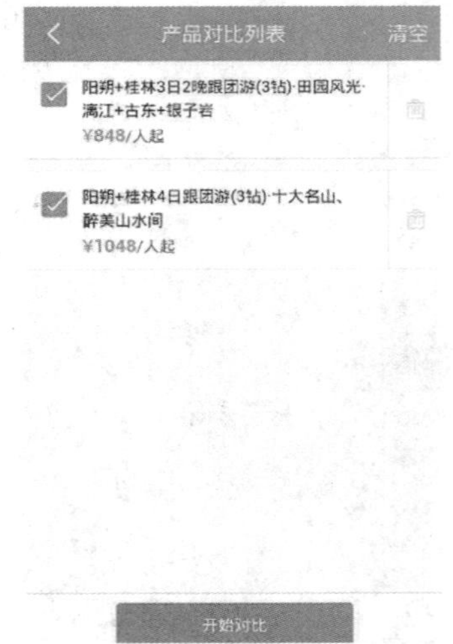

图 1-1-27　携程 APP 旅游产品对比

产品对比详情		分享
对比产品	阳朔+桂林3日2晚跟团游(3钻)·田园风… ¥848起	阳朔+桂林4日跟团游(3钻)·十大名山… ¥1048起
基本信息 出发地	佛山	佛山
费用 供应商	信天游	信天游
交通 点评	3.2分 5人点评	0.0分 0人点评
酒店 价格	成人价¥848起	成人价¥1048起
景点 线路特色		无购物
用餐 产品经理推荐	游桂林最漂亮岩洞银	轻松舒适：全程无购

图 1-1-28　携程 APP 旅游产品对比详情

步骤 5：预订旅游目的地旅游产品

在图 1–1–25 所示界面中，小科选择了费用 848 元的产品，点击【开始预订】进入如图 1–1–29 所示界面，在此界面中选择出发日期 8 月 13 日，从这个界面可以看出 8 月 28 日价格不是 848 元。旅游价格与出发日期有关，要特别注意。然后选择出行人数，可以通过加减号进行调整，总金额为 962 元，小科比较困惑，明明刚才是 848 元呀。于是他点击明细进入如图 1–1–30 所示界面，可以看出基本团费是 848 元，另加保险 114 元，总价为 962 元，退出明细界面，在图 1–1–29 中点击【下一步，选择资源】进入如图 1–1–31 所示界面，选择行程、单房差、附加费用和保险等，然后点击【下一步，填写订单】进入如图 1–1–32 所示界面，添加出行人信息，在此过程中，添加出行人信息需要录入出行人姓名、身份证号、手机号等相关信息。一切准备好之后，进入支付阶段。

图 1–1–29　携程 APP 预订旅游产品第一步

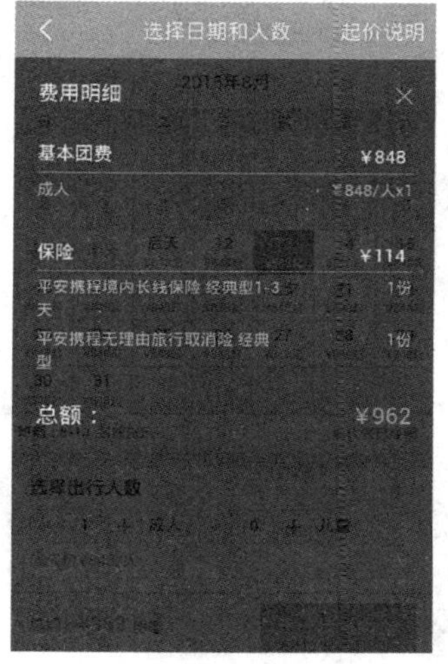

图 1–1–30　携程 APP 预订旅游产品费用明细

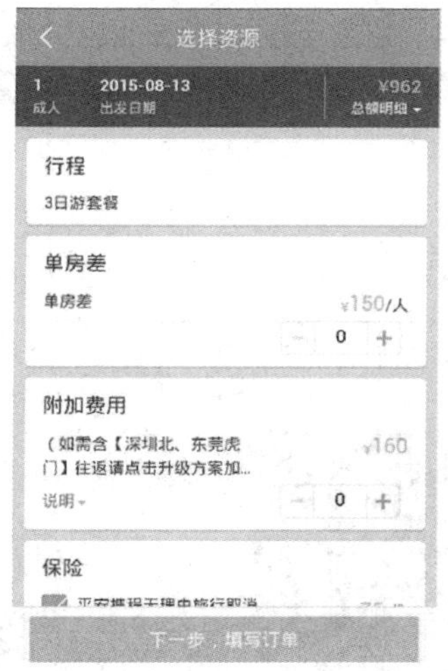

图 1–1–31　携程 APP 预订—选择资源

图 1–1–32　携程 APP 订单填写

步骤 6：在线支付旅游产品

在图 1-1-32 界面中点击【下一步，去支付】，就进入如图 1-1-33 所示界面，可以选择微信支付、信用卡支付、储蓄卡支付、支付宝钱包支付等方式进行支付。小科选择了系统推荐的微信支付，进入如图 1-1-34 所示界面，输入支付密码就支付完毕，小科收到支付成功的短信，至此，就完成了旅游产品的预订。

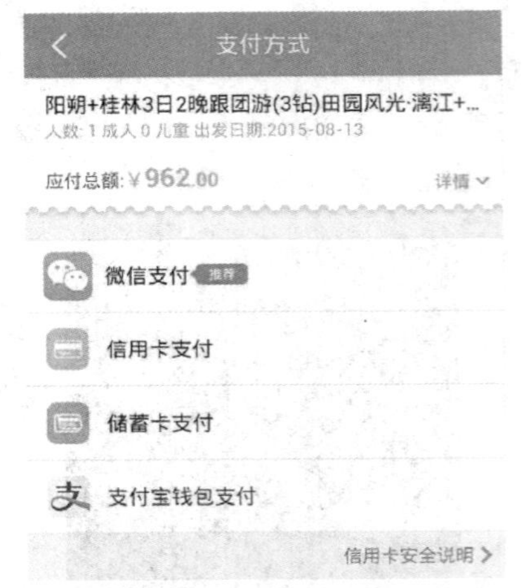

图 1-1-33　携程 APP 预订支付方式选择

图 1-1-34　携程 APP 微信支付

到目前为止，小科在携程 APP 上完成了旅游产品选择、预订、支付等过程，还需在出行前，获取出团通知书（包括集合地点、时间、如何上团、紧急联系电话等），这才算完成整个预订过程。

小科在网上预订旅游产品时也可通过单独预订酒店、购买高铁票、预订景点门票等方式完成整个旅游预订过程。同时，也可以通过"携程旅行网""途牛网""去哪儿网""中青旅遨游网"等其他旅游电子商务平台完成整个预订过程。

任务资源

表 1-1-1　任务资源

网站名称	对应 APP 二维码
携程旅行网	

续上表

网站名称	对应 APP 二维码
途牛网	
去哪儿网	
中青旅遨游网	

学习评价

请根据你在本任务实施过程中的实际操作情况，完成评价表（表 1–1–2）的相关内容。

表 1–1–2　评价表

评价项目	评价依据	优秀	良好	中等	及格	继续努力
任务准备	是否办理了网络银行、支付宝等在线支付工具					
学习活动 1	是否了解常见旅游电子商务平台（“携程”“去哪儿”“途牛”“同程”“中青旅遨游”等）					
学习活动 2	是否能够顺利地注册为某个旅游电子商务平台的会员（不一定是“携程”，任选一个都行）					

续上表

评价项目	评价依据	优秀	良好	中等	及格	继续努力
学习活动 3	是否顺利完成旅游目的的产品查询、对比分析、预订产品、在线支付等					
任务效果	任务实施是否达到预期目的					
旅游电子商务平台体验与实体旅行社旅游产品预订的差异分析						
问题与感想						
任务综合评价						

知识链接

1. 到店预订旅游产品流程

到店预订旅游产品一般要经过以下流程：咨询→交纳团费→签订合同→出行→回访。

2. 在线预订携程 APP 旅游产品流程（如图 1-1-35 所示）

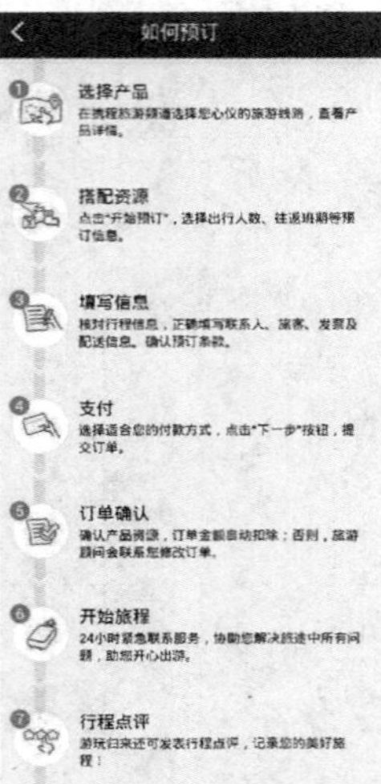

图 1-1-35　携程 APP 旅游产品在线预订流程

3. 在线预订途牛旅游产品流程（如图 1-1-36 所示）

图 1-1-36　途牛旅游产品在线预订流程

任务 1-2　分析旅游电子商务发展历程与现状

任务引入

暑假期间，小科运用旅游电子商务平台订票去广西桂林旅游，体会到旅游电子商务平台的便利，于是对旅游电子商务产生了兴趣，想知道当前我国旅游电子商务发展到什么程度，并且是怎样逐步发展起来的，也就是旅游电子商务发展历程与现状。

任务准备

要了解旅游电子商务发展历程与现状，需要通过阅读旅游电子商务相关书籍、浏览网页以及查阅部分旅游研究机构发布的研究报告。因此，小科去学校图书馆借阅旅游电子商务相关书籍，上网查询相关文献与研究报告。

任务实施

学习活动 1　制定学习提纲

请根据你的学习需要，初步制定学习提纲。

小科体验过旅游电子商务平台交易之后，他想知道“旅游电子商务”到底是什么，于是列出了提纲供参考。

（1）什么是旅游电子商务？

（2）国外旅游电子商务发展经历了哪些阶段？

（3）目前国外知名旅游电子商务网站有哪些？

（4）国内旅游电子商务经历了哪些阶段？

（5）目前国内知名旅游电子商务网站有哪些？

（6）国内知名的旅游 APP 有哪些？

（7）国内知名 APP 信息从哪里获取？怎么下载？

学习活动 2　查询旅游电子商务相关的书籍

请根据你的学习需要，上网查询已经出版的旅游电子商务书籍。

步骤 1：当当网（亚马逊、京东商城或其他网站）查询旅游电子商务相关书籍

小科根据现在所拟的这些问题，查询旅游电子商务相关书籍。他通过当当网（也可用亚马逊）查询旅游电子商务相关书籍，选择“当当自营”，共查询到 36 件商品，按照出版时间由近到远进行筛选，以大图的方式展示，部分截图如图 1-2-1 所示。在“当当图书”中点击某一本图书查看图书的详细信息，可查看图书的目录是否有“旅游电子商务发展现状”相关的内容。小科选取了其中 1 本书查看，目录信息如图 1-2-2 所示。该书第一章第三节介绍了我国旅游电子商务的现状和未来。

图 1-2-1　在当当网查询旅游电子商务相关书籍

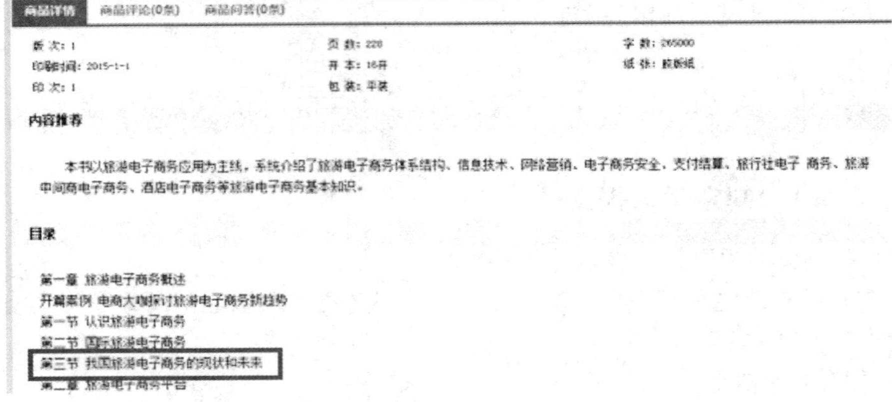

图 1-2-2　当当网的图书目录信息

步骤 2：学校图书馆查询“旅游电子商务”相关书籍

小科为节省成本，决定上自己学校的图书馆电子阅览室查询旅游电子商务相关书籍，如果有的话，可以直接借阅。进入学校图书馆网站之后，小科以题名为“旅游电子商务”检索到 6 本图书（每个学校图书馆信息不一样），如图 1–2–3 所示。图书具体在图书馆什么位置，可以通过点击“题名”下的超级链接，进入每本书的详情页面，如图 1–2–4 所示。在这个页面可以看到图书的详细信息，显示书刊状态是在馆，位置在图书馆 4 楼，记住图书的中图分类号 F590.6–39，索书号是 F590.6–39/Y224，进入图书馆之后，小科快速找到了该图书。

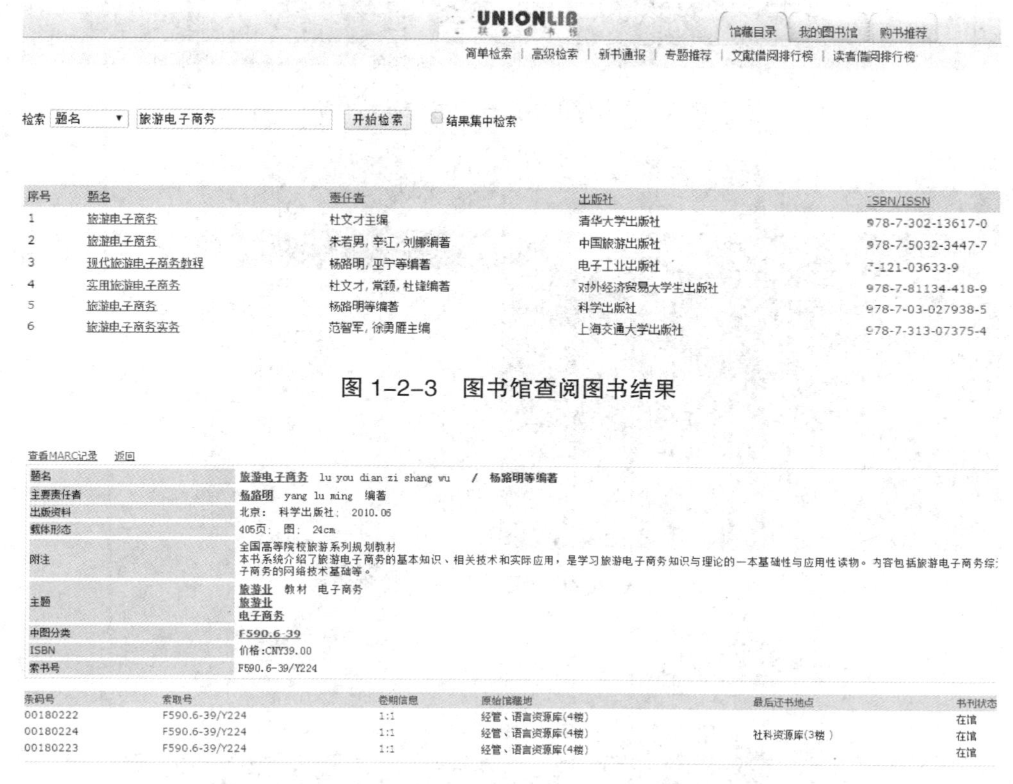

序号	题名	责任者	出版社	ISBN/ISSN
1	旅游电子商务	杜文才主编	清华大学出版社	978-7-302-13617-0
2	旅游电子商务	朱若男，辛江，刘娜编著	中国旅游出版社	978-7-5032-3447-7
3	现代旅游电子商务教程	杨路明，巫宁等编著	电子工业出版社	7-121-03633-9
4	实用旅游电子商务	杜文才，常颖，杜锋编著	对外经济贸易大学生出版社	978-7-81134-418-9
5	旅游电子商务	杨路明等编著	科学出版社	978-7-03-027938-5
6	旅游电子商务实务	范智军，徐勇雁主编	上海交通大学出版社	978-7-313-07375-4

图 1–2–3　图书馆查阅图书结果

题名	旅游电子商务 lu you dian zi shang wu / 杨路明等编著
主要责任者	杨路明 yang lu ming 编著
出版资料	北京：科学出版社，2010.06
载体形态	405页：图；24cm
附注	全国高等院校旅游系列规划教材 本书系统介绍了旅游电子商务的基本知识、相关技术和实际应用，是学习旅游电子商务知识与理论的一本基础性与应用性读物。内容包括旅游电子商务综 子商务的网络技术基础等。
主题	旅游业 教材 电子商务 旅游业 电子商务
中图分类	F590.6-39
ISBN	价格：CNY39.00
索书号	F590.6-39/Y224

条码号	索取号	卷期信息	原始馆藏地	最后还书地点	书刊状态
00180222	F590.6-39/Y224	1:1	经管、语言资源库(4楼)		在馆
00180224	F590.6-39/Y224	1:1	经管、语言资源库(4楼)	社科资源库(3楼)	在馆
00180223	F590.6-39/Y224	1:1	经管、语言资源库(4楼)		在馆

图 1–2–4　学校图书馆图书的详细信息

步骤 3：公共图书馆查阅“旅游电子商务”相关书籍

小科发现本校图书馆藏书有限，就打算去其他地方看看。他通过百度查询到“佛山联合图书馆”的网站为：http://www.fsunionlib.com/reader/index.aspx，如图 1–2–5 所示。在网站首页点击“联图书目”，进入如图 1–2–6 所示界面，从该界面可以看到“佛山市联合图书馆”整合了佛山市很多的图书馆相关资源，包括佛山市图书馆、高明区图书馆等。以题名为“旅游电子商务”检索，可查询图书，如图 1–2–7 所示。

小科发现此次查询的图书与在学校图书馆查询的略有不同，他选择了学校图书馆没有的、由周春林等编写的那本图书了解详细情况。点击进入可以看到该图书的目录，如

图 1-2-8 所示，在第一章第二节“旅游电子商务概述”中可能会有符合需要的内容。该图书状态为在馆，在佛山市图书馆。小科打算有空去借阅。

图 2-1-5　佛山市联合图书馆网站首页

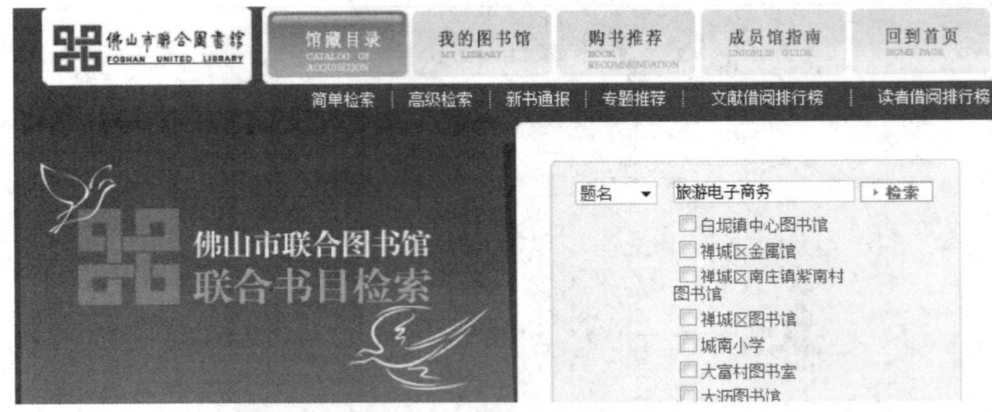

图 1-2-6　佛山市联合图书馆检索界面

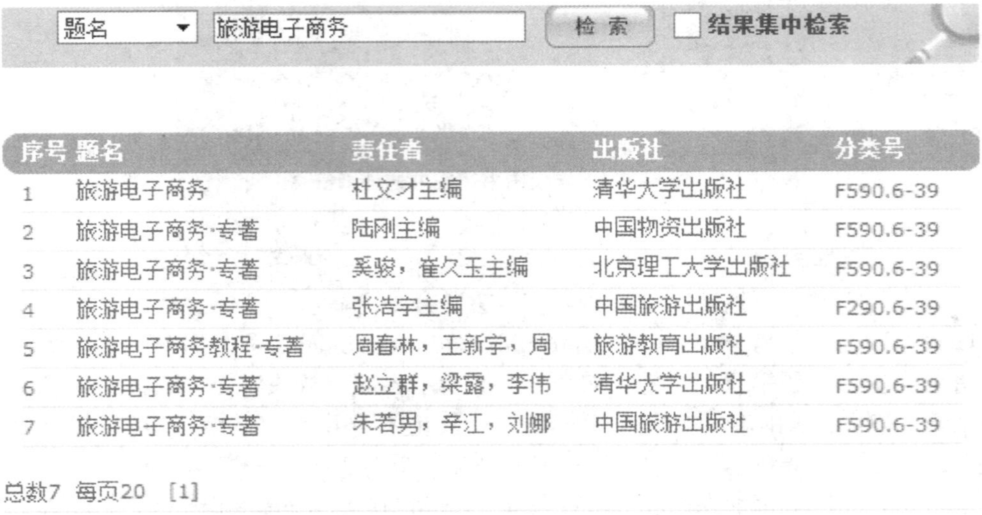

题名　旅游电子商务　检 索　结果集中检索

序号	题名	责任者	出版社	分类号
1	旅游电子商务	杜文才主编	清华大学出版社	F590.6-39
2	旅游电子商务·专著	陆刚主编	中国物资出版社	F590.6-39
3	旅游电子商务·专著	奚骏，崔久玉主编	北京理工大学出版社	F590.6-39
4	旅游电子商务·专著	张浩宇主编	中国旅游出版社	F290.6-39
5	旅游电子商务教程·专著	周春林，王新宇，周	旅游教育出版社	F590.6-39
6	旅游电子商务·专著	赵立群，梁露，李伟	清华大学出版社	F590.6-39
7	旅游电子商务·专著	朱若男，辛江，刘娜	中国旅游出版社	F590.6-39

总数7　每页20　[1]

图 1-2-7　佛山市联合图书馆检索结果

书目信息　　　　馆藏目录 / 书目详细信息

查看MARC记录　返回

题名	旅游电子商务教程·专著
主要责任者	周春林，王新宇，周其楼等编著
出版资料	北京：旅游教育出版社；2013
载体形态	275页；24cm
附注	新编高职高专旅游管理类专业规划教材
主题	旅游业
中图分类	F590.6-39
ISBN	978-7-5637-2552-6 价格:CNY30.00
索书号	F590.6/Z753
内容简介	编者周春林等试图在《旅游电子商务教程(新编高职高专旅游管理类专业规划教材)》中把电子商务的基础知识、不同旅游业态电子商务的模式、功能与应用，甚至电子商务系统设计和程序设计都囊括进来，以求得知识学习和技能习得的全面性。在本教材正式出版之前，我们编写了讲义，进行了试用，并且组织了一轮教学实践。但事实证明，这样做对教学双方的要求都非常高，教学目标的达成也打了折扣。因此，在本教材定稿时，我们删去了程序设计（更多）
目录	第一章 旅游电子商务概述 第一节 电子商务概述 第二节 旅游电子商务概述 第三节 旅游电子商务业务模式概述 第四节 旅游企业与企业之间的电子商务 第五节 旅游企业与消费者之间的电子商务 第二章 旅游电子商务网站建设 第一节 旅游电子商务网站建设概述- 第二节 旅游电子商务网站规划- 第三节 旅游电子商务网站设计 第三章 旅游电子商务交易、支付与安全 第一节 旅游电子商务交易 第二节 旅游电子商务支付 第三节 旅游电子商务安全概述 第四节 旅游电子商务安全技术 （更多）

条码号	所有馆.馆藏点	当前所在馆	索书号	登记日期	卷期	状态
FS00101411623	佛山市图书馆.图书借阅	佛山市图书馆	F590.6/Z753	2013-03	1:1	在馆

图 1-2-8　佛山市联合图书馆图书详细信息

小科阅读了在图书馆所借的图书，发现这些图书出版时间最早的是 2006 年，最晚的是周春林等主编的《旅游电子商务教程》及赵立群等主编的《旅游电子商务》，是 2013 年出版的，这些图书中有关旅游电子商务的现状描述部分内容可能已经过时。

查看所需的图书之后，小科可选择网上订购与学校图书馆借阅的方式取得相关书籍。

学习活动 3　查询旅游电子商务相关的论文

小科咨询老师后知道，要了解旅游电子商务发展近况可以在网上查阅相关论文。目前网络上查询论文的网站主要有中国知网 CNKI、重庆维普中文科技期刊数据库、万方数据等，小科选择了中国知网 CNKI。

步骤 1：登录论文查询网站

小科选择了中国知网 CNKI，在浏览器中输入 www.cnki.net 进入知网平台，如图 1-2-9 所示。

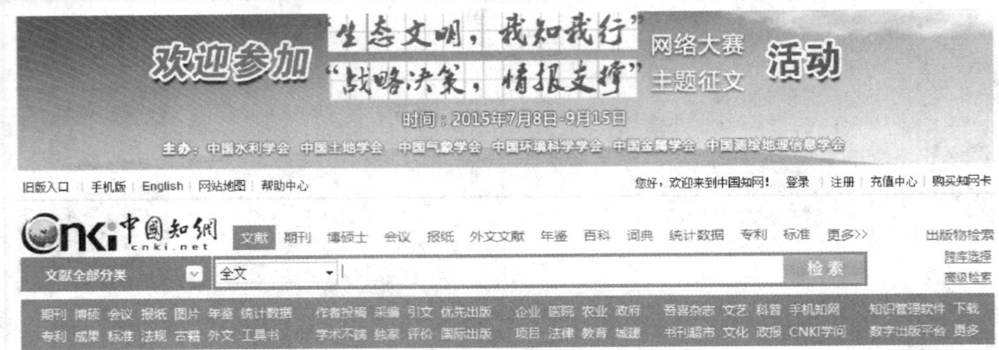

图 1-2-9 中国知网 CNKI 首页

步骤 2：检索关键词

在如图 1-2-9 所示界面中，点击【高级检索】进入如图 1-2-10 所示界面，然后点击【跨库选择】，进入如图 1-2-11 所示界面，选取“期刊”与“报纸”（相对来说报纸的内容更新一些，期刊也要经历一个投稿周期）。跨库选择好之后，回到如图 1-2-10 所示界面，【输入检索条件】那里选择【篇名】，输入“旅游电子商务”，【并含】后面输入“现状”，以发表时间进行排序，最先显示最新发表的论文，如图 1-2-12 所示，2015 年有 4 篇相关论文。

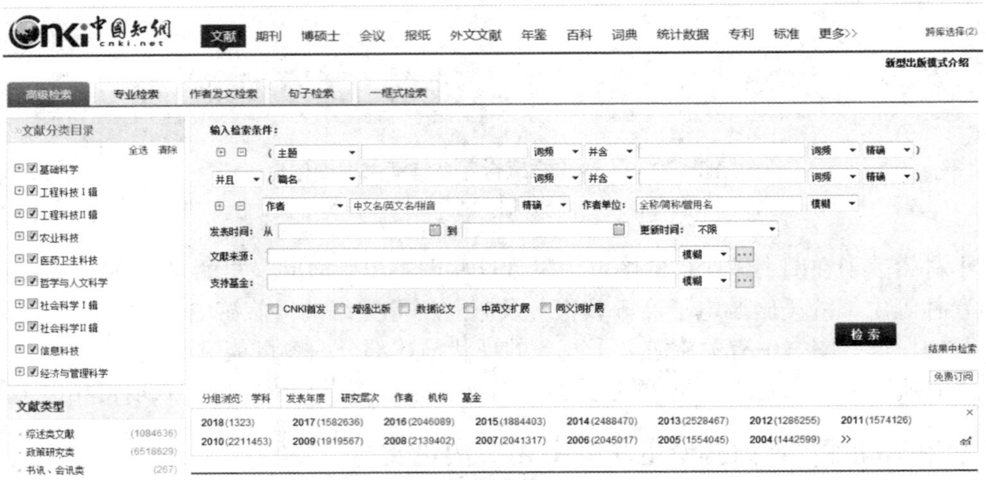

图 1-2-10 中国知网 CNKI 高级检索界面

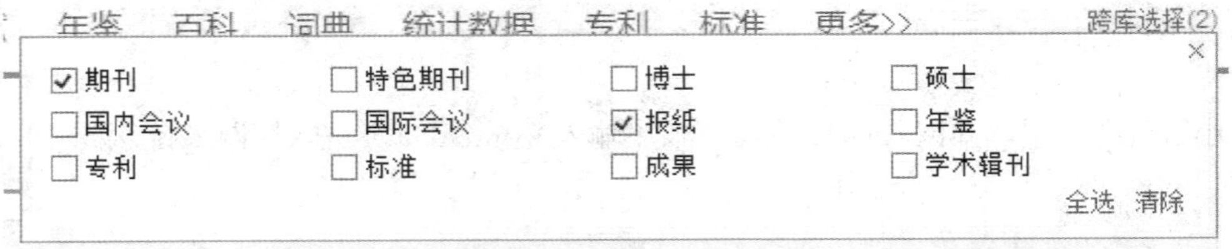

年鉴 百科 词典 统计数据 专利 标准 更多>> 跨库选择(2)

☑期刊 ☐特色期刊 ☐博士 ☐硕士
☐国内会议 ☐国际会议 ☑报纸 ☐年鉴
☐专利 ☐标准 ☐成果 ☐学术辑刊
全选 清除

图 1-2-11 中国知网 CNKI “跨库选择”界面

(篇名 ▾ 旅游电子商务 词频 ▾ 并含 ▾ 现状 词频 ▾ 精确 ▾)

输入检索控制条件：

发表时间：从 到 更新时间：不限 ▾

文献来源：输入来源名称 模糊 ▾

支持基金：输入基金名称 模糊 ▾

作者 ▾ 精确 ▾ 作者单位： 模糊 ▾

中英文扩展检索 检索 结果中检索

分组浏览：来源数据库 学科 发表年度 研究层次 作者 机构 基金 免费订阅 定制检索式

2015(4) 2014(10) 2013(5) 2012(6) 2011(12) 2010(8) 2009(9) 2008(9) 2007(7) 2006(5) 2005(6) 2004(3) 2003(2) 2002(3) 2000(5)

排序：主题排序 发表时间 被引 下载 切换到摘要 每页记录数：10 20 50

(0) 清除 导出 / 参考文献 分析 / 阅读 找到 94 条结果 浏览1/5 下一页

	题名	作者	来源	发表时间	数据库	被引	下载	预览	分享
1	谈我国旅游电子商务发展的现状及对策	马丽娟	旅游纵览(下半月)	2015-06-15	期刊		11		
2	旅游电子商务行业发展现状及展望 优先出版	孙爽; 张乃谦; 王鹏威; 朱文静	企业改革与管理	2015-06-11 14:56	期刊		41		

图 1-2-12　中国知网 CNKI 检索信息

步骤 3：下载期刊论文

在图 1-2-12 所示界面中选取第一篇，点击题名进入如图 1-2-13 所示界面，然后再点击【PDF 下载】（也可以选择【CAJ 下载】，但阅读时要安装 CAJ 阅读器，大多数电脑默认安装了 PDF 阅读器，因此选择 PDF 下载更方便），马上弹出【您打开或保存此文件吗？】这样的对话框，保存该文件到你希望保存的文件夹。图 1-2-12 中显示 2015（4），但其中孙爽等人撰写的 2 篇是一样的，所以本次小科下载了 3 篇论文，保存在文件夹中，如图 1-2-14 所示。

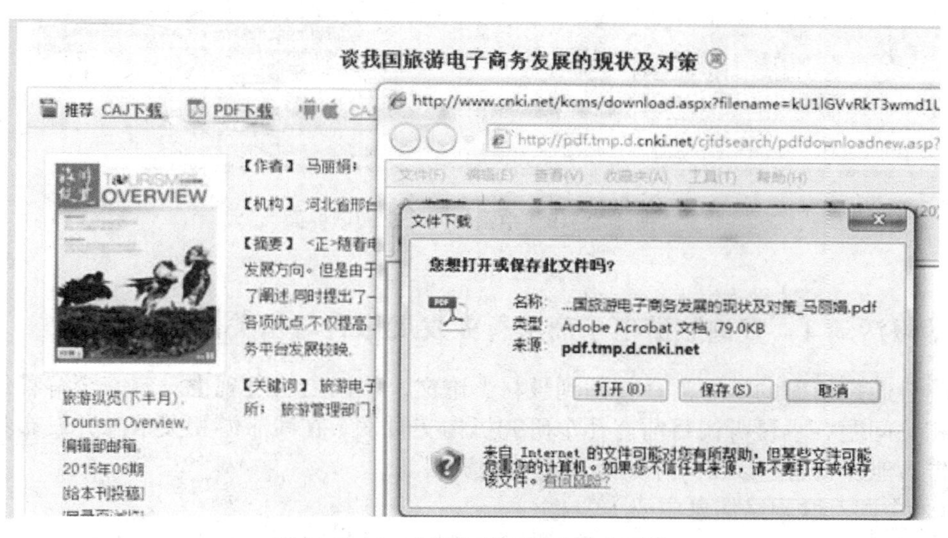

图 1-2-13　中国知网 CNKI 论文下载

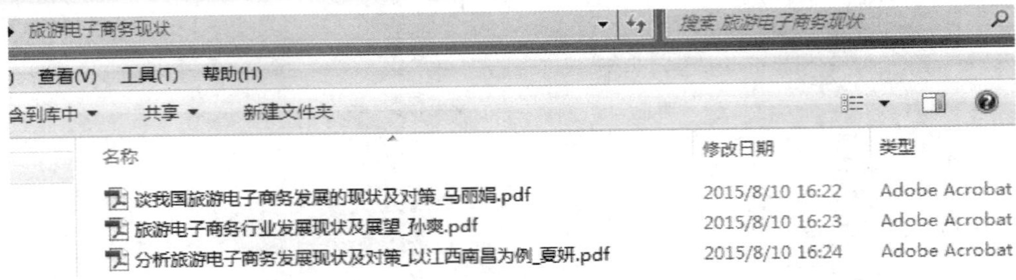

图 1-2-14 下载的旅游电子商务现状相关论文（2015 年发表）

步骤 4：打开中国知网 CNKI 论文阅读文献

分别打开图 1-2-14 所示中的三篇论文，图 1-2-15 是打开孙爽等人撰写的那篇论文的阅读界面，这篇文章介绍了三个方面内容，一是我国旅游电子商务的起步与现状，二是我国旅游电子商务存在的问题，三是旅游电子商务的展望。小科在图 1-2-15 所示标示出的红色部分找到了他想要知道的问题，也就是“我国旅游电子商务网站真正起步于 1997 年，由国旅总社投资创办的华夏旅游网是这类网站的开端”。另外，文章也提到目前具有一定旅游资讯能力的网站已有 5 000 多家。其中专业旅游网站 300 余家，主要包括地区性网站、专业网站和门户网站的旅游频道三大类，没有具体指出有哪些旅游电子商务类网站。

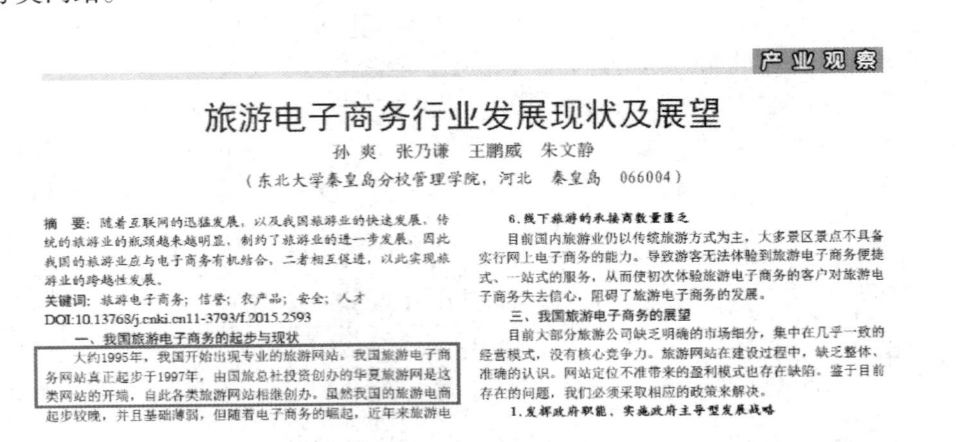

产业观察

旅游电子商务行业发展现状及展望

孙 爽 张乃谦 王鹏威 朱文静

（东北大学秦皇岛分校管理学院，河北 秦皇岛 066004）

摘 要：随着互联网的迅猛发展，以及我国旅游业的快速发展，传统的旅游业的瓶颈越来越明显，制约了旅游业的进一步发展，因此我国的旅游业应与电子商务有机结合，二者相互促进，以此实现旅游业的跨越性发展。

关键词：旅游电子商务；信誉；农产品；安全；人才

DOI:10.13768/j.cnki.cn11-3793/f.2015.2593

一、我国旅游电子商务的起步与现状

大约1995年，我国开始出现专业的旅游网站。我国旅游电子商务网站真正起步于1997年，由国旅总社投资创办的华夏旅游网是这类网站的开端，自此各类旅游网站相继创办。虽然我国的旅游电商起步较晚，并且基础薄弱，但随着电子商务的崛起，近年来旅游电

6.线下旅游的承接商数量匮乏

目前国内旅游业仍以传统旅游方式为主，大多景区景点不具备实行网上电子商务的能力。导致游客无法体验到旅游电子商务便捷式、一站式的服务，从而使初次体验旅游电子商务的客户对旅游电子商务失去信心，阻碍了旅游电子商务的发展。

三、我国旅游电子商务的展望

目前大部分旅游公司缺乏明确的市场细分，集中在几乎一致的经营模式，没有核心竞争力。旅游网站在建设过程中，缺乏整体、准确的认识。网站定位不准带来的盈利模式也存在缺陷。鉴于目前存在的问题，我们必须采取相应的政策来解决。

1.发挥政府职能、实施政府主导型发展战略

图 1-2-15 中国知网论文阅读界面

学习活动 4 查询旅游电子商务行业发展报告与相关信息

小科通过前面的学习活动查询到教材、论文，阅读之后发现也没有完全解答他想知道的相关问题。小科听说目前有几个研究机构实时发布在线旅游相关信息并发布相关研究报告，他开始通过以下几个途径下载相关资料。

1. 中国互联网络信息中心（CNNI）

中国互联网络信息中心是经国家主管部门批准，于 1997 年 6 月 3 日组建的管理和服

务机构，行使国家互联网络信息中心的职责，会适时发布互联研究报告。

小科通过百度搜索进入中国互联网络信息中心（www.cnnic.net.cn）首页，如图 1–2–16 所示，在首页中点击【互联网发展研究】—【报告下载】进入如图 1–2–17 所示界面，第一条信息为“第 36 次中国互联网络发展状况统计报告”，第三条信息为“2014 年中国在线旅行预订市场研究报告”。小科终于看到最新的有关在线旅行的相关报道，于是将它下载到自己的电脑上，随后在网站上再查看其他信息，最后下载了与这次问题相关的报告共 5 个文件，如图 1–2–18 所示。小科打开最新的一个“2014 年中国在线旅行预订市场研究报告”，查看目录页如图 1–2–19 所示，这里面有在线旅游业发展的一些信息可供参考。

图 1–2–16　中国互联网络信息中心首页

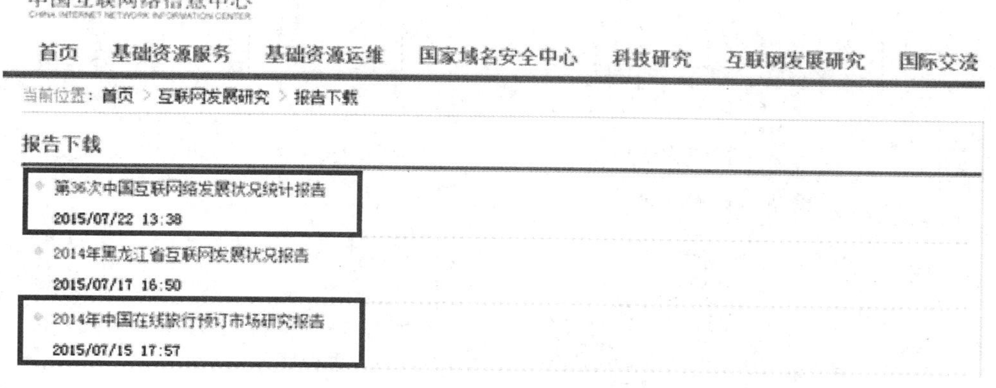

图 1–2–17　中国互联网络信息中心报告下载

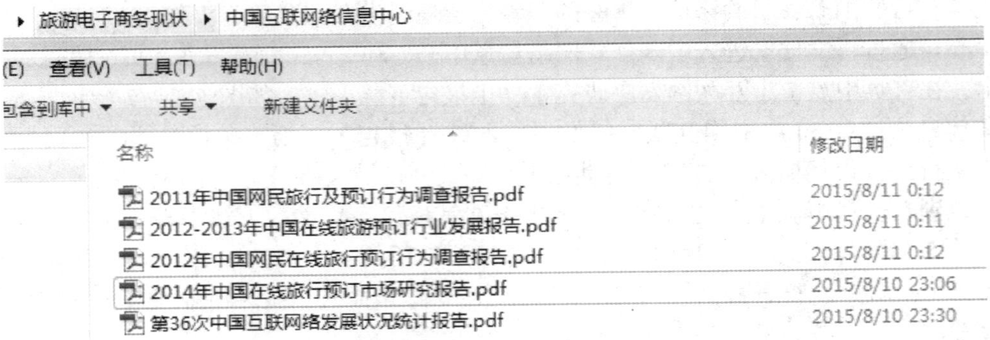

▸ 旅游电子商务现状 ▸ 中国互联网络信息中心

(E) 查看(V) 工具(T) 帮助(H)

包含到库中 ▾ 共享 ▾ 新建文件夹

名称	修改日期
2011年中国网民旅行及预订行为调查报告.pdf	2015/8/11 0:12
2012-2013年中国在线旅游预订行业发展报告.pdf	2015/8/11 0:11
2012年中国网民在线旅行预订行为调查报告.pdf	2015/8/11 0:12
2014年中国在线旅行预订市场研究报告.pdf	2015/8/10 23:06
第36次中国互联网络发展状况统计报告.pdf	2015/8/10 23:30

图 1-2-18 在中国互联网络信息中心下载的在线旅行相关报告

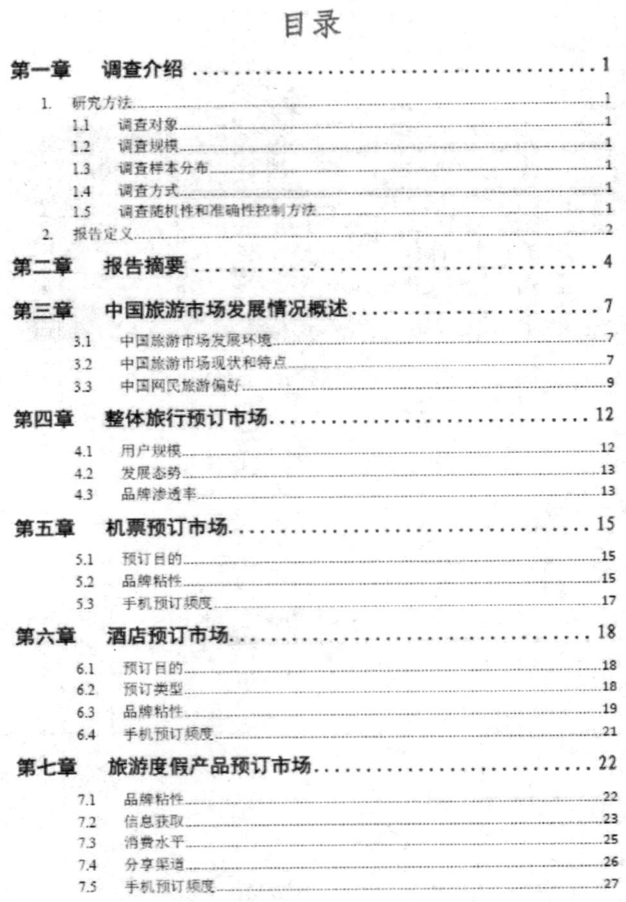

目录

图 1-2-19 2014 年中国在线旅行预订市场研究报告目录（部分）

2. 艾瑞咨询

艾瑞网（www.iresearch.cn）是艾瑞咨询（iResearch）精心打造的国内首家新经济门户网站。基于艾瑞咨询多年来在互联网及电信相关领域的研究成果，融合更多行业资源，

为业内人士提供更丰富的产业信息、数据、报告、专家观点、高层访谈、行业数据库等全方位、深入的行业服务，多角度透析行业发展模式及市场趋势，呈现产业发展的真实路径，进而推动行业高速、稳定、有序地发展，此网站会适时发布在线旅游行业的相关数据。

步骤 1：访问艾瑞网查询在线旅游相关报告

小科通过百度搜索关键词“艾瑞网”进入艾瑞网，首页如图 1-2-20 所示，点击【报告】进入如图 1-2-21 所示界面，输入“在线旅游”关键词搜索，可以查到在线旅游的相关报告，搜索结果如图 1-2-22 所示。

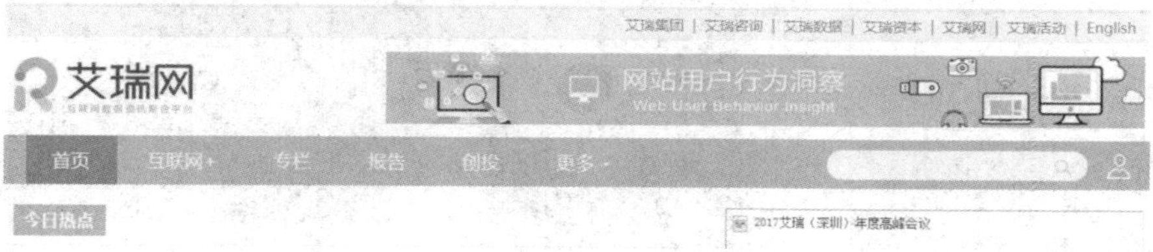

图 1-2-20　艾瑞网首页

图 1-2-21　艾瑞网报告搜索界面

图 1-2-22　艾瑞网在线旅游报告搜索结果

步骤 2：报告下载

小科看到有《2015 年中国在线旅游移动端行业研究报告》，马上点击下载，弹出窗口如图 1-2-23 所示，要求填写相关信息，小科觉得比较麻烦，所以没有填写，他看到后面有【保存到新浪微盘】的选项，点击它之后要求输入新浪微博用户名、密码等相关信息，登录成功之后进入如图 1-2-24 所示界面，点击【保存并分享】，进入如图 1-2-25 所示新浪微盘保存文件界面，在此界面点击【下载】并保存文件到如图 1-2-26 所示界面的艾瑞咨询文件夹内。

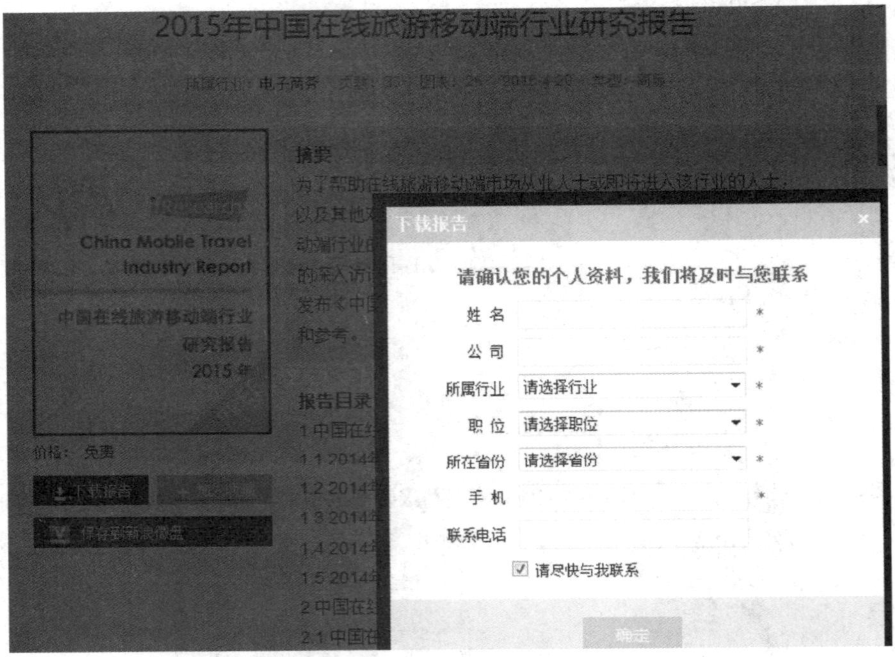

图 1-2-23　艾瑞网下载报告弹出窗口

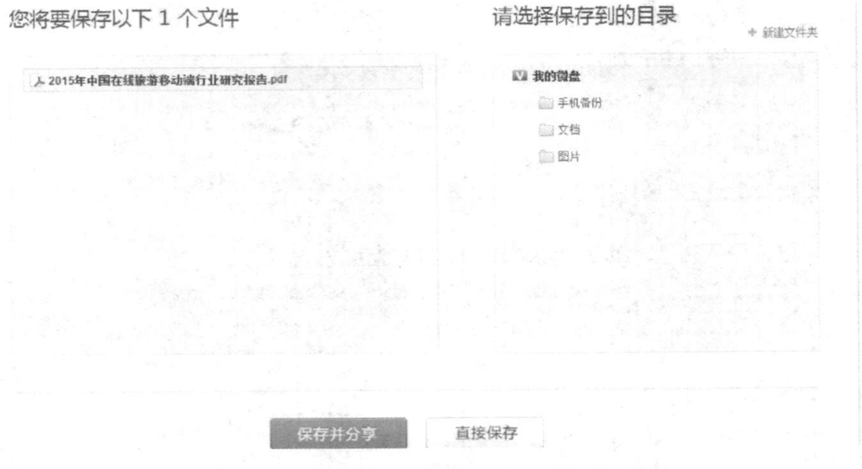

图 1-2-24　艾瑞网资料保存到新浪微盘

图 1-2-25　新浪微盘保存文件

旅游电子商务现状 ▸ 艾瑞咨询

查看(V)　工具(T)　帮助(H)

到库中 ▾　共享 ▾　新建文件夹

名称	修改日期
2015年中国在线旅游度假行业热点报告.pptx	2015/8/11 9:37
2015年中国在线旅游行业年度监测报告.pdf	2015/8/11 9:41
2015年中国在线旅游移动端行业研究报告.pdf	2015/8/11 9:24
2015年中国在线旅游度假用户研究报告.pdf	2015/8/11 9:50
2015年中国在线旅游度假行业研究报告.pdf	2015/8/11 10:57

图 1-2-26　艾瑞网下载的 2015 年在线旅游相关报告

步骤 3：阅读报告

这次下载的报告有 pdf、pptx 两种格式，小科电脑上已经下载了相关阅读器，打开《2015 年中国在线旅游移动端行业研究报告》，该报告共有 36 页，主要介绍总论、现状、运营分析、用户研究等 4 个方面，整个报告图表较多，清晰易懂，第一页如图 1-2-27 所示。

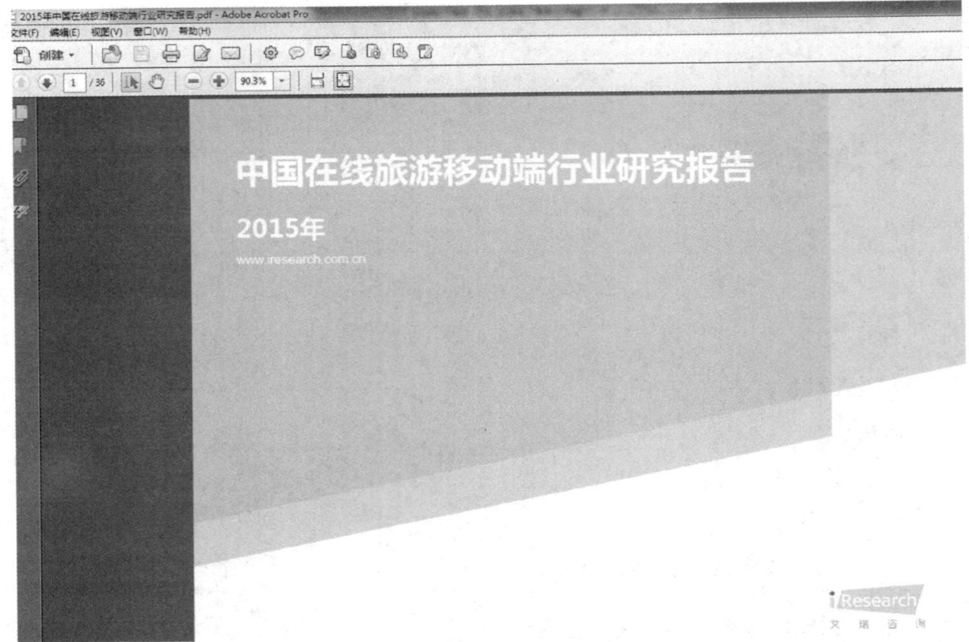

图 1-2-27　艾瑞网 2015 年在线旅游移动端行业研究报告第一页

3. 易观智库

北京易观智库网络科技有限公司（https://www.analysys.cn）是易观国际旗下的、中国卓越的互联网大数据产品和分析服务提供商。拥有专业的信息数据产品及业内资深的咨询分析专家团队，帮助企业全面深入了解互联网市场以及传统行业互联网化进程，帮助互联网企业深入洞察互联网市场以及帮助传统企业顺利实现互联网化。易观智库常年为行业、企业及客户提供可信、可靠、有效的数据和服务，已成为国内外政府、企业、投资机构以及专业人士了解市场、提升创新力和决策力的首选服务商。

步骤 1：访问易观智库查询在线旅游报告

小科通过百度搜索找到“易观智库”，访问“易观智库”首页，如图 1-2-28 所示，点击【研究报告】，如图 1-2-29 所示，在全部领域下拉框中选择“网络旅游”，即进入如图 1-2-30 所示网络旅游研究报告列表。

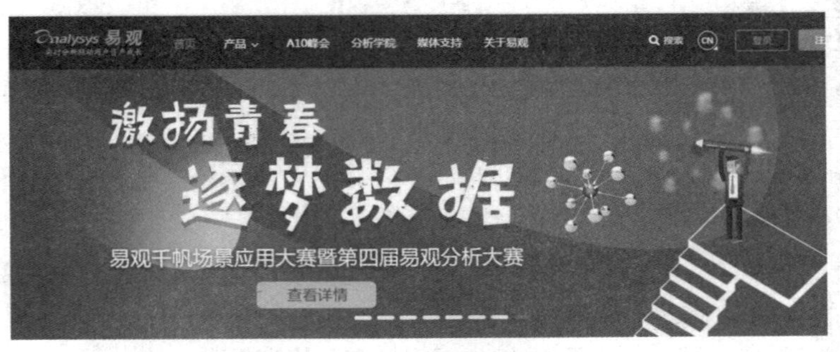

图 1-2-28　“易观智库”首页

图 1–2–29　易观智库研究报告查找界面

图 1–2–30　易观智库网络旅游研究报告列表

步骤 2：下载研究报告

在图 1–2–30 所示界面选中第一个“中国旅游 UGC 自由行市场专题研究报告 2015”，就进入如图 1–2–31 所示界面（如果没有登录，则看不到具体内容），点击右侧的【下载完整版报告】，然后进入报告全屏显示，点击【文件】—【另存为】，保存到本地硬盘中。小科下载了与旅游有关的一些报告，如图 1–2–32 所示。

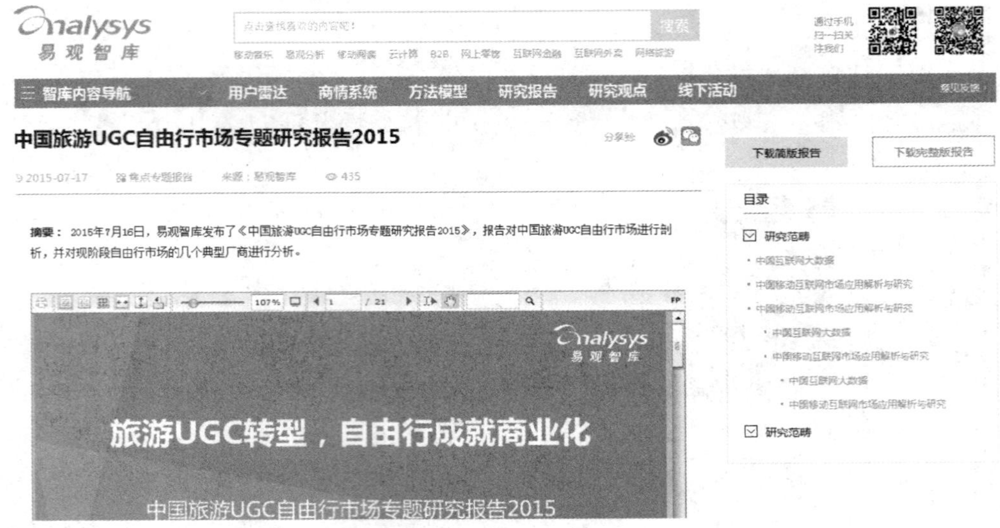

图 1-2-31 易观智库网络旅游研究报告内容

旅游电子商务现状 ▸ 易观智库　搜索 易观智库

查看(V)　工具(T)　帮助(H)

到库中 ▾　共享 ▾　新建文件夹

名称	修改日期
中国"互联网+景区"专题研究报告2015.pdf	2015/8/11 23:54
中国"互联网+酒店"专题研究报告2015.pdf	2015/8/11 19:03
中国旅游UGC自由行市场专题研究报告2015.pdf	2015/8/11 23:49
中国移动端旅游交通预订市场专题研究报告2015.pdf	2015/8/12 0:08
中国在线客栈民宿预订市场专题研究报告2014.pdf	2015/8/12 0:13
中国在线旅游市场格局盘点2014.pdf	2015/8/12 0:14
中国在线旅游市场年度综合报告2015.pdf	2015/8/11 12:31
中国在线亲子游市场专题研究报告2015.pdf	2015/8/12 0:04
中国在线周边自助游市场专题研究报告2015.pdf	2015/8/12 0:07

图 1-2-32 易观智库下载的在线旅游相关研究报告

步骤 3：阅读报告

小科在图 1-2-32 所示下载的资料中打开《中国在线旅游市场年度综合报告 2015》，该报告 55 页，内容很丰富，首页如图 1-2-33 所示。

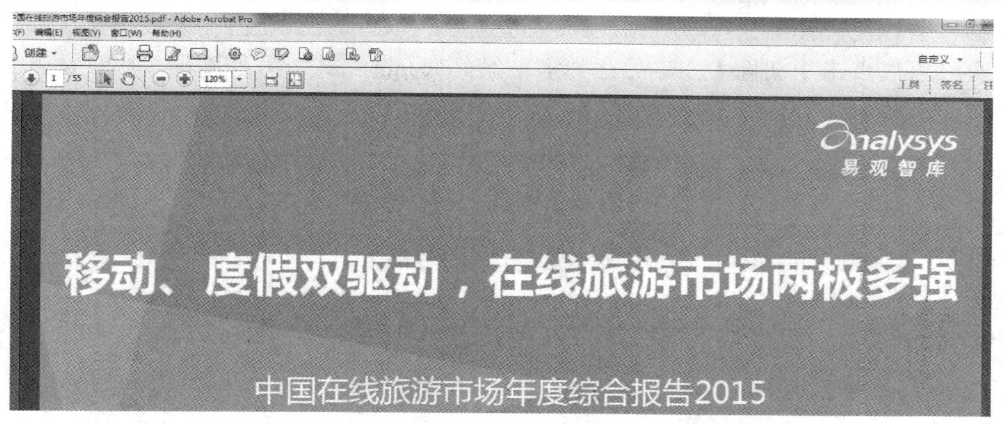

图 1-2-33　易观智库下载的《中国在线旅游市场年度综合报告 2015》首页

4. 劲旅网

劲旅网（www.ctcnn.com）——中国专业旅游财经新媒体，专注于挖掘和报道旅游业在产品、营销、服务、投融资、移动应用等领域的创新和实践成果，为旅游业者提供全面、有深度的产业经济新闻报道和实效分析，致力于成为中国旅游管理者和广大旅游业者的栖息地，致力于成为中国积极进取、勤于思考的旅游管理者和从业者的聚集地，为旅游业者提供高价值的知识和人脉资源，帮助广大旅游管理者和旅游业者实现商业成功。

步骤 1：访问劲旅网

小科通过百度搜索，找到劲旅网网站，登录首页如图 1-2-34 所示。在首页，我们可以看到有在线旅游、移动旅游、旅行社、景区、商旅、分销、投融资、上市公司、智库、研报、旅游产业地图等栏目，可见该网站主要以旅游行业为研究对象，在线旅游也是其主要研究对象，首页左侧有最新资讯等信息，小科进入该网站发现信息量比较大，需慢慢阅读。

图 1-2-34　劲旅网首页部分内容

步骤 2：下载研究报告

小科发现劲旅网栏目中研报栏目是研究报告的缩写，他在图 1-2-34 所示界面点击【研报】，进入如图 1-2-35 所示界面，然后选定第二个报告即“劲旅网发布 6 月份媒体平台型旅游网站监测排名”进入如图 1-2-36 所示界面，报告以网页的形式出现，内容不是很多，数据比较详细，这些数据能够帮助小科了解目前在线旅游的发展态势，如果需要保存，可以点击【文件】—【另存为】，保存为 mht 格式，方便阅读。小科觉得一些文件可用，便下载了一些资料，如图 1–2–37 所示。

图 1–2–35　劲旅网研究报告页面

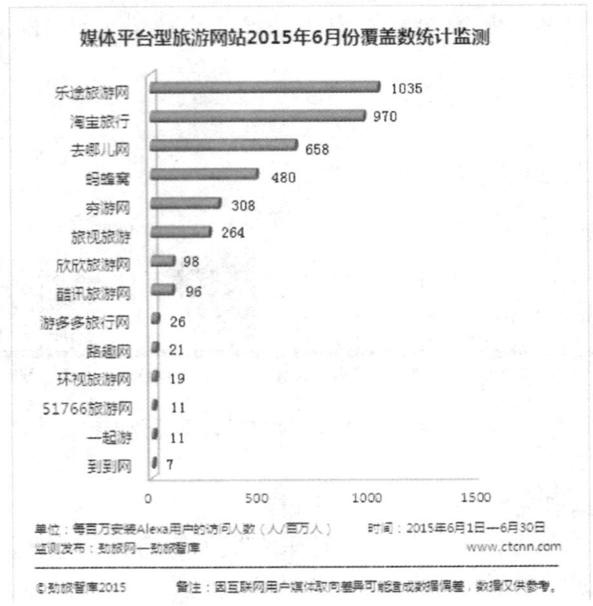

劲旅网发布6月份媒体平台型旅游网站监测排名

ctcnn.com2015-07-31 18:32:39　评论：0　来源：劲旅网

劲旅网讯，根据国内领先的旅游市场研究咨询机构劲旅咨询-劲旅智库对Alexa最新数据统计在2015年6月媒体平台型旅游网站用户覆盖数排名前10位的分别是：乐途旅游网、淘宝旅行、去蜂窝、穷游网、旅视旅游、欣欣旅游网、酷讯旅游网、游多多旅行网以及路趣网。

图 1–2–36　劲旅网具体研究报告页面

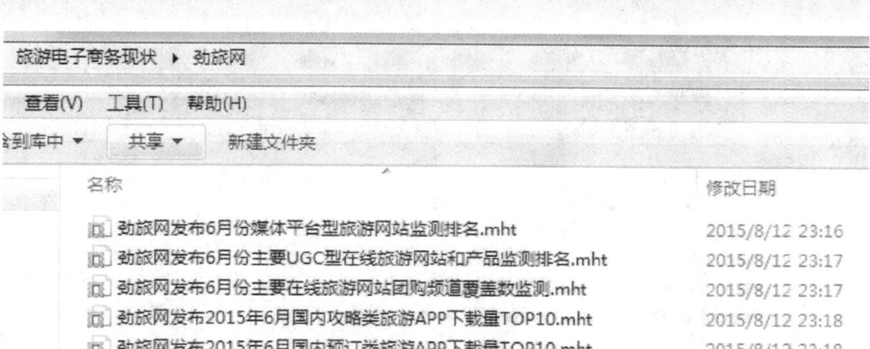

图 1–2–37　劲旅网下载有关在线旅游的资料列表

5. 智旅动力

智旅动力（www.uuidea.com）的目标是让旅游电子商务和旅游信息化在中国得到理论和实践的有效结合，为旅行者带来方便，为旅游企业创造效益。智旅动力致力于理念的普及和实践经验的分享，但不独立承担相关的商业实施。智旅动力的研究方向包括旅游电子商务、旅游信息化、在线旅游、目的地网络营销等。

步骤 1：访问智旅动力网站

小科通过百度搜索“智旅动力”找到智旅动力电子商务网站，进入首页如图 1–2–38 所示，可以看到业态、在线旅游、智慧旅游、第 14 届中国旅游电子商务大会等栏目，下面有最新的信息发布。

图 1–2–38　智旅动力首页部分内容

步骤 2：下载在线旅游最新资讯

小科在图 1–2–38 所示界面看到一些最新信息，他正在为撰写旅游电子商务发展历程与现状做准备，需要下载相关资料，进入具体文件页面，然后点击【文件】—【另存为】，保存为 mht 格式，如图 1–2–39 所示，小科下载了部分文件。

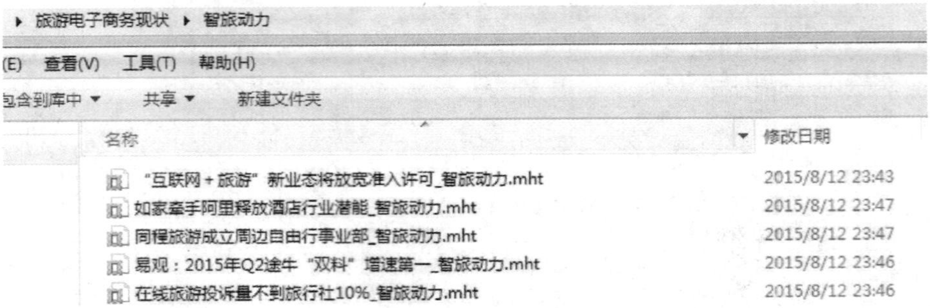

▸ 旅游电子商务现状 ▸ 智旅动力

(E) 查看(V) 工具(T) 帮助(H)

包含到库中 ▾ 共享 ▾ 新建文件夹

名称	修改日期
"互联网＋旅游" 新业态将放宽准入许可_智旅动力.mht	2015/8/12 23:43
如家牵手阿里释放酒店行业潜能_智旅动力.mht	2015/8/12 23:47
同程旅游成立周边自由行事业部_智旅动力.mht	2015/8/12 23:47
易观：2015年Q2途牛 "双料" 增速第一_智旅动力.mht	2015/8/12 23:46
在线旅游投诉量不到旅行社10%_智旅动力.mht	2015/8/12 23:46

图 1-2-39　从智旅动力网站下载的在线旅游相关资料

学习活动 5　撰写旅游电子商务发展历程与现状文稿

小科在学习活动 4 中查找了图书、研究论文、研究报告、在线旅游研究信息等相关资料，准备了有关旅游电子商务发展历程与现状的相关资料，现在着手撰写旅游电子商务发展历程与现状的报告，经过几天的时间撰写的成果如下。

旅游电子商务发展历程与现状

1. 什么是旅游电子商务

旅游电子商务的概念始于 20 世纪 90 年代，最初是由瑞佛·卡兰克塔（Ravi Kalakota）提出的，由约翰·海格尔（John Hagel）进一步发展，目前没有统一的界定，在国际上沿用较广的是世界旅游组织对旅游电子商务的定义，世界旅游组织在其出版物 *E-Business for Tourism* 中指出："旅游电子商务就是通过先进的信息技术手段改进旅游机构内部和对外的连通性（connectivity），即改进旅游企业之间、旅游企业与供应商之间、旅游企业与旅游者之间的交流与交易，改进企业内部流程，增进知识共享。"这一定义概括了旅游电子商务的应用领域，侧重的是对其功效的描述，但并未凸显旅游电子商务自身的特征。

智库百科对旅游电子商务的定义比较好理解，即旅游电子商务是指通过先进的网络信息技术手段实现旅游电子商务活动各环节的电子化，包括通过网络发布、交流旅游基本信息和商务信息，以电子手段进行旅游宣传营销，开展旅游售前售后服务；通过网络查询、预订旅游产品并进行支付；也包括旅游企业内部流程的电子化及管理信息系统的应用等。

2. 国外旅游电子商务发展经历了哪些阶段?

第一阶段，20 世纪六七十年代形成旅游电子商务萌芽。

国外旅游电子商务发展始于20世纪六七十年代，旅游业的计算机预订系统（Computer Reservation System，CRS）是旅游业的第一代网上销售系统。航空公司最早将计算机预订系统用于旅游预订和销售，1959 年，美利坚航空公司与 IBM 公司联合开发了世界上第一个计算机订位系统（SABRE）。饭店集团也是计算机预订系统的另一主要应用者，最早的中央预订系统是由假日饭店集团于 1965 年 7 月建立的假日电讯网（Holidex-Ⅰ）。全球分销系统（Global Distribution System，GDS）是由航空公司订座系统（ICS）和 20

世纪 70 年代的航空公司计算机预订系统（CRS）演变和发展而成的。

第二阶段，20 世纪 90 年代以来旅游电子商务兴起。

20 世纪 90 年代以前，互联网的使用仅限于研究和学术领域。1991 年起，商业贸易活动正式应用互联网信息手段，旅游业的 GDS 进一步发展，截至 1994 年，使用 GDS 订房的饭店已达到 10 103 家。旅行社方面，美国几乎所有的旅行社都接入了美国的大型 GDS 信息系统，较为知名的 GDS 系统包括 Galile、Apollo、Amadus、Sabre、Worldspan、Axess、Sahara 等。1994 年底，美国开始推行电子机票，实行"无票旅行"方式，著名的在线旅游服务公司 Expedia 和 Priceline 分别于 1996 年和 1998 年创立，从此基于互联网的旅游电子商务交易平台出现，1999 年全球网上交易达 78 亿美元。全球用户超过 10 亿人以上的美国旅游网站有多个：digitalcity.com（22 亿人），mapquest.com（18.8 亿人），expedia.com（18.4 亿人）。同时出现了旅游电子商务应用系统、旅游目的地信息系统等。到 2000 年，全球约有超过 17 万家旅游企业在网上开展综合化、专业化的旅游服务；全球约有 8 500 万人次以上享受过旅游网站的服务。

第三阶段，世纪之交移动旅游电子商务等新型电子商务逐步发展。

世界旅游电子商务呈现快速发展的态势，进入 21 世纪，全球旅游电子商务出现连续 5 年 350% 以上的速度持续增长，在欧美等发达国家，旅游电子商务已经成为整个电子商务领域中发展最快、最突出的部分。进入 21 世纪，美国旅游电子商务市场高速发展，销售额从 2001 年的 240 亿美元上升为 2007 年的 640 亿美元。受金融危机的影响，2009 年美国在线旅游销售规模较 2008 年下降 6.7%，2010 年美国在线旅游销售规模增长 4.6%，达到 925 亿美元。

2001 年欧盟实施"创建用户友好的个性化移动旅游服务"项目，2006 年美国在宾夕法尼亚州波科诺山的度假区引入射频识别手腕带系统。根据市场研究公司 Criteo 近日发布的报告，2014 年上半年，在美国所有旅行预订中，四成由移动设备完成，预订数量比 2013 年同期增长了两成。其他机构的报告也显示，目前在全世界的酒店预订中，21% 的预订量来自移动设备。根据 eMarketer 最新数据显示，随着越来越多的消费者使用先进的移动设备，移动旅游预订正开始繁荣。

美国移动旅游销售，包括在平板电脑和智能手机上的旅游购买，2013 年共计 163.6 亿美元，并在 2014 年继续增长 59.8% 达到 261.4 亿美元。2014 年，移动旅游销售在美国所有 B2C 移动电子商务销售的份额达到 31.1%，其移动电子商务销售在 2013 年达到 585 亿美元。预计到 2018 年，移动旅游销售的份额将增长到占近 2 000 亿美元的整体移动电子商务份额的 1/3，或占其 32.8%。

3. 目前国外知名旅游电子商务网站有哪些

目前国外知名的旅游电子商务网站不少，如表 1-2-1 所示。

表 1-2-1 国外知名的旅游电子商务网站一览表

国家	知名旅游电子商务网站
美国	http://digital-city.com; www.mapquest.com; www.expedia.com; www.priceline.com
英国	www.lastminute.com

续上表

国家	知名旅游电子商务网站
法国	www.accorhotels.com; www.priceminister.com
日本	www.Rakuten.co.jp

4. 国内旅游电子商务经历了哪些阶段

第一阶段，旅游电子商务萌芽阶段（1970—1998 年）。

信息技术最早应用于我国旅游企业是在 20 世纪 70 年代初，我国酒店业最早使用计算机管理的是杭州酒店，20 世纪 70 年代末运用 CROMEMCO 微型机进行总台接待管理，可完成前台的接待、查询和结账等基础工作，开创了我国酒店计算机管理的先河。随后 1984 年上海锦江饭店引入美国 Conic 公司的电脑管理系统用于饭店的预订、排房、查询和结账。1981 年中国国际旅行社引进美国 PRIME550 型超级小型计算机系统，用于旅游团数据处理、财务管理和数据统计。在此之后，航空公司的电脑订票网络系统、旅游企业办公自动化系统等适用于旅游企业的计算机系统开始得到逐步推广。

第二阶段，旅游电子商务起步探索阶段（1999—2002 年）。

自 20 世纪 90 年代起国际互联网快速发展，我国旅游企业也逐步运用互联网。旅游电子商务网站从 1996 年开始出现，1997 年由国旅总社参与投资的华夏旅游网的创办是中国旅游电子商务预订网兴起的引人注目的先声，同年 12 月，中国西部旅游信息网成立，此后各类旅游网站如雨后春笋般纷纷建立，行业规模逐渐扩大。

1999 年 5 月，携程旅行网成立（简称“携程”）可以说是这一阶段的一个标志。携程是一家吸纳海外风险投资组建的旅行服务公司，在当时被称为一个“没有门店的旅行社”，它将信息技术、现代运作管理理念与传统旅游业相结合，打造了具有极强竞争力的服务价值链，形成了全新的服务和业务模式。这种全新的模式和理念，拓展了旅游电子商务的发展模式，适应了旅游业的发展要求，对旅游业的发展起了巨大的推动作用。同年 5 月，艺龙于美国特拉华州成立，定位为城市生活资讯网站，2001 年转型并聚焦在线旅行预订服务行业，除此之外，中青旅游在线也于 2000 年成立，中青旅集团初次探索电商化路径。

表 1-2-2　旅游电子商务萌芽阶段主要旅游网站列表

序号	旅游电子商务企业	成立时间
1	华夏旅游网	1997 年 10 月
2	中国西部旅游信息网	1997 年 12 月
3	携程旅行网	1999 年 5 月
4	艺龙旅行网	1999 年 5 月
5	中国旅游资讯网	1999 年 10 月
6	中青旅在线	2000 年 5 月

（资料来源：根据网络资源整理）

第三阶段，旅游电子商务发展阶段（2003—2009 年）。

这一阶段以 2003 年携程在美国纳斯达克上市为标志，当时也是互联网的全面复苏时期，2004 年 10 月艺龙也在美国纳斯达克上市，携程与艺龙的上市加速了我国旅游电子商务市场服务水平的提升。2005 年我国第三方支付平台——支付宝的出现，为解决网上支付这一瓶颈问题提供了非常好的解决方案，随后同程、去哪儿、途牛、遨游、酷讯、芒果等专注于细分领域的电商相继成立，我国旅游电子商务快速发展。

表 1-2-3　2003—2009 年成立的主要在线旅游网站列表

序号	旅游电子商务企业	成立时间
1	同程旅游	2004 年
2	去哪儿网	2005 年 5 月
3	遨游网（由中青旅游在线易名）	2005 年 5 月
4	途牛旅游网	2006 年 10 月
5	酷讯旅游网	2006 年初
6	芒果网	2006 年
7	驴妈妈旅游网	2008 年
8	欣欣旅游网	2009 年 2 月

（资料来源：根据网络资源整理）

第四阶段，移动旅游电子商务布局阶段（2010—2012 年）。

在线旅游企业为拓展市场，积极尝试线下与移动渠道，主流传统旅游企业进入移动端，包括航空公司、酒店等，如南航、国航、号百商旅等。

表 1-2-4　主要旅游电子商务企业移动端发布时间一览表

序号	旅游电子商务企业	移动端首次发布时间
1	携程旅行网	2010 年 3 月
2	艺龙旅行网	2010 年 5 月
3	去哪儿网	2010 年 7 月
4	驴妈妈旅游网	2011 年 6 月
5	途牛旅游网	2011 年 10 月

（资料来源：根据 2015 年中国在线旅游移动端行业研究报告整理）

第五阶段，移动旅游电子商务爆发阶段（2013 年至今）。

这一阶段，在线用户移动端使用习惯养成，新兴企业挖掘、激发用户潜在旅游需求，提供个性化服务，该阶段纯移动端企业涌现，如滴滴出行、快的打车、出国去旅行、高铁管家、丸子地球等。在线旅游PC端用户向移动端转移趋势显著：从用户访次数据来看，在线旅游用户逐步由PC端迁移至移动端。根据艾瑞咨询监测数据，2014年中国移动在线旅游平均月度访次占比已达72.0%，2013年这一比重为59.8%。

5. 目前国内知名旅游电子商务网站有哪些

目前国内知名旅游电子商务网站类型较多，可分为媒体平台型旅游网站、在线旅游网站团购频道、主要UGC（以提倡个性化为主）型在线旅游网站和产品等，下面选取一种类型详细介绍，其他的排名可通过二维码扫描查看完整版或者通过劲旅网了解最新网站排名。

劲旅智库对Alexa最新数据统计结果显示，在2015年6月媒体平台型旅游网站用户覆盖数排名前10名的分别是：乐途旅游网、淘宝旅行、去哪儿网、蚂蜂窝、穷游网、旅视旅游、欣欣旅游网、酷讯旅游网、游多多旅行网以及路趣网（见图1–2–40）。

媒体平台型旅游网站2015年6月份覆盖数统计排名

排名	网站	6月覆盖数	5月覆盖数	环比变化
1	乐途旅游网	1 035	1 120	↓7.6%
2	淘宝旅行	970	952	↑1.9%
3	去哪儿网	658	674	↓2.4%
4	蚂蜂窝	480	545	↓11.9%
5	穷游网	308	327	↓5.8%
6	旅视旅游	264	1	↑26 300%
7	欣欣旅游网	98	116	↓15.5%
8	酷讯旅游网	96	104	↓7.7%
9	游多多旅行网	26	44	↓40.9%
10	路趣网	21	26	↓19.2%
11	环视旅游网	19	17	↑11.8%
12	51766旅游网	11	14	↓21.4%
13	一起游	11	15	↓26.7%
14	到到网	7	28	↓75.0%

注1：用户覆盖数=平均每一百万名Alexa安装用户中的访问人数（人/百万人）
注2：网站排名顺序基于用户覆盖数大小
注3：监测发布：劲旅咨询—劲旅智库
注4：本次监测时间范围：2015年6月1日—6月30日　　www.ctcnn.com

图1–2–40　媒体平台型旅游网站2015年6月份覆盖数统计排名

6. 国内知名旅游APP有哪些

国内知名旅游APP可分为国内预订类旅游、攻略类旅游、工具类旅游、分享类旅游等几种类型，下面以一种类型为例详细介绍，其他类型请登录“劲旅网”了解最新信息。

国内预订类旅游APP前十名具体排名如下：携程旅行、去哪儿旅行、同程旅游、途牛旅游、艺龙旅行、驴妈妈旅游、鹰莫旅行、铁友火车票、酷讯机票、阿里旅行·去啊（见图1–2–41）。

2015年6月国内预订类旅游应用（APP）下载量TOP10
（安卓系统）

排名	APP名称	下载量（万）
1	携程旅行	71 431.0
2	去哪儿旅行	69 782.8
3	同程旅游	43 537.1
4	途牛旅游	31 672.7
5	艺龙旅行	26 058.1
6	驴妈妈旅游	12 870.5
7	鹰莫旅行	7 603.6
8	铁友火车票	6 141.1
9	酷讯机票	5 952.1
10	阿里旅行·去啊	3 558.1

备注：以上各APP下载量由安卓市场、91助手、木蚂蚁、安智市场、百度手机助手、豌豆荚、应用宝、应用汇、360手机助手、机锋市场、搜狗市场、华为应用市场、联想乐商店、OPPO软件商店、易用汇、魅族Flyme、3G门户等十七个国内最主流安卓应用市场汇总得出，仅供参考。

监测发布：劲旅咨询—劲旅智库　　监测时间：2015.6

©劲旅智库2015　　www.ctcnn.com

图 1-2-41　2015 年 6 月国内预订类旅游应用（APP）下载量前十名

7. 国内知名 APP 信息获取渠道

根据艾瑞咨询发布的 2015 年中国在线旅游移动端行业研究报告了解到，国内 PC 端使用习惯仍然是用户了解相关移动端的首要因素，达到 75.6%，其次是互联网广告对移动端的推广作用，用户下载移动端的主要渠道为手机应用商店与官网下载。用户对于移动端的使用仍然较多地根植于 PC 端使用环境。具体情况如图 1-2-42 所示。

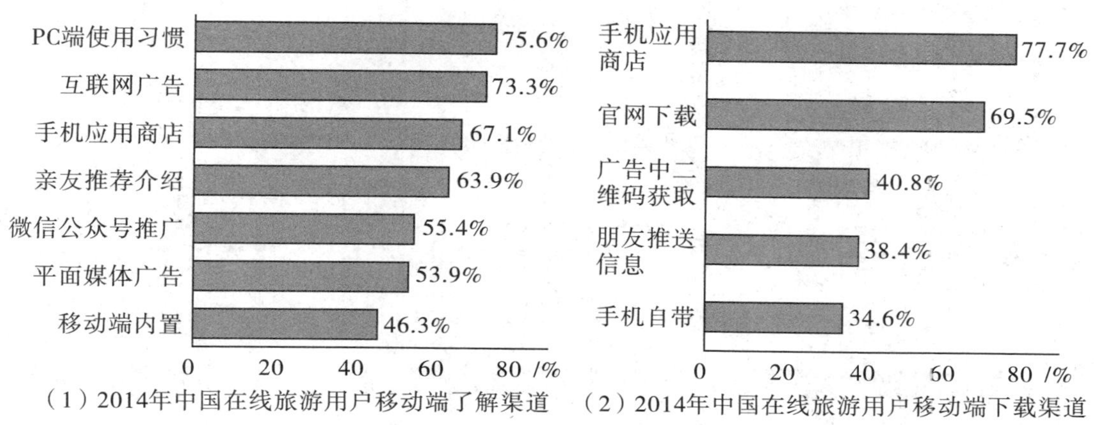

图 1-2-42　国内知名旅游 APP 了解渠道与下载渠道（2014 年）

学习活动 6　制作“旅游电子商务发展历程与现状报告”PPT

小科虽然撰写了有关旅游电子商务发展历程与现状的文稿，但觉得这个文稿只适合团队内部了解情况，如果要向其他朋友介绍这些情况，还需要制作 PPT 演示汇报文稿。经过几天的努力，小科完成了“旅游电子商务发展历程与现状报告”的 PPT 制作，如图 1-2-43 至图 1-2-45 所示。

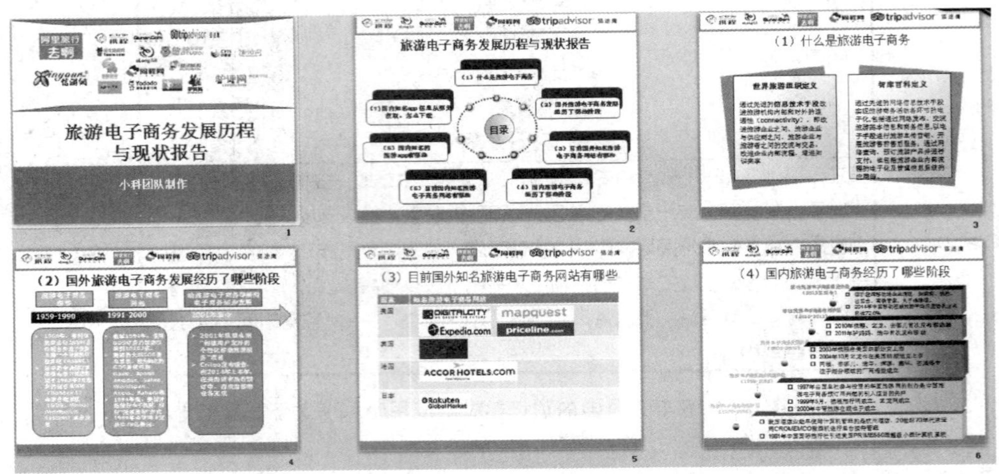

图 1-2-43　“旅游电子商务发展历程与现状报告”PPT 第 1 ~ 6 屏

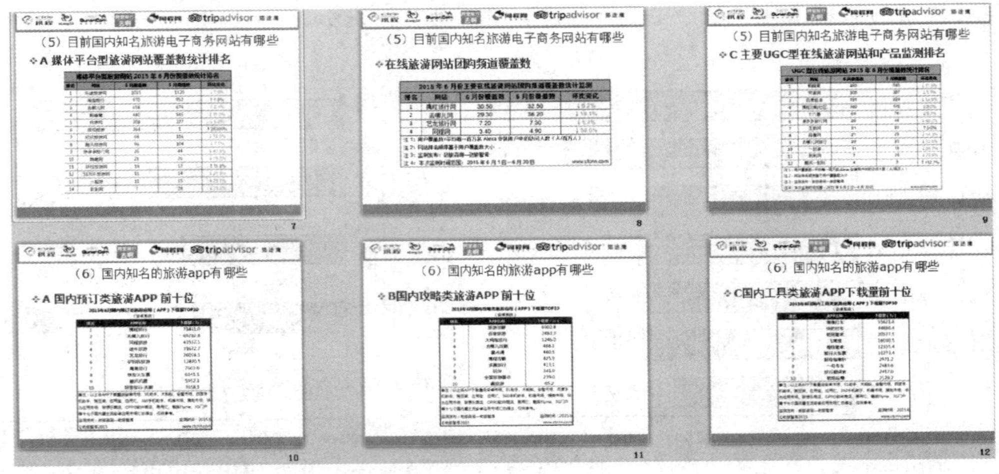

图 1-2-44　“旅游电子商务发展历程与现状报告”PPT 第 7 ~ 12 屏

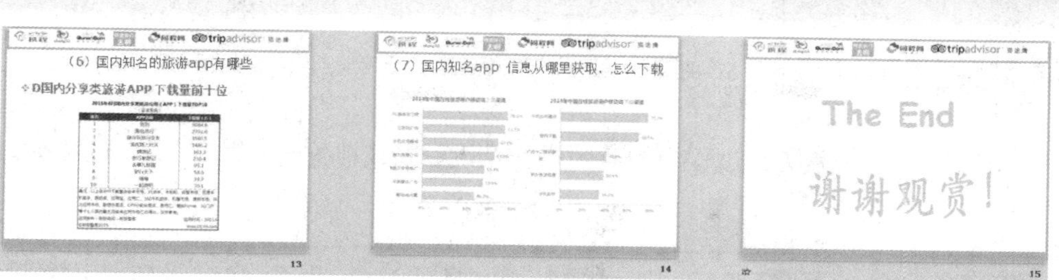

图 1-2-45　“旅游电子商务发展历程与现状报告”PPT 第 13 ~ 15 屏

任务资源

表 1-2-5　任务资源

网站名称	对应 APP 二维码
易观智库	
劲旅网	
旅游电子商务发展历程与现状（完整版）	
旅游电子商务发展历程与现状（PPT）	

学习评价

请根据你在本任务实施过程中的实际操作情况，完成评价表（表 1–2–6）的相关内容。

表 1–2–6　评价表

评价项目	评价依据	优秀	良好	中等	及格	继续努力
任务准备	是否能够到图书馆与上网查询相关资料					
学习活动 1	撰写学习提纲是否能够涉及旅游电子商务发展历程与现状的各方面					
学习活动 2	能否通过在线购书网站、学校图书馆与当地图书馆查询到相关图书					
学习活动 3	能否通过知网、万方数据等数据库查询到相关论文					
学习活动 4	在中国互联网络信息中心、艾瑞咨询、易观智库、劲旅网、智旅动力等平台上是否顺利找到资料，能否找到国外相关资料					
学习活动 5	能否根据学习提纲找到想要知道内容的答案，撰写的内容逻辑性如何					
学习活动 6	制作的 PPT 是否包含提纲的所有内容，PPT 设计是否美观大方、简洁明了					
任务效果	任务实施是否达到预期目的					

续上表

评价项目	评价依据	优秀	良好	中等	及格	继续努力
问题与感想						
任务综合评价						

知识链接

1. 旅游电子商务的特点

旅游电子商务是通过先进的网络信息技术手段实现旅游商务活动各环节的电子化，它相对于传统旅游来说具有以下特征。

（1）快捷性。旅游业属于服务性行业，旅游企业依托自身的技术优势，实现了传统旅游企业无法完成的 24 小时随时服务，利用网络进行推广、传递信息、实时订单确认与支付，可以随时为游客提供服务，快捷便利。

（2）整合性。旅游产品是一个包含多项内容的复杂体验服务，旅游电子商务把旅游各环节中的供应商、景点、交通运输企业、饭店、保险公司等与旅游相关的众多行业整合在一起。

（3）交互性。旅游者在旅游出发前、旅行过程中，回程之后都需要运用旅游电子商务平台进行交流，出发前主要是查询景点、酒店、机票等信息，进行相关产品的预订。在旅行过程中，旅游者也希望查询道路交通、景区、酒店等的即时信息，方便对行程的调整。回程之后，旅游者会有很多的体会与感受，需要与他人进行分享。旅游电子商务平台提供了这些功能，可以随时与游客进行交互交流。

2. 旅游电子商务分类（按交易类型）

（1）旅游企业间的电子商务（B2B）。

B2B（Business to Business，B to B）模式是指旅游商家之间的电子商务交易，是旅游同业间依托互联网的交易平台，其基本是通过信息化手段聚合供应商和经销商，打通双方的信息不对称，便于双方进行交易。

在旅游电子商务中，B2B 交易形式主要包括以下几种情况：

旅游企业之间的产品代理，如旅行社代订机票与饭店客房，旅游代理商代售旅游批发商组织的旅游线路产品。组团社之间相互拼团，也就是当两家或多家组团旅行社经营同一条旅游线路，并且出团时间相近，而每家旅行社只拉到为数较少的客人时，旅行社征得游客同意后可将客源合并，交给其中一家旅行社操作，以实现规模运作的低成本运营。旅游地接社批量订购当地旅游饭店客房、景区门票，客源地组团社与目的地地接社之间的委托、支付关系，等等。

目前常用的 B2B 旅游电子商务平台有欣旅通、驰誉·欢途、力行网络、逸游网、易行天下、旅游圈、翔龙万里行、旅景、八爪鱼等（见图 1–2–46）。

图 1–2–46　常见旅游电子商务 B2B 平台

（资料来源：易观智库．中国在线旅游市场年度综合报告 2015［R］）

（2）旅游企业对旅游者电子商务（B2C）。

B2C（Business to Customer， B to C）旅游电子商务交易模式是指旅游商家与旅游消费者之间的电子商务交易，也就是电子旅游零售。进行 B2C 旅游交易时，旅游散客先通过网络获取旅游目的地信息，然后在网上自主设计旅游活动日程表，预订旅游饭店客房、车船机票等，或报名参加旅行团。对旅游业这样一个旅客高度地域分散的行业来说，旅游 B2C 电子商务方便旅游者远程搜寻、预订旅游产品，克服距离带来的信息不对称。通过旅游电子商务网站订房、订票，是当今世界应用最为广泛的电子商务形式之一。另外，旅游 B2C 电子商务还包括旅游企业对旅游者拍卖旅游产品，由旅游电子商务网站提供中介服务等。

目前常用的 B2C 旅游电子商务平台有：携程、途牛、同程、驴妈妈、芒果、国旅在线、众信旅游、去哪儿、去啊等。

图 1–2–47　常见旅游电子商务 B2C 平台

（资料来源：易观智库．中国在线旅游市场年度综合报告 2015［R］）

（3）旅游者对旅游者电子商务（C2C）。

C2C（Customer to Customer，C to C），是个人与个人之间的电子商务。在中国 C2C 市场，最著名的就是淘宝。在旅游电子商务领域，国内的短租平台蚂蚁短租和小猪短租都是 C2C 模式的代表。

（4）旅游者对旅游企业电子商务（C2B）。

C2B（Customer to Business，C to B）交易模式是由旅游者提出需求，然后由企业通过竞争满足旅游者的需求，或者是由旅游者通过网络链接成群体与旅游企业讨价还价。旅游 C2B 电子商务的“反向拍卖”是竞价拍卖的反向过程。国外旅游电商 Priceline 的 Name your own price 就是 C2B 模式；2011 年 11 月，采用逆向拍卖模式的“去哪儿越狱频道”就是 C2B 模式。

3. 旅游电子商务分类（按信息终端）

旅游电子商务的网络信息系统中必须具备一些有交互功能的信息终端，使信息资源表现被人们利用，同时接受用户向电子商务体系反馈的信息。按信息终端形式划分，旅游电子商务可以分为网站电子商务（W-Commerce）、语音电子商务（V-Commerce）、多媒体电子商务（Multimedia-Commerce）和移动电子商务（Mobile-Commerce）。

（1）网站旅游电子商务，是指通过与网络相连的个人电脑访问网站实现电子商务，这是目前最通用的一种形式。

（2）语音旅游电子商务，是指人们可以利用声音识别和语音合作软件，通过任何固定或移动电话来获取信息和进行交易。

（3）多媒体旅游电子商务，一般由网络中心、呼叫处理中心、营运中心和多媒体终端组成，它将遍布全城的多媒体终端通过高速数据通道与网络信息中心和呼叫中心相接，通过具备声音、图像、文字功能的电子触摸屏计算机，以及票据打印机、POS 机、电话机和网络通信模块等向范围广泛的用户群提供动态、24 小时不间断的多种商业和公众信息。旅游服务的多媒体电子商务一般在火车站、飞机场、饭店大厅、大型商场（购物中心）、重要的景区景点、游客咨询中心等场所配置多媒体触摸屏电脑系统。

（4）移动电子商务，是指利用移动通信网和 Internet 的有机结合来进行的一种电子商务活动，是通过手机、PDA（个人数字助理）这些可以装在口袋里的终端来完成的旅游商务活动。

4. 中国在线交通预订市场产业生态图谱

在线交通预订、在线住宿预订、在线度假旅游三个细分市场共同撑起在线旅游市场，在线交通市场是指旅游消费者通过在线旅游厂商的互联网平台直接预订或先通过互联网平台查询再通过呼叫中心预订机票、火车票或汽车票等交通产品的市场，在线交通市场的产业生态图谱如图 1-2-48 所示。

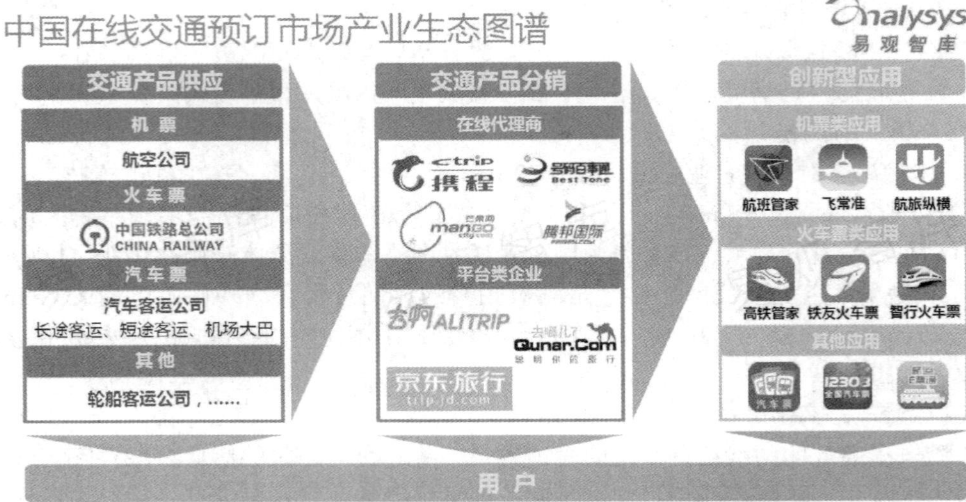

图 1–2–48　中国在线交通预订市场产业生态图谱

（资料来源：易观智库．中国在线旅游市场年度综合报告 2015［R］）

5. 中国在线住宿预订市场产业生态图谱

在线交通预订、在线住宿预订、在线度假旅游三个细分市场共同撑起在线旅游市场，在线住宿预订市场是指旅游消费者通过在线旅游厂商的互联网平台直接预订或先通过互联网平台查询再通过呼叫中心预订住宿产品的市场。在线住宿预订市场产业生态图谱如图 1–2–49 所示。

图 1–2–49　中国在线住宿预订市场产业生态图谱

（资料来源：易观智库．中国在线旅游市场年度综合报告 2015［R］）

6. 中国在线度假旅游市场产业生态图谱

在线交通预订、在线住宿预订、在线度假旅游三个细分市场共同撑起在线旅游市场，在线度假旅游市场是指在线旅游厂商通过在线或呼叫中心为用户提供打包型旅游产品门票预订的市场，不包含交通和住宿单项产品预订。中国在线度假旅游市场产业生态图谱如图 1-2-50 所示。

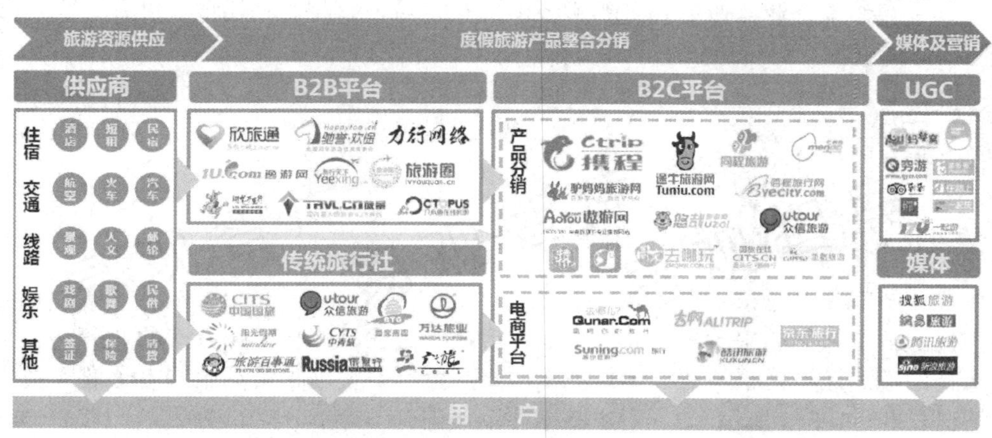

图 1-2-50　中国在线度假旅游市场产业生态图谱

（资料来源：易观智库．中国在线旅游市场年度综合报告 2015［R］）

7. UGC（用户原创内容）

UGC 是“User Generated Content”的缩写，中文可译作“用户原创内容”。UGC 的概念最早起源于互联网领域，即用户将自己原创的内容通过互联网平台进行展示或者提供给其他用户。UGC 是伴随着以提倡个性化为主要特点的 Web2.0 概念兴起的。UGC 并不是某一种具体的业务，而是一种用户使用互联网的新方式，即由原来的以下载为主变成下载和上传并重。YouTube、MySpace 等网站都可以看作是 UGC 的成功案例，社区网络、视频分享、博客和播客（视频分享）等都是 UGC 的主要应用形式。

任务 1-3　分析旅游电子商务企业商业模式

任务引入

小科通过前一个任务查阅图书、论文、报告、网站文章等资料，撰写旅游电子商务发展历程与现状的报告，对旅游电子商务的基本情况有所了解，知道了携程、艺龙、去哪儿、驴妈妈、途牛、酷讯、阿里旅行·去啊、同程、芒果、蚂蜂窝、猫途鹰、美团、百度糯米、航旅纵横、飞常准等旅游电子商务网站与旅游 APP。这些旅游电子商务企业

的网站与 APP 到底是通过什么方式进行营利的呢？是一种什么样的商业模式呢？小科与他的团队准备通过选取某一个网站或 APP 进行研究，深入分析网站或 APP 的商业模式。

任务准备

小科要对某一个旅游电子商务企业进行深入分析，首先他要对这些常见的旅游电子商务网站有所了解，登录几个相对熟悉的旅游电子商务网站，体验旅游产品预订过程，同时也要查阅传统企业商业模式有哪些，了解互联网企业商业模式特点，有了这些基础知识之后才能够深入分析旅游电子商务网站或 APP 的商业模式。

任务实施

学习活动 1　选取旅游电子商务企业

步骤 1：了解常见旅游电子商务企业基本情况

小科了解了常见的旅游电子商务企业，但这些企业具体从事哪方面的业务，主要经营什么样的产品还不是很清楚，于是他上网查阅资料，整理了常见旅游电子商务企业的基本情况（如表 1-3-1 所示），同时也将这些企业进行了简单分类，包括综合 OTA（Online Travel Agency，在线旅行社）、平台、攻略社区、出境游四大类。

表 1-3-1　我国主要旅游电子商务企业基本情况一览表

序号	企业名称	企业简介	旗下 APP	主营产品类型	类别	特色
1	携程	OTA 巨头，在线旅游综合服务网站		酒店、机票、车票、度假、当地玩乐（一日游、特色体验、美食、交通接驳、Wi-Fi）、用车、门票、团购、攻略、全球购、礼品卡、商旅、邮轮、保险、签证	综合 OTA	品种齐全
2	同程	中国领先的休闲旅游在线服务商		门票、酒店、机票、车票、度假、邮轮、签证	综合 OTA	主打景点门票
3	去哪儿	在线旅游搜索平台		酒店、机票、度假、车票、门票、用车、Wi-Fi	平台	当地顾问

续上表

序号	企业名称	企业简介	旗下 APP	主营产品类型	类别	特色
4	阿里旅行 · 去啊	综合性旅游出行服务平台		机票、酒店、度假、门票、车票、签证、邮轮、租车、Wi-Fi、交通卡	平台	综合性
5	蚂蜂窝	游记攻略社区		酒店、签证、邮轮、当地游（一日游、门票、用车、美食、Wi-Fi）、保险	攻略社区	反向定制
6	淘在路上	旅行生活服务 APP		机票、酒店、美食、门票、交通接驳、当地娱乐、一日游	攻略社区	本地生活化
7	穷游	出境游在线社区		酒店、机票、邮轮、租车、保险、签证、门票、当地游（一日游、特色体验、交通接驳）、Wi-Fi	攻略社区	境外华人旅馆
8	面包旅行	旅行社 APP		特价产品（门票、交通卡、自由行、跟团游、签证）	攻略社区	跨界活动
9	趣旅	海岛度假旅游电商平台		海岛自由行、婚礼、婚纱摄影、潜水、海钓、包车、私家小团	出境游	海岛婚摄
10	我趣	出境自助服务平台		酒店、机票、度假（自助游套餐）、境外参团、租车、门票、交通接驳、签证、保险、Wi-Fi/ 电话卡	出境游	房车租赁
11	海玩	境外旅游旅行生活服务平台		门票、一日游、美食餐券 / 活动、购物券、交通接驳、交通卡、包车、境外参团、Wi-Fi/ 电话卡	出境旅	特色体验 / 娱乐
12	游谱	出境游行程定制旅游平台		自由行、跟团、邮轮、行程定制	出境游	定制功能

（资料来源：http://www.iresearch.com.cn/view/252673.html）

步骤 2：选取感兴趣的旅游电子商务企业

小科与他的团队了解了常见旅游电子商务企业之后，觉得携程是我国旅游电子商务的开拓者，同时也是目前实力最强的旅游电子商务企业之一，是综合的 OTA，旅游产品齐全，包括酒店、机票、车票、度假、当地玩乐用车、门票、团购、攻略、全球购、礼品卡、商旅、邮轮、保险、签证等。因此他与团队最终决定要分析“携程旅行”，希望对从携程发展历程与商业模式的分析中有所收获。

学习活动 2　搜集选取旅游电子商务企业相关资料

步骤 1：登录网站，搜集企业基本情况资料

小科选定携程旅行为他所在团队的分析对象，接下来需要了解携程的一些详细情况。他登录携程首页（www.ctrip.com），然后找到【关于携程】，进入如图 1-3-1 所示页面，小科看到有公司概况、发展历程、社会责任、历史荣誉、核心优势、理念展示、服务宣言、管理团队、集团成员等多个方面的介绍，他仔细阅读相关资料，对携程旅行有了更深入的了解。

图 1-3-1　携程旅行网站“关于携程”页面

步骤 2：体验预订旅游产品

小科前面已经有过通过携程 APP 预订在线旅游产品的经验，对预订产品的流程有了一些了解，接下来，他准备预订酒店与交通，亲自体验如何在携程购买旅游产品，掌握第一手资料。

步骤 3：查找书籍、论文等相关资料

小科花了一些时间，在图书馆、网站（中国知网、艾瑞咨询、易观智库、智旅网、智旅动力等）上查找与携程网相关的资料，目前查找到的相关文件如图 1-3-2 所示。

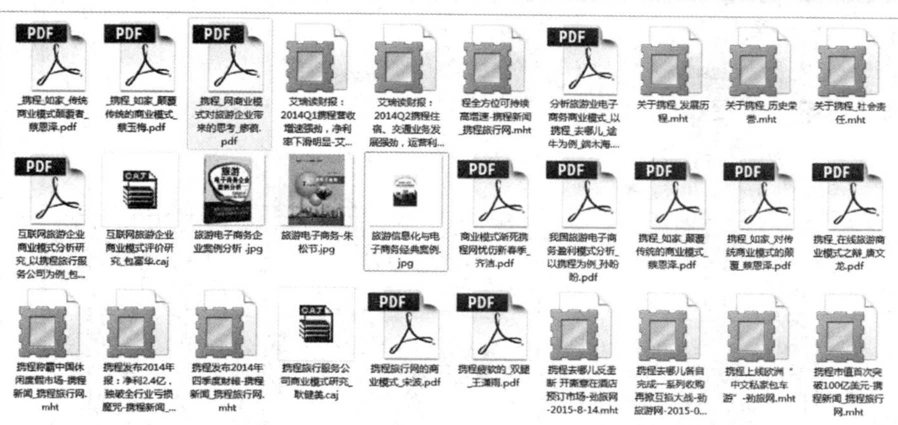

图 1-3-2　下载的携程旅行网相关资料截图

学习活动 3　撰写旅游电子商务企业商业模式分析报告

小科与团队成员共同努力，在参考学习活动 2 相关资料的基础上，撰写出携程旅行网的商业模式分析文本，其成果如下。

携程旅行网商业模式分析

1．发展历程与现状

（1）基本情况介绍。

携程旅行网创立于 1999 年，总部设在中国上海，员工 30 000 余人，目前公司已在北京、广州、深圳、成都、杭州、南京、厦门、重庆、青岛、沈阳、武汉、三亚、丽江、香港、南通等多个城市设立分支机构，在南通设立服务联络中心。2010 年，携程旅行网战略投资台湾易游网和香港永安旅游，完成了海峡两岸暨香港的布局。2014 年，投资途风旅行网，将触角延伸及北美洲。

作为中国领先的综合性旅行服务公司，携程成功整合了高科技产业与传统旅游业，向超过 2.5 亿会员提供集无线应用、酒店预订、机票预订、旅游度假、商旅管理及旅游资讯在内的全方位旅行服务，被誉为互联网和传统旅游无缝结合的典范。

凭借稳定的业务发展和优异的营利能力，携程于 2003 年 12 月在美国纳斯达克成功上市，上市当天创纳市 3 年来开盘当日涨幅最高纪录。

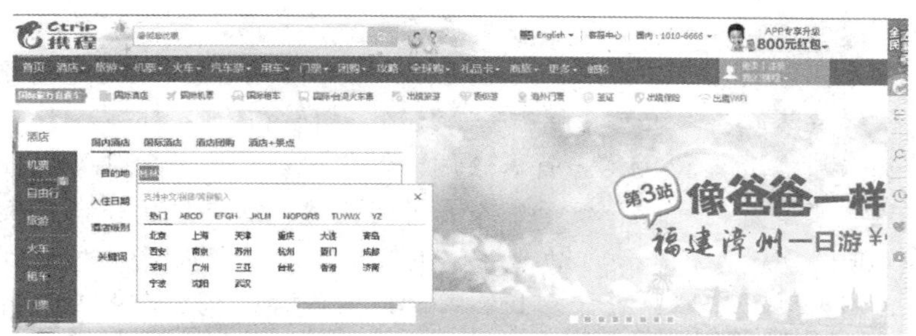

图 1-3-3　携程旅行网首页

（2）发展历程。

携程的发展历程可以概括为四个阶段，分别是初创阶段、起步阶段、大发展阶段与移动端发展阶段，如图 1-3-4 所示。

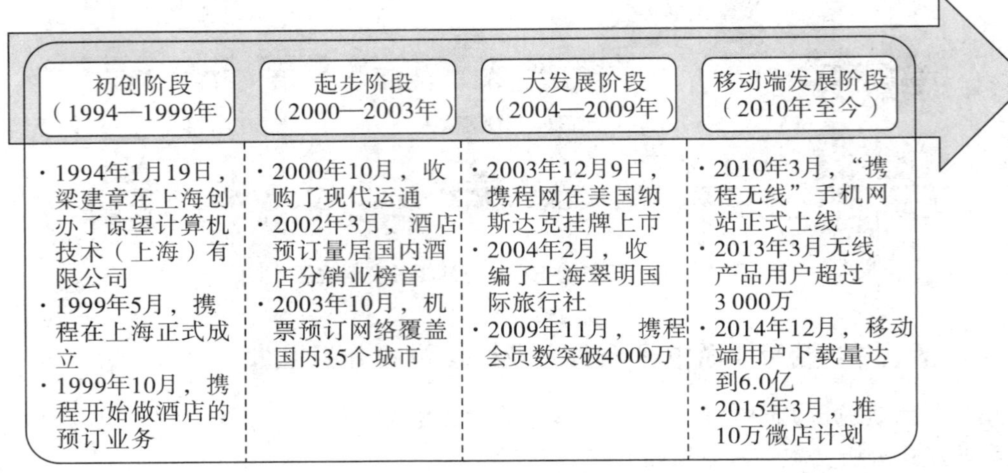

图 1-3-4　携程发展阶段示意图

①初创阶段（1994—1999 年）。

1994 年 1 月 19 日，担任 Oracle（甲骨文公司）（中国）咨询总监的梁建章以外商的名义在上海创办了谅望计算机技术（上海）有限公司，注册资本为 6 万美元。当时公司主要是提供计算机技术方面的咨询业务，虽然由于梁建章此时仍在 Oracle 工作，无力打点这家公司，业绩平平，但这家公司却是携程的前身。1999 年，中国的互联网开始热起来，梁建章看好这一点，辞掉 Oracle 的工作，和沈南鹏、季琦等人准备创办一家网络公司。出于方便与注册手续上的考虑，三人对谅望公司进行改造，一起投资 200 万元，招聘了三四十名员工，在上海的徐汇区租地办公，谅望自此改名为携程。1999 年 5 月，携程在上海正式成立。后半年时间里，到底是做拍卖、游戏、旅游、打折书行业还是门户网站都是这家公司考虑的事情，最终由于旅游市场在中国方兴未艾、市场比较大、前景看好等特点促使创办人选择了进军旅游业。但携程在成立之初，也只是想做一个有关旅游的网上百货超市，网民可以在携程查询到各个国家地区、国内各个旅游景点的详细情况，吃、住、行、游、购、娱等旅游要素，携程希望通过广告带来高点击率，再用点击率换取网站广告收入。但事实证明，广告收入无法让携程致富，它拥有的 .com 身份却成为强有力的融资工具，网络泡沫的虚幻迫使携程去寻求更踏实的营利途径。

衡量国内旅行服务的各大块，如酒店预订、机票预订、旅游项目等，只有酒店预订拥有不需要配送、没有库存之忧、便于客人支付的优势，这点很适合携程的运作模式，1999 年 10 月，携程开始做酒店预订的业务。事实上，对携程来说，进入到酒店预订无疑是其比较好的选择：投资少，便于利用公司的网络优势。也正是出于这一点，携程开始摆脱纯粹网络公司的形象，开始进入酒店预订的业务当中。

②起步阶段（2000—2003年）。

在正式开展酒店业务之后，携程面临的最大问题就是缺乏相应的资源，包括人员及上下游产业的关系。好在当时整个中国旅游业的发展也正处于起步阶段，市场的集中度不高，边际资源并不缺乏，缺少的只是将它们整合在一起的理念和行动，此时的携程已经利用其颇有前景的商业模式筹集到了1 700万美元的风险投资，充裕的资金让携程有了强大的整合能力。

2000年10月，携程果断地以数百万现金加期权收购了北京的一家传统旅游企业——现代运通，使酒店订房量发生了突飞猛进的增长。2002年3月，酒店预订量创国内酒店分销业榜首。接下来在别的网站很难再获风投青睐之时，携程成功地进行了第三轮融资，凯雷集团以1 000万美元注入，此时携程的估价已达3 000多万美元。在酒店预订领域闯出点名堂后，携程开始进军机票预订领域。此时，携程将收购的目标锁定为北京海岸机票预订中心，这是北京最大的呼叫中心，同样用数百万现金加上股权，在2002年3月完成收购。2002年5月，启动全国中央机票预订系统；2003年10月，机票预订网络覆盖国内35个城市。

③大发展阶段（2004—2009年）。

2003年12月9日，携程网在美国纳斯达克挂牌上市，成为2000年以来我国第一家登陆纳斯达克的网络概念股票，股票开盘首日涨幅就达到了88.56%。上市4天后，股价涨至发行价的两倍，成为3年来纽约市场上表现最好的新股票，2004年10月，宣布分红成为美国纳市首家分红的中国网络股。

2004年2月，携程以高级管理者入股的形式正式收编了上海翠明国际旅行社，刚刚在纳斯达克上市才2个月的携程，开始流露出要整合业务资源和客户资源、进军旅行社业务的野心。2004年10月，携程推出全新360°度假超市，首推休闲度假旅游概念；2006年12月，度假出发地拓展至11个城市。2006年3月，携程继酒店、机票、度假预订业务之后全力进军商旅管理市场，商旅服务成为携程网的第四个业务增长点；2007年3月，携程在北京、上海、广州、深圳、南京、武汉、杭州、青岛、厦门、成都、沈阳等城市又推出了自驾租车业务。2008年3月携程度假体验中心登陆各大机场，2008年5月，商旅通智能报告发布，2008年7月携程南通呼叫服务中心正式启动，2008年12月携程推出国内首个航意险保单销售网络平台，2009年2月携程推出“自由·机+酒”产品，2009年6月携程被授为“世博游指定旅行社”，到2009年11月携程会员数突破4 000万。

至此，携程进入了大发展时期，形成了酒店预订、机票预订、度假产品、商旅服务、车辆租赁、保险几大块主营业务的架构。短短几年间，携程利用购并手法在各个领域合纵连横，从纯粹的.com网站到酒店、机票分销，再到“机票+酒店”套餐的自助游，并延伸到商旅和租车服务，开始在旅游市场上全面开花。

④移动端发展阶段（2010年至今）。

2010年3月，“携程无线”手机网站正式上线，移动端交易额增长迅猛并迅速成长为业务的重要贡献力量。2013年3月，携程无线产品用户超过3 000万，酒店预订量贡献超过10%。2013年第二季度，携程无线的交易额就增长至2012年同期的三倍，在

2013 年年底，约 50% 的酒店与 30% 的机票交易来自于手机预订。携程已经推出携程旅行、携程青春版、携程企业商旅、携程折扣、携程攻略、携程商户版、携程沃旅行等多个产品体系，携程旅行网移动端产品丰富，涉及产品预订、分享记录、基础服务多个领域，用户使用量增幅明显。2014 年 12 月移动端用户下载量达到 6.0 亿。2015 年 3 月，在线旅游龙头携程推微商开放海量货源、推 10 万微店计划，这种试工打破了代理门槛，开放其业内最大的跟团游与自助游产品库，人人都可以开微店，只要手机号注册一个账号，即可代理售卖携程网内的海量商品，分享至微信和朋友圈，只要用户成功付款出行，微店就能获得返佣。佣金率是吸引旅游达人开微店的重要因素，携程微商的代理返佣，可达支付金额的 2% ~ 3%。

表 1–3–2　携程旅行网发展历程中的里程碑事件（1999 年 10 月至 2014 年 12 月）

时间	里程碑事件
1999 年 10 月	酒店预订量居国内酒店分销业榜首，携程旅行网开通
2002 年 3 月	当月交易额首次突破 1 亿元人民币
2002 年 10 月	机票预订网络覆盖国内 35 个城市
2003 年 10 月	推出全新 360° 度假超市，首推休闲度假旅游概念
2004 年 10 月	建成国内首个国际机票在线预订平台
2004 年 11 月	注册会员数突破 1 000 万人
2005 年 9 月	进军商旅管理市场
2006 年 3 月	度假出发地拓展至 11 个城市
2006 年 12 月	携程网络技术大楼正式落成并投入使用
2007 年 6 月	携程大学成立
2007 年 9 月	单月机票销售量突破 100 万张
2007 年 11 月	携程旅行网英文网站全新上线
2008 年 3 月	携程度假体验中心登陆各大机场
2008 年 5 月	商旅通智能报告发布
2008 年 7 月	携程南通呼叫服务中心正式启动
2008 年 12 月	携程推出国内首个航意险保单销售网络平台
2009 年 2 月	携程推出“自由・机 + 酒”产品
2009 年 6 月	携程被授为“世博游指定旅行社”
2009 年 11 月	携程会员数突破 4 000 万
2010 年 3 月	“携程无线”手机网站正式上线

续上表

时间	里程碑事件
2010 年 4 月	携程信息技术大楼在江苏南通正式落成
2010 年 5 月	携程启用新标志
2010 年 10 月	携程入围 2010 中国旅游集团 20 强
2010 年 12 月	成立驴评网
2011 年 1 月	携程南通呼叫中心升级为服务联络中心
2011 年 2 月	携程旅行网与香格里拉酒店集团签署分销合作协议
2011 年 4 月	携程进军中小企业商旅市场
2011 年 6 月	携程组织中国游客赴夏威夷直飞首航
2011 年 8 月	携程获得印尼“鹰航假期”品牌在华独家运营权
2011 年 9 月	携程“惠选酒店”频道正式上线
2011 年 12 月	携程发布“中国差旅市场调研报告”
2011 年 12 月	携程与万豪进一步加强全球伙伴合作关系
2012 年 2 月	携程发布中国首个顶级旅游品牌“鸿鹄逸游”
2012 年 3 月	携程推出全新国际机票预订平台
2012 年 7 月	携程开创旅游产品“钻级标准”
2012 年 8 月	携程海外酒店预订新平台上线
2013 年 4 月	携程全球门票预订平台上线
2013 年 9 月	酒店无线订单比达 40%，超网站
2013 年 10 月	携程应用国庆门票订单大增 10 倍
2014 年 1 月	HHtravel（鸿鹄逸游）携手奔驰进军旅游
2014 年 4 月	携程 2 亿美元投资同程旅游
2014 年 4 月	携程发布“景 + 酒”套餐
2014 年 8 月	Priceline 与携程深化战略关系
2014 年 9 月	携程宣布购买“精致世纪号”邮轮
2014 年 9 月	携程发布中文邮轮预订平台
2014 年 12 月	携程力推两个“放心”
2014 年 12 月	携程成为中国最大旅游集团

（资料来源：http://pages.ctrip.com/public/aboutctrip/ac2_devProc1.html）

（3）发展现状。

我们可以从携程2014年公布的财务报表中分析携程目前的发展现状。

“2014年第四季度，携程的各主要业务都保持强劲增长势头。”携程董事会主席兼首席执行官梁建章先生表示，“第四季度住宿预订和交通票务业务量同比增长速度分别达到53%和102%。旅游度假业务全年交易额达到130亿元人民币。新业务的成长也推动了市场占有率的进一步提升。携程旅行无线应用已经拥有约6亿累计下载量，环比增长70%。”

2014年第四季度和2014年全年财务业绩和业务发展：

2014年第四季度，携程总营业收入为20亿元人民币（3.26亿美元），同比增长32%。2014年第四季度总营业收入环比下降11%。

截至2014年12月31日，2014年全年携程总营业收入为78亿元人民币（13亿美元），相比2013年增长36%。

2014年第四季度住宿预订营业收入为8.42亿元人民币（1.36亿美元），同比增长31%，增长主要来源于住宿预订量53%的同比增长，并被每间夜收入的同比下降部分抵消。2014年第四季度住宿预订营业收入环比下降11%。

截至2014年12月31日，2014年全年住宿预订营业收入为32亿元人民币（5.16亿美元），相比2013年增长45%。住宿预订营业收入分别占2014年和2013年总营业收入的41%和39%。

2014年第四季度票务服务营业收入为7.74亿元人民币（1.25亿美元），同比增长34%，增长主要来源于票务预订量102%的同比增长。2014年第四季度票务预订营业收入环比下降3%。

截至2014年12月31日，2014年全年票务服务营业收入为30亿元人民币（4.75亿美元），相比2013年增长36%。票务服务营业收入占2014年和2013年总营业收入的38%。

2014年第四季度旅游度假业务营业收入为2.33亿元人民币（3 800万美元），同比增长20%，增长主要来源于团队游和自助游预订量54%的同比增长。2014年第四季度旅游度假业务营业收入环比下降35%，主要受季节性因素影响。

截至2014年12月31日，2014年全年旅游度假业务营业收入为11亿元人民币（1.7亿美元），相比2013年增长13%。旅游度假业务营业收入分别占2014年和2013年总营业收入的14%和16%。

2014年第四季度商旅管理业务营业收入为1.08亿元人民币（1 700万美元），同比增长38%，增长主要来源于商旅活动带动的商旅需求的增长。2014年第四季度商旅管理业务营业收入环比上升4%。

截至2014年12月31日，2014年全年商旅管理业务营业收入为3.73亿元人民币（6 000万美元），相比2013年增长40%。商旅管理业务营业收入占2014年和2013年总营业收入的5%。

2014年第四季度净营业收入为19亿元人民币（3.08亿美元），同比增长33%。2014年第四季度净营业收入环比下降10%。

截至2014年12月31日，2014年全年净营业收入为73亿元人民币（12亿美元），相比2013年增长36%。

2014年第四季度的毛利率为69%，相比2013年同期为73%，相比上季度为72%。

截至2014年12月31日，2014年全年毛利率为71%，相比2013年为74%。

2014年第四季度产品开发费用为7.89亿元人民币（1.27亿美元），同比上升137%，环比上升29%，上升的主要原因为产品开发人员相关费用的增加。若不计股权报酬费用，2014年第四季度产品开发费用占净营业额的39%，与2013年同期的21%和上季度的26%相比有所上升。

截至2014年12月31日，2014年全年产品开发费用为23亿元人民币（3.74亿美元），相比2013年上升86%。若不计股权报酬费用，2014年开发费用占净营业额的29%，与2013的21%相比有所上升。

2014年第四季度销售与市场营销费用为7.07亿元人民币（1.14亿美元），同比上升88%，环比上升18%，上升的主要原因为营销相关活动的增加。若不计股权报酬费用，2014年第四季度的销售与市场营销费用占净营业额的36%，与2013年同期的25%和上季度的27%相比有所上升。

截至2014年12月31日，2014年全年销售与市场营销费用为22亿元人民币（3.57亿美元），相比2013年上升74%。若不计股权报酬费用，2014年销售与市场营销费用占净营业额的29%，与2013年的23%相比略有上升。

2014年第四季度的管理费用为2.34亿元人民币（3 800万美元），同比上升52%，上升的主要原因为管理人员相关费用的增加。和上季度相比，2014年第四季度的管理费用下降3%。若不计股权报酬费用，2014年第四季度的管理费用占净营业额的9%，与2013年同期的6%和上季度的8%相比略有上升。

截至2014年12月31日，2014年全年管理费用为8.62亿元人民币（1.39亿美元），相比2013年上升33%。若不计股权报酬费用，2014年管理费用占净营业额的8%，与2013年的7%相比略有上升。

2014年第四季度的营业亏损为4.01亿元人民币（6 500万美元），相比2013年同期营业利润为1.83亿元人民币（3 000万美元），2014年第三季度营业利润为8 800万元人民币（1 400万美元）。若不计股权报酬费用，2014年第四季度的营业亏损为2.74亿元人民币（4 400万美元），相比2013年同期营业利润为2.89亿元人民币（4 800万美元），2014年第三季度营业利润为2.25亿元人民币（3 700万美元）。

截至2014年12月31日，2014年全年营业亏损为1.51亿元人民币（2 400万美元），相比2013年全年营业利润为8.38亿元人民币（1.39亿美元）。若不计股权报酬费用，2014年营业利润为3.46亿元人民币（5 600万美元），相比2013年下降73%。

2014年第四季度的营业亏损率为−21%，相比2013年同期营业利润率为13%，相比上季度营业利润率为4%。若不计股权报酬费用，2014年第四季度的营业亏损率为−14%，相比2013年同期营业利润率为20%，相比上季度营业利润率为11%。

截至2014年12月31日，2014年全年的营业亏损率为−2%，相比去年营业利润率为16%。若不计股权报酬费用，2014年的营业利润率为5%，相比2013年为24%。

2014 年第四季度的所得税收益为 1 300 万元人民币（200 万美元），相比去年同期所得税费用为 7 000 万元人民币（1 200 万美元），上季度所得税费用为 5 000 万元人民币（800 万美元）。

截至 2014 年 12 月 31 日，2014 年全年的所得税费用为 1.31 亿元人民币（2 100 万美元）。2013 年所得税费用为 2.94 亿元人民币（4 900 万美元）。

2014 年第四季度归属于携程股东的净亏损为 2.24 亿元人民币（3 600 万美元），相比 2013 年同期和上季度归属于携程股东的净利润分别为 2.61 亿元人民币（4 300 万美元）和 2.17 亿元人民币（3 500 万美元）。若不计股权报酬费用，2014 年第四季度归属于携程股东的净亏损为 9 800 万元人民币（1 600 万美元），同比去年同期和上季度归属于携程股东的净利润分别为 3.68 亿元人民币（6 100 万美元）和 3.54 亿元人民币（5 800 万美元）。

截至 2014 年 12 月 31 日，2014 年归属于携程股东的净利润为 2.43 亿元人民币（3 900 万美元），相比 2013 年下降 76%。若不计股权报酬费用，2014 年归属于携程股东的净利润为 7.39 亿元人民币（1.19 亿美元），相比 2013 年下降 49%。

2014 年第四季度经稀释每存托凭证亏损为 1.60 元人民币（0.26 美元）。若不计股权报酬费用，2014 年第四季度经稀释的每存托凭证亏损为 0.70 元人民币（0.11 美元）。

截至 2014 年 12 月 31 日，2014 年经稀释每存托凭证盈利为 1.59 元人民币（0.26 美元），相比 2013 年为 6.66 元人民币（1.10 美元）。若不计股权报酬费用，2014 年经稀释的每存托凭证盈利为 4.84 元人民币（0.78 美元），相比 2013 年为 9.53 元人民币（1.57 美元）。

截至 2014 年 12 月 31 日，现金及短期投资余额为 126 亿元人民币（20 亿美元）。

2. 目标客户

艾瑞咨询发布的 2012—2013 年中国在线旅游预订行业发展报告中将客户分为四类人群，即高收入社会中坚力量族、中等收入稳健安逸族、中等收入社会新生力量族、低收入社会游侠族。调查结果表明，携程网的已有用户价值度最高，高收入社会中坚力量族占比最多，为 25.5%；该网站中 70 后、80 后、90 后中高收入高学历企业 / 个体男性人群最多。但是携程网中等收入社会新生力量族在五大网站中占比最小，后备力量略显不足（如图 1-3-5 所示）。具体来说，携程网的机票预订人群主要为商务人士。因公出差进行在线机票预订的人群所使用的网站中，携程网占比 34.9%；因个人 / 家庭事务进行在线机票预订的人群所使用网站中，携程网占比 26.3%；因休闲旅游度假进行在线机票预订的人群所使用的主要网站中，携程网占比 29.7%。总体来看，携程的目标客户以商务旅客为主，观光和度假旅客为辅。

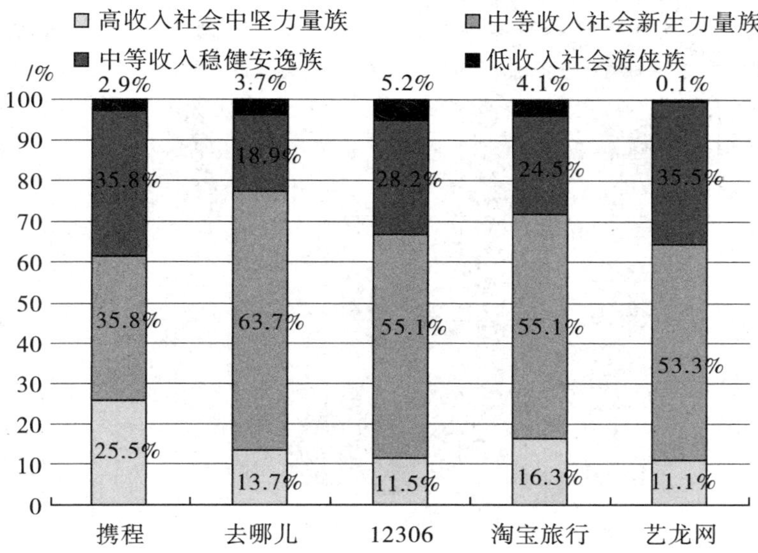

图 1-3-5　在线旅游预订用户最常使用网站上四类人群分布

（资料来源：中国互联网络发展状况统计调查，2013 年 8 月）

3. 主要产品和服务

（1）酒店预订产品

酒店预订是携程主要业务之一，是携程运作和发展的基础。携程提供国内 1 300 个城市酒店预订及价格查询，包括全球 200 多个国家、5 万个城市的酒店预订服务，国内外超过 25 万家的酒店、宾馆、旅社、客栈、经济连锁、酒店公寓、青年旅社等住宿信息，网站上覆盖酒店图片、房间照片、酒店电话、酒店地址以及真实用户的酒店点评等多样化信息。

图 1-3-6　携程酒店产品页面

艾瑞咨询相关数据表明：2014 年中国在线酒店市场规模为 632.5 亿元，其中携程占比 38.8%，市场排名第一；艺龙紧随其后，2014 年艺龙销售间夜量 3 420.4 万元，市场份额为 16.2%；美团酒店业务实现交易额约 55.0 亿元，占比为 8.7%；同程、号百商旅市场份额相近，分别为 2.9% 和 2.8%。

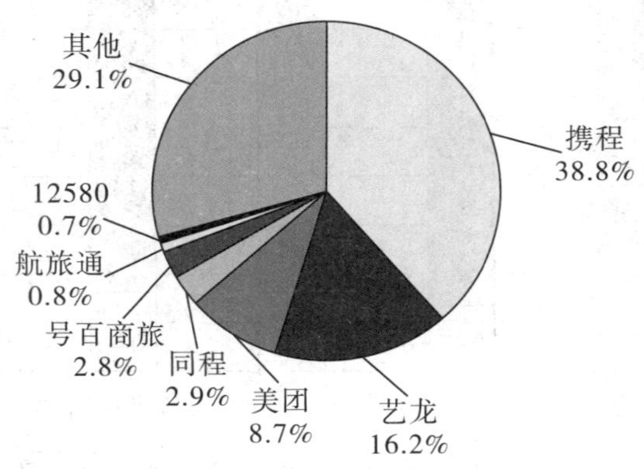

图 1–3–7　2014 年中国在线酒店市场份额（按交易规模，从 OTA 维度划分）

（资料来源：艾瑞咨询）

（2）机票预订产品。

机票预订是携程的主要业务之一。目前携程已和国内外各大航空公司合作，预订覆盖国内外绝大多数航线。网站提供飞机票查询、机票预订、特价机票查询和打折机票查询服务。携程同时动态提供航班查询、时刻表查询、机票查询、票价查询、实时起降查询，以及东方航空、中国南方航空、中国国航、深圳航空、厦门航空、海南航空、四川航空、春秋航空官方网站特价机票查询服务，开通了各大航空公司电子客票，客人可在航空公司支持电子客票的城市用信用卡支付方式购买电子客票，无须等待送票，直接至机场办理登机，出行更加便捷。目前，携程是国内领先的电子客票服务供应商，预订量名列全国前列，机票直客预订销售量也属全国领先，是名副其实的国内领先的机票预订服务平台。

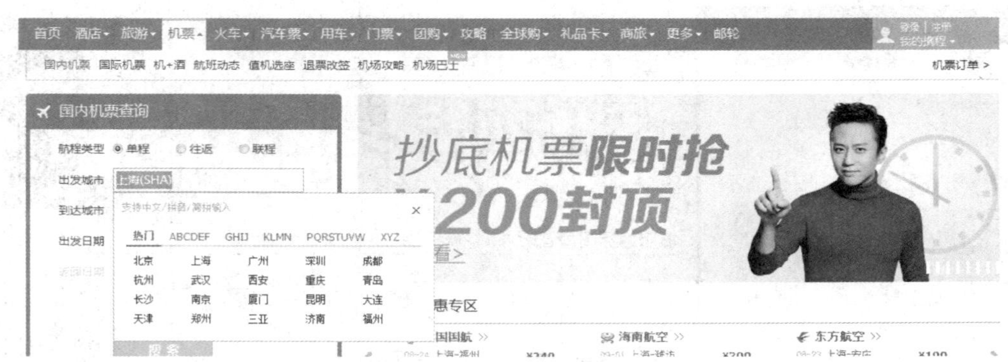

图 1–3–8　携程机票产品页面

从在线机票市场份额来看，2014 年携程、同程等 6 家核心 OTA 企业合计占比为 38.7%，携程机票交易额占比为 27.3%，仍位居市场第一。

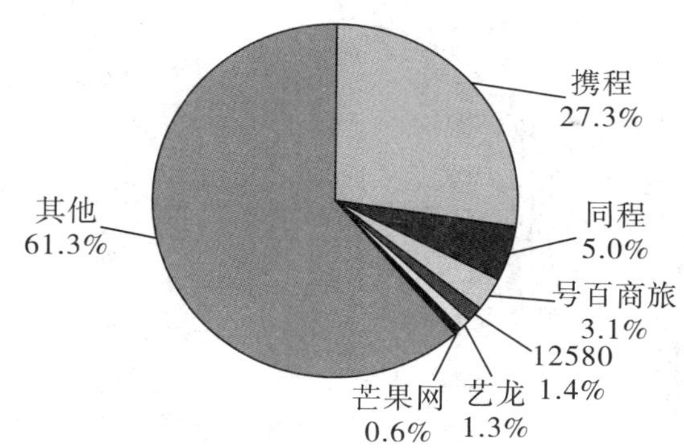

图 1-3-9　2014 年中国在线机票市场份额（按交易规模，从 OTA 维度划分）

（资料来源：艾瑞咨询）

（3）度假预订产品。

度假预订是携程业务中新的亮点。网站提供全球旅游、自助游、周边游、景点大全、租车、欧铁预订以及价格查询等服务，提供全球 200 多个国家、上千景区的旅游服务预订，有几千种线路产品可供选择，还提供各个地区的旅游资讯服务，全年有各种折扣、抢购、团购，并且提供各种邮轮、独家欧铁、租车与订车等新式旅游方式产品。大部分路线都有菜单式的自选附加产品，如机场接送、目的地用车、旅游保险等，游客可以根据自己的需求自由搭配，是中国内地最丰富、最权威的休闲度假产品大全，是中国领先的度假旅行服务网络。携程旅行网为会员提供自由行、深度团队游、半自助游、自驾游、签证、自由行 PASS 等全系列度假产品。

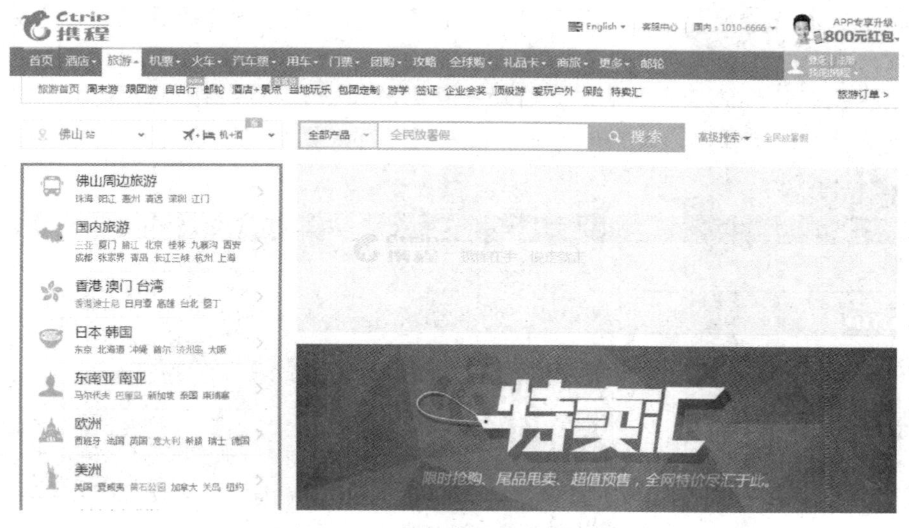

图 1-3-10　携程度假旅游产品页面

2014年中国在线旅游度假市场中，携程、途牛、同程仍位列前三。根据艾瑞监测数据，携程占比23.2%，位列第一。

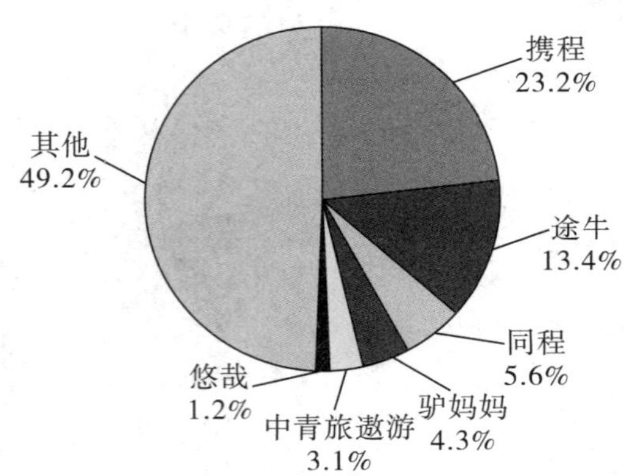

图 1-3-11 2014 年中国在线旅游度假市场份额（按交易规模）

（资料来源：艾瑞咨询）

（4）商旅预订产品。

携程于2006年正式进军商旅管理市场。现已成为中国领先的差旅管理公司，为5 000多家企业客户提供服务，包括100家世界500强公司以及90多家中国500强公司。

2014年5月，携程商旅正式推出“企业差旅自助平台”，通过科学管理和全面差旅成本控制，帮助企业客户节省最多可达30%的差旅成本。根据携程商旅信息，该平台可以对企业差旅事前、事中、事后进行全面的闭环式管理：事前，差旅负责人通过自助平台，在线制定合理的差旅标准及政策；事中，员工预订酒店或机票后，针对公司账户支付的订单，携程商旅会通过短信、APP等方式发送授权信息给客户公司指定的授权人进行授权审批，通过后再进行支付；事后，自助平台为企业提供全面实时的在线分析报告，机票、酒店等消费情况一目了然。相较于传统的商旅管理服务模式，平台的自助化模式极大地简化了企业与TMC（Travel Management Companies，商旅管理公司）之间的合作流程，有效降低了沟通成本。自助平台的推出，让携程商旅再次走在了商旅管理行业的前沿，不仅造福于广大中小企业，也为国内商旅管理市场开启了崭新的2.0时代。

图 1-3-12 携程商旅产品页面

（5）用车服务。

携程用车（car.ctrip.com）是神州租车第一品牌，提供全球租车 / 专车价格查询及预订服务，用车业务涵盖了国内自驾租车、国际自驾租车、国内日租租车 / 包车、国内接送机专车、国内火车站专车接送、国内 / 海外自驾租车攻略、海外代驾专车、海外接送机。自驾租车共覆盖全球 100 多个国家、2 000 多个城市及 9 000 个旅游目的地的上万款车型，提供一嗨、安飞士、至尊、Hertz、Alamo 自驾租车比价服务，还提供易到、一号、滴滴、Uber 等专车供应商接驾服务。

图 1-3-13　携程用车页面

（6）其他产品。

除了以上主要产品之外，携程还提供门票、当地游玩、团购、攻略、全球购、礼品卡、邮轮、保险、签证等多项产品服务。

4. 营利模式

在线旅游网站营利模式分为流量模式和会员模式，所谓流量模式就是不区分用户群，依托庞大的点击率可以获得广告收入；所谓会员模式则必须区分用户群，然后依靠足够数量的使用会员，获取会员服务费，或者成为会员与商户的中介，赚取商户的中介费。携程网的营利模式可归为会员模式，因为它为了获得足够的使用会员不计成本地发行会员卡，然后赚取旅游中介的费用。

携程业务模式，主要由网站、自营业务（携程国旅、香港永安等自营旅行社）、供应商（上游旅游企业，包括目的地酒店、航空票务代理商、目的地景区、目的地交通）和用户构成，如图 1-3-14 所示。

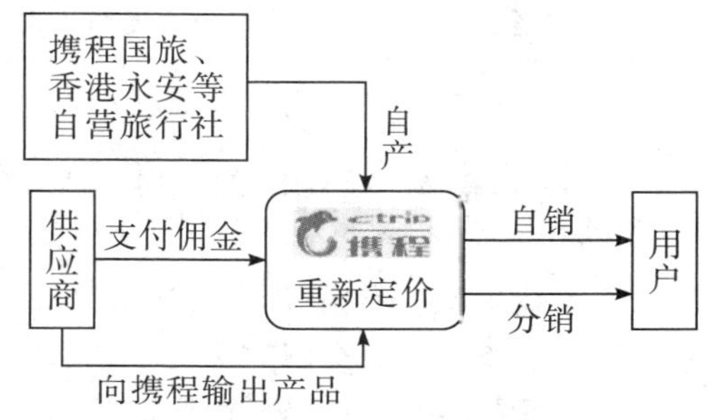

图 1-3-14　携程业务模式图

（资料来源：易观智库）

企业的营利模式情况主要从企业定位、市场定位、自有优势资源、向旅游者提供的主要产品和服务、业务协作、利润源和收入结构、资金流方式、排他性与客户维系、成长空间等几个方面对携程旅行网的各方面进行了概括。

表 1–3–3 携程旅行网的营利模式一览表

项目	具体内容
企业定位	集酒店、机票、度假预订、门票、当地玩乐、商旅特约商户服务为一体的在线旅游综合性服务公司，属于综合性 OTA，逐步向平台化渗透
市场定位	以高收入社会中坚力量族为主，即商务旅客为主，观光和度假游客为辅
自有优势资源	房态管理系统和实时预订系统；收购北京现代运通公司与海岸机票代理公司之后改造成的携程订房中心；呼叫中心；收购上海翠明国旅，投资永安旅游（控股）有限公司旗下旅游业务
主要产品和服务	酒店、机票、车票、度假、当地玩乐（一日游、特色体验、美食、交通接驳、Wi-Fi）、用车、门票、团购、攻略、全球购、礼品卡、商旅、邮轮、保险、签证
业务协作	与目的地酒店、景区、航空公司和航空票务代理、旅行社、营销组织或保险公司、中国工商银行、平安银行等类型企业进行业务协作
利润源和收入结构	（1）酒店预订代理费；（2）机票预订代理费；（3）保险代理费；（4）商旅及自助游中的酒店、机票、租车预订等代理费；（5）会员收入；（6）广告收入
资金流方式	除了酒店预订大多采用酒店前台支付的方法外，对于其他主营业务，顾客可以选择在线支付，也可以选择线上浏览、打电话至呼叫中心确认和线下支付等方式
排他性与客户维系	向消费者提供低价与质量承诺；建立实时预订系统；发行会员卡，实行积分奖励；推荐特惠酒店与航班；在旅游交通站点设立产品推广点；建设目的地指南频道和社区频道；出版旅游系列丛书提高知名度
成长空间	客户满意度高，品牌地位逐步确立，强效的资本运作

（资料来源：巫宁. 旅游信息化与电子商务经典案例［M］. 北京：旅游教育出版社，2006.）

5. 核心竞争力（优势）

（1）规模经营。

服务规模化和资源规模化是携程旅行网的核心优势之一。携程拥有世界上最大的旅游业服务联络中心，拥有 1.2 万个座席，呼叫中心员工超过 1 万名。携程在全球 200 个国家和地区与近 80 万家酒店建立了长期稳定的合作关系，其机票预订网络已覆盖国际、国内绝大多数航线。规模化的运营不仅可以为会员提供更多优质的旅行选择，还保障了服务的标准化，确保服务质量，并降低运营成本。

（2）技术领先。

携程一直将技术创新视为企业的活力源泉，在提升研发能力方面不遗余力。携程建立了一整套现代化服务系统，包括：海外酒店预订新平台、国际机票预订平台、客户管理系统、房量管理系统、呼叫排队系统、订单处理系统、E-Booking 机票预订系统、服务质量监控系统等。2013 年携程发布“大拇指 + 水泥”策略，构建指尖上的旅行社，提供移动人群无缝的旅行服务体验。依靠这些先进的服务和管理系统，携程为会员提供更加便捷和高效的服务。

（3）体系规范。

先进的管理和控制体系是携程的又一核心优势。携程将服务过程分割成多个环节，以细化的指标控制不同环节，并建立起一套精益服务体系。同时，携程还将制造业的质量管理方法——六西格玛体系成功运用于旅行业。目前，携程各项服务指标均已接近国际领先水平，服务质量和客户满意度也随之大幅提升。

6. 集团成员

携程的集团成员如表 1-3-4 所示，共包括途风网、台湾易游网、众荟信息、香港永安旅游、铁友网、途家网、鸿鹄逸游等七个成员。

表 1-3-4　携程集团成员构成一览表

序号	成员名称与标志	成员简介
1	途风网 途風 携程 美洲旅游 第一品牌	途风旅游创立于 2006 年，是国内现有美洲旅游第一品牌。作为美洲旅游最早、最具口碑的开拓者，途风凭借丰富的旅游线路、优质的服务、可靠的行程品质，获得了全球华人美洲旅游市场内外的良好口碑，以及洛杉矶旅游局的高度赞誉
2	台湾易游网 易游网 ezTravel	台湾易游网成立于 2000 年，总部位于台北，员工人数 500 人。通过网络提供全方位的线上预位及线上支付，拥有 220 万会员，是台湾线上旅游的领先者
3	众荟信息 众荟 JOINT WISDOM	北京众荟信息技术有限公司是国内首个酒店业全数据平台。以“渠道 + PMS + 大数据挖掘”的创新模式，融合酒店行业大数据以及云计算技术。通过三大事业板块——基础软件、数据通路以及数据智能打造系列产品，打通酒店行业的信息通道基础建设和行业数据链生态建设，建立良性生态圈以实现行业的良性运营，为提升酒店智慧提供全方位解决方案
4	香港永安旅游 永安旅遊 WING ON TRAVEL	永安旅游成立于 1964 年，拥有超过 45 年的丰富营运经验，在全球聘用超过 600 名精英，是香港旅游业界首屈一指的旅行社。服务网络遍布香港岛、九龙及新界，在加拿大、英国等地设有海外分社，路线遍布全球 50 个国家，每年服务客量超过 40 万
5	铁友网 铁友 tieyou.com	铁友网成立于 2009 年，以互联网为平台，高效整合线下火车票务服务、物流服务和在线票务信息咨询服务，独创全国火车票在线代购一站式服务业务，服务网络覆盖国内绝大多数城市

续上表

序号	成员名称与标志	成员简介
6	途家网	途家网平台在2011年上线，是一家高品质度假公寓预订平台，提供旅游地度假公寓的在线搜索、查询和交易服务。度假公寓是在旅游地提供酒店式管理和服务的可租赁的公寓，既为旅行者提供了优质的度假新体验，又为业主提供了灵活的闲置资产托管增值服务
7	鸿鹄逸游	鸿鹄逸游是携程旗下顶级旅游品牌，2012年3月由携程、台湾易游网、香港永安旅游联合创立，同年4月战略投资太美旅行，集合了四家企业分别在品牌、研发服务能力、精英团队、资源网络等方面的优势。2010年起连续三年成功推出"顶级环游世界"。此外，还有北京、上海、台北三地出发共近200条针对高净值人群的高端旅行线路

7. 管理团队

携程管理团队在资源合作、管理技能、业务经验上的完美组合，以及团队间紧密无缝的合作保证了公司迅速稳健的发展。高层管理团队集合了美国、瑞士、中国的IT业、旅游业及金融业多年业务运作与管理的经验；中层管理团队汇集了中国IT业、酒店业、航空代理业及旅游业的精华。

在携程成立之后到2013年的十几年中，携程一直是金字塔式的组织结构，所有的审批都汇集到首席执行官（CEO）处，影响了决策效率和运行效率。2013年3月1日起，梁建章担任董事会主席兼首席执行官；范敏担任董事会副主席兼总裁，并兼任携程旅游控股有限公司董事会主席。携程随之调整了其组织架构及管理层人员，最新的组织架构为五大事业部，分别由副总裁级别的高层亲自负责。酒店事业部由高级副总裁孙茂华负责，机票事业部由副总裁李小平负责，无线事业部由副总裁江浩负责，旅游度假事业部由副总裁郭东杰负责，商管事业部由副总裁方继勤负责。此外，副总裁丁小亮作为北京分公司总经理，兼任酒店业务线副总，而原负责商旅业务的副总裁庄翔宇则担任携程新成立的旅游目的地营销公司总经理。

8. 携程的融资

携程的成功，除了因为能够找到适合自己发展的方向外，资本运作起到了重要的作用。携程的成长历程，同时也是一部融资并购史。在电子商务企业和网络企业的发展中，融资和资本运作推动的超常规增长是其典型特征。融资方面，风险投资、股权融资和上市融资是大型旅游预订网站的主要资金来源，携程正是从这三个方面得到了强大的资金支持。

（1）风险投资。

携程的注册资本只有200万元人民币，在公司快速发展的情况下，这是远远不够的，为此，携程的创始人想到了融资。凭借良好的商业模式，1999年10月，携程从IDG（International Data Group，美国国际数据集团）拿到了45万美元的种子基金。IDG集团公司创建于1964年，总部设在美国波士顿，IDG所属的IDG技术创业投资基金（简称IDGVC Partners，原太平洋技术创业投资公司）于1989年11月在北京进行了第一个试验

项目的风险投资。IDGVC Partners投资于各个成长阶段的公司，目前已经在中国投资了100多个优秀的创业公司，包括携程、百度、搜狐、腾讯、金蝶等公司，已有30多家所投公司公开上市或并购。

2000年3月，不满一周岁的携程又从软银等投资机构获得了第二轮融资，为450万美元：每股1.041 7美元发售432万股“A类可转可赎回优先股”（有投票权，IPO时自动转为普通股），其中144万股被软银（SoftBank）认购，融资450万美元。当时融资的主要原因是要收购北京现代运通。结果，携程花了800万元人民币外加一部分股票，收购了这家公司。

2000年11月，携程又拿回第三笔投资，本次融资的牵头公司是总部设于华盛顿的Carlyle集团，一个久负盛名的私有资产管理公司。除此以外，参与本次融资的还有携程以前的投资者，包括软银、上实投资、国际数据集团以及亚洲兰花基金（Orchid）等，以每股1.566 7美元发售719万股“B类可转可赎回优先股”实现，其中481万股被凯雷认购，软银和IDG分别增持了64万股和41万股，融资总额约为1 200万美元。三次融资近1 600万美元，且都是从国际上最知名的风险投资机构募得。那时正值网络寒冬，无数网络泡沫破碎，无数知名不知名的IT幼小企业在寒风中瑟瑟发抖，携程却在IDG、软银、凯雷等投资者的滋养下获得长足发展，“挺”到了纳斯达克的门槛外。

2003年9月，携程获得上市前最后一轮1 000万美元的投资，著名的老虎基金以每股4.585 6美元认购218万股“C类可转可赎回优先股”。这笔投资全部用于旧股东套现退出：以每股4.528 2美元赎回普通股和A类股票共约122万股，以每股6.792 4美元赎回约64万B类股票。

经过这几次快速融资，携程比其他的旅游网站更快地抢占了市场，在行业内的优势地位逐渐显现了出来，并最终成就了携程率先走上纳斯达克的辉煌之路。

（2）上市融资。

美国时间2003年12月9日，携程在美国纳斯达克上市，股票代码为CTRP。上市之日便表现惊人，在纳斯达克市场初始发行价为18美元，开盘价为24.01美元，发售股票420万股；截至收盘，携程股价涨幅88.56%，收在33.94美元。业内人士的评价是“三年来纽约股市表现最好的一只新股”。其中，270万股为新发行、募集资金归携程；150万股为原有股东抛售，募集资金归旧股东。扣除承销等各项费用，携程得款4 520万美元，占IPO总额的60%；旧股东得款2 511万美元。IPO后，携程总股本3 040万股，市值约5.5亿美元。

2004年11月，携程宣布，将本年度经审计的净利润的30%作为红利分发给股东，该公司也因此成为第一家宣布分红的纳市中国网络股。2005年，携程又将经审计的净利润的30%作为红利分发给股东，携程的两次分红，体现了对广大投资者的投资回报，同时也源于其自身的高成长性和稳定的利润增长。

（3）股权融资。

2004年6月，在美国纳斯达克上市的中国概念股、拥有5.322亿美元市值的携程网，其主要股东发生变化。日本最大的门户网站乐天公司（Rakuten）通过私下交易从携程网股东手中收购664.5万股普通股，以1.09亿美元现金换取了携程网20.4%的股份，以求双方在中日以及亚洲市场开展旅行服务、度假产品开发的强强合作。

乐天公司是日本最主要的综合类电子商务网站，服务领域包括旅游、金融、商务等多方面，自2003年收购了日本知名旅游网站mytrip.net后，占据了日本国内最大的酒店预订市场份额，乐天希望利用携程网的专长和行业关系，拓宽在中国的在线旅行服务业务。

此次交易后携程的股权结构为：风险投资占30.7%、日本乐天公司占20.4%、管理层团队持股18.2%、市场公开流动股占26.1%，此外还有零星股份为携程收购的旅行社、预订中心所持有。由于风险投资公司持股比较分散，日本乐天现在已是携程最大的单一股东。

携程总能在需要的时候找到钱，似乎不知资金瓶颈为何物。这主要有两方面的原因：一是企业的商业模式，虽然属于代表新经济的IT产业，却不是在网络上飞、在电话里飘、没有明确营利模式的空洞概念。携程充分利用电话呼叫中心、互联网等先进技术，通过与酒店、民航互补式合作，把自己与中国高速增长的商旅市场紧密地绑定在一起，携程的商业模式已经被证明能够为股东带来好的回报。二是优秀的团队，携程的团队搭配得比较好，各有各的特点，能够得到投资者的信任，跟很多国外投资者沟通得比较好。

还有一点值得注意，携程每次融资都是配合业务发展需要，不早不晚，融到的资金也是不多不少，有整有零。早期投资人面对较大的风险，要求的回报很高（即股权），融资超过当时所需就会闲置，多数企业几乎无法把握，但求资金多多益善，常闲置资金牺牲宝贵股权。携程有了沈南鹏，融资的分寸把握绝佳，及时获取资金，同时又避免了创始人股权被过度稀释。风险投资进入公司后，对公司产生了两个大的促进作用：一是直接的资金，帮助公司得到资金支持；二是公司的管理结构得到了完善。另外，还有个大的背景是网络经济受到了关注，风险基金也愿意向这些方面投资。

9. 资本布局

携程在中国旅游产业各链条的资本布局情况如图1-3-15所示，涉及住宿、交通、旅游各个环节。

图1-3-15 携程在中国旅游产业各链条的资本布局

学习活动 4　制作旅游电子商务企业商业分析模式演示文档

小科团队打算向其他朋友介绍携程网站的商业模式，接下来需要制作 PPT 文档。经过几个小时的努力，制作成果如图 1–3–16 至图 1–3–18 所示。

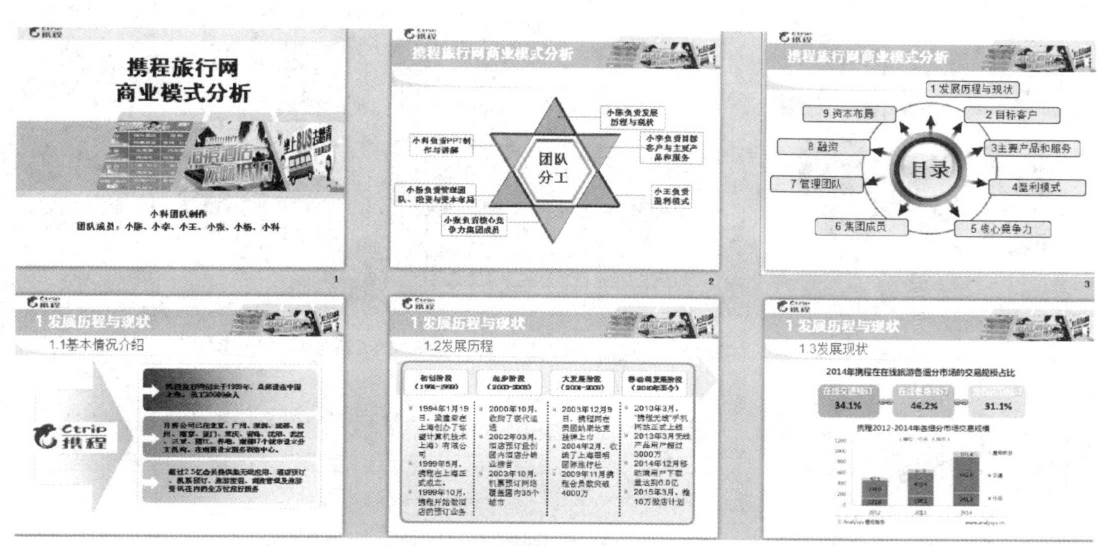

图 1–3–16　“携程旅行网商业模式分析”演示文档第 1 ～ 6 屏

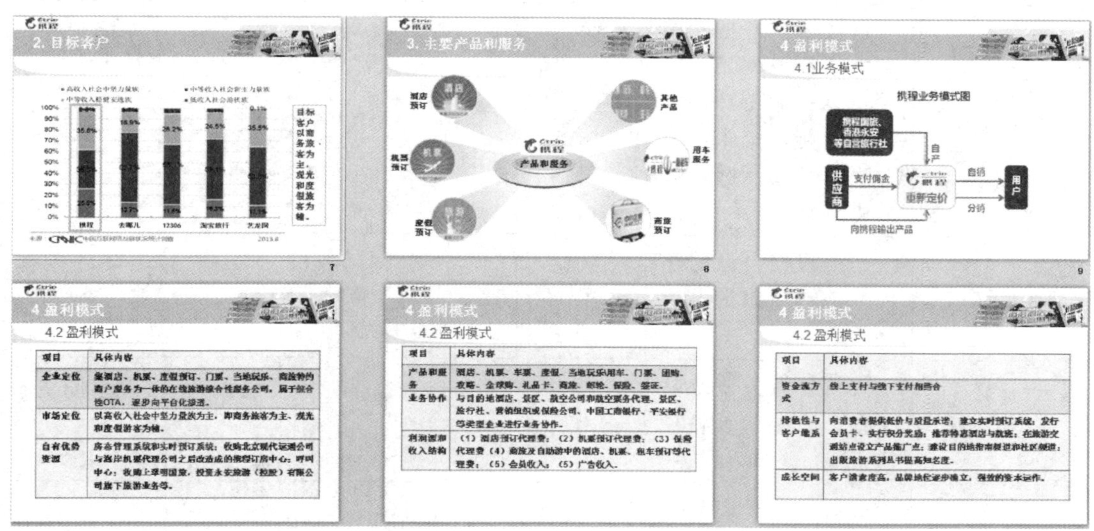

图 1–3–17　“携程旅行网商业模式分析”演示文档第 7 ～ 12 屏

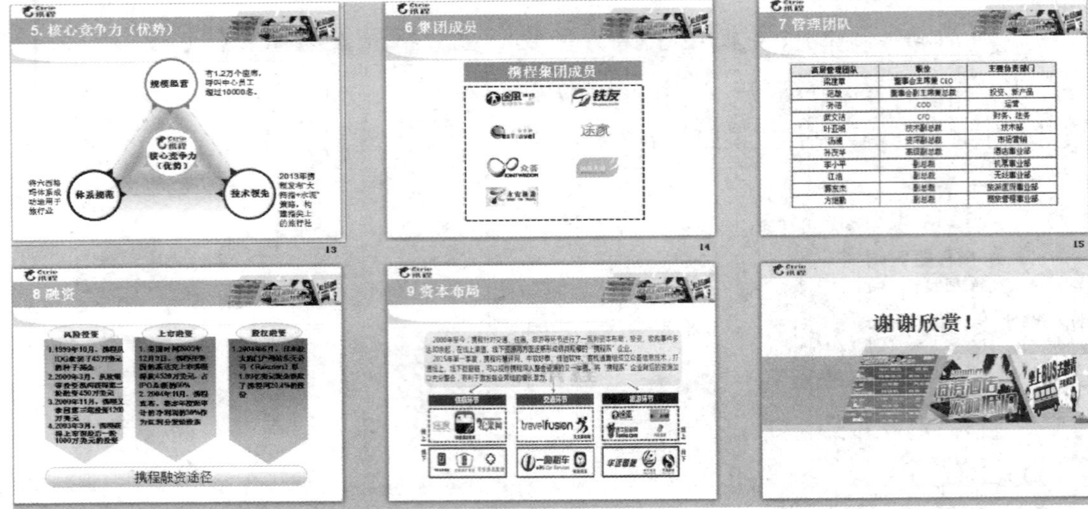

图 1-3-18 “携程旅行网商业模式分析”演示文档第 13 ~ 18 屏

学习评价

请根据你在本任务实施过程中的实际操作情况，完成评价表（表 1-3-5）的相关内容。

表 1-3-5 评价表

评价项目	评价依据	优秀	良好	中等	及格	继续努力
任务准备	是否了解常见的旅游电子商务网站，体验过相关旅游产品，是否了解传统企业商业模式与互联网企业商业模式的差异					
学习活动 1	是否根据自己的学习兴趣选取旅游电子商务企业					
学习活动 2	查找到有关旅游电子商务企业的资料是否丰富、够用					
学习活动 3	对旅游电子商务企业商业模式撰写的基本要求是否掌握					

续上表

评价项目	评价依据	优秀	良好	中等	及格	继续努力
学习活动4	能根据Word文档制作出简洁、大方的PPT演示文档，文档可读性怎么样					
任务效果						
问题与感想						
任务综合评价						

知识链接

1. 商业模式

商业模式是一种包含了一系列要素及其关系的概念性工具，用以阐明某个特定实体的商业逻辑。它描述了公司所能为客户提供的价值，以及公司的内部结构、合作伙伴网络和关系资本（relationship capital）等用以实现（创造、推销和交付）这一价值并产生可持续盈利收入的要素。可以简单地理解为公司通过什么途径或方式来赚钱，比如说，饮料公司通过卖饮料来赚钱，快递公司通过送快递来赚钱，网络公司通过点击率来赚钱，通信公司通过收话费来赚钱，超市通过平台和仓储来赚钱，等等。只要有赚钱的地方，就有商业模式存在。

2. 营利模式

营利模式指按照利益相关者划分的企业的收入结构、成本结构以及相应的目标利润。简单地说，营利模式就是企业赚钱的渠道，通过怎样的模式和渠道来赚钱。

3. 公司融资

公司融资又称企业融资，是指由现有企业筹集资金并完成项目的投资建设，无论项目建成之前或之后，都不出现新的独立法人。

4. 投资布局

投资布局是指投资在一定空间范围内的分布和以这种分布为基础的组合。它是一个动态和连续的过程，既包括投资在一定空间范围内的分布，又包括以这种分布为前提所形成的区域间的投资关系。

5. 企业核心竞争力

企业核心竞争力是建立在企业核心资源基础上的企业技术、产品、管理、文化等的

综合优势在市场上的反映，是企业在经营过程中形成的不易被竞争对手仿效并能带来超额利润的独特能力。在激烈的竞争中，企业只有具有核心竞争力，才能获得持久的竞争优势，保持长盛不衰。

拓展训练

（1）请你根据自己的旅游需要，在旅游电子商务平台上体验酒店预订、机票预订、旅游预订产品，完成一次通过网上预订实验旅游的经历，并撰写体验报告。

（2）请关注与旅游电子商务有关的艾瑞咨询、易观智库、劲旅网、智旅动力中的至少一个，持续关注其一个月的发展动态，然后撰写旅游电子商务最新发展报告。

（3）请以团队的形式完成一个旅游电子商务企业（今年最新出现）的商业模式分析，要求制作演示文档 PPT，并及时交流分享作品。

项目 2
旅行社内部管理信息系统运营

学习目标

（1）了解目前常见旅行社软件产品的特点、功能。

（2）掌握旅行社内部业务操作流程。

（3）掌握旅游线路设计、组团计调、收银开票、业务结算与统计等相关知识。

（4）能够对比分析目前常见旅行社软件产品的特点、功能、销售价格、售后服务。

（5）能对旅游线路（线路基本资料、行程资料、成本资料）进行管理，能够查询、删除、复制线路资料。

（6）能进行组团计调、收银开票、业务结算、业务统计等业务操作。

（7）能对旅行社部门员工与系统管理、基础数据进行维护与管理。

（8）培养做事认真、勤奋、严谨、一丝不苟的工作作风与态度。

（9）培养严格遵守公司规章制度、保守公司机密的职业道德。

项目情景

小科曾就读于某高校的旅游管理专业，他非常喜欢旅游，大学毕业后也很顺利地进入佛山市某家旅行社。他在导游部工作了几年之后，进入了旅行社的计调部工作，计调部的工作主要围绕着旅游产品进行，需要运用公司购买的旅行社管理信息系统软件与其他部门人员进行交流，共同完成旅游接待服务。公司的业务过程是怎么通过旅行社管理软件来完成的呢？跟着小科的工作，我们随他和他的同事一起来完成这一接待过程。

项目导图

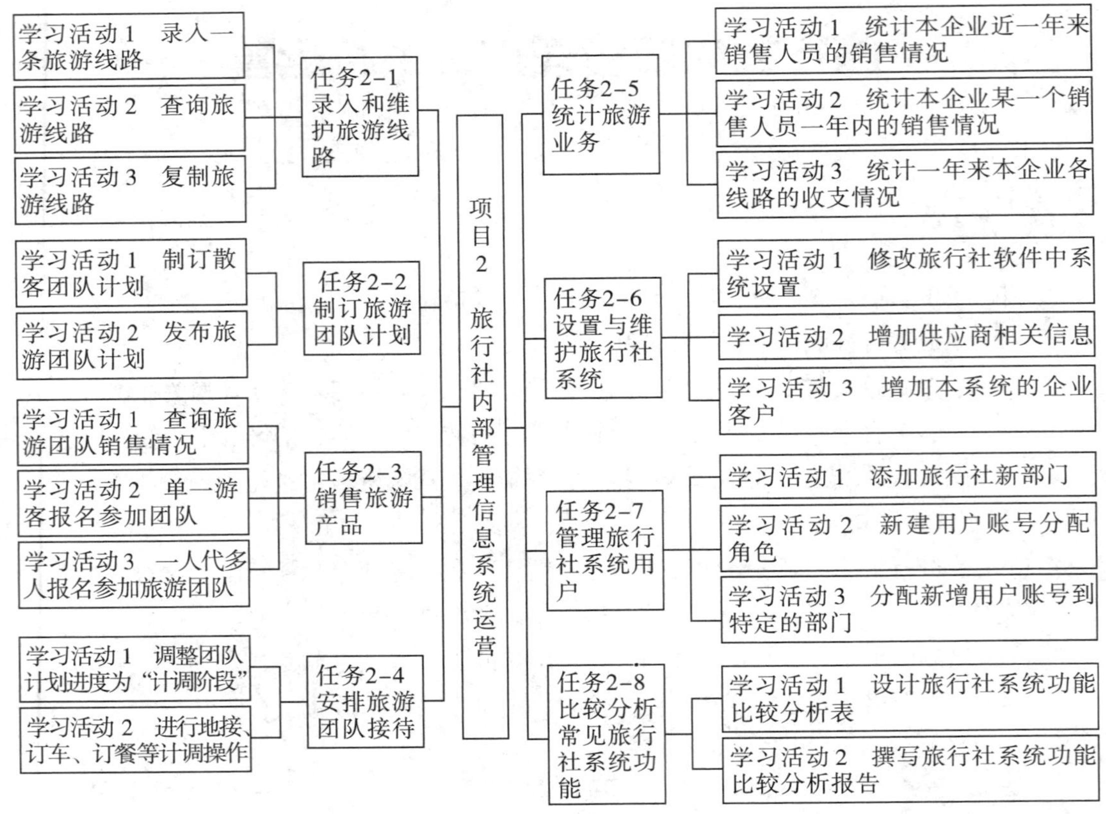

任务 2-1　录入和维护旅游线路

任务引入

作为新手，小科入职旅行社计调部门后，起初主要是围绕旅游线路从事一些相对简单的工作，他今天的主要任务是将同事们前期设计好的旅游线路录入到旅行社管理系统中，并进行相应的修改与维护及查询。

任务准备

作为新手，要完成旅游线路的录入与维护工作，首先要收集需要录入到系统当中的旅游线路相关文档；其次需要学习旅行社软件的用户手册，了解旅游线路录入、编辑与维护的相关注意事项。（建议将操作过程关键界面截图，保存到 Word 文档中）

任务实施

学习活动 1　录入一条旅游线路

打开电脑，打开网络浏览器，输入旅行社软件网址 http://121.9.233.110:3080/tourmis，以工号为用户名、123456 为密码进入旅行社管理软件界面。然后在旅行社管理软件中录入一条旅游线路，线路名称自定，可以参照网上线路如 http://www.fstour.com.cn，要求将线路中相关信息录入完整。

步骤 1：打开电脑，进入管理软件登录界面

打开电脑，打开网络浏览器，输入旅行社软件网址 http://121.9.233.110:3080/tourmis，进入如图 2–1–1 界面：

图 2–1–1　旅行社管理系统登录界面

步骤 2：输入用户名、密码进入管理软件界面（如图 2–1–2、图 2–1–3）

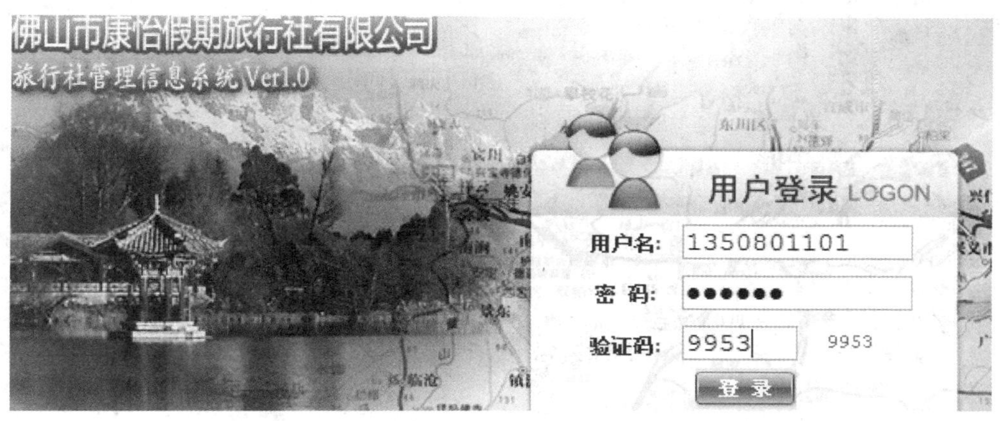

图 2–1–2　旅行社管理系统录入用户名和密码窗口

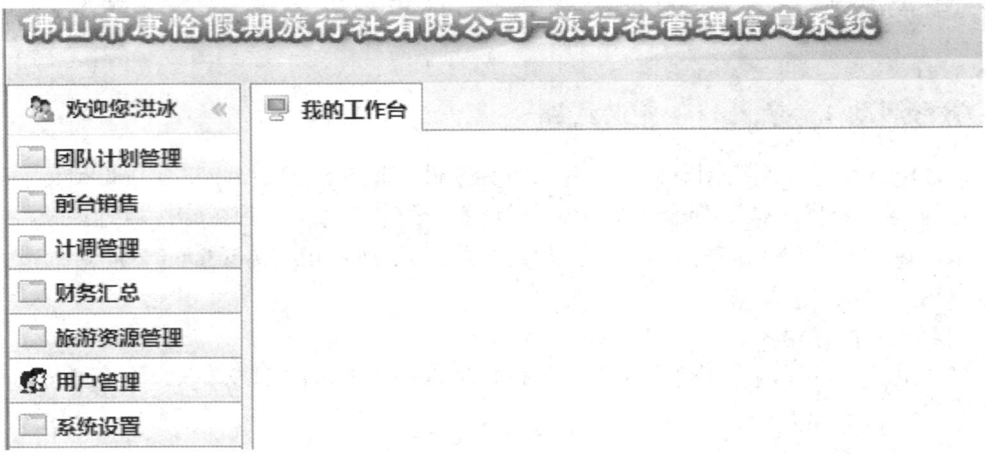

佛山市康怡假期旅行社有限公司-旅行社管理信息系统

欢迎您:洪冰

我的工作台

团队计划管理
前台销售
计调管理
财务汇总
旅游资源管理
用户管理
系统设置

图 2-1-3 进入旅行社管理软件初始界面

步骤 3：进入线路维护界面

在图 2-1-3 界面中点击【旅游资源管理】—【线路维护】进入如图 2-1-4 所示界面。

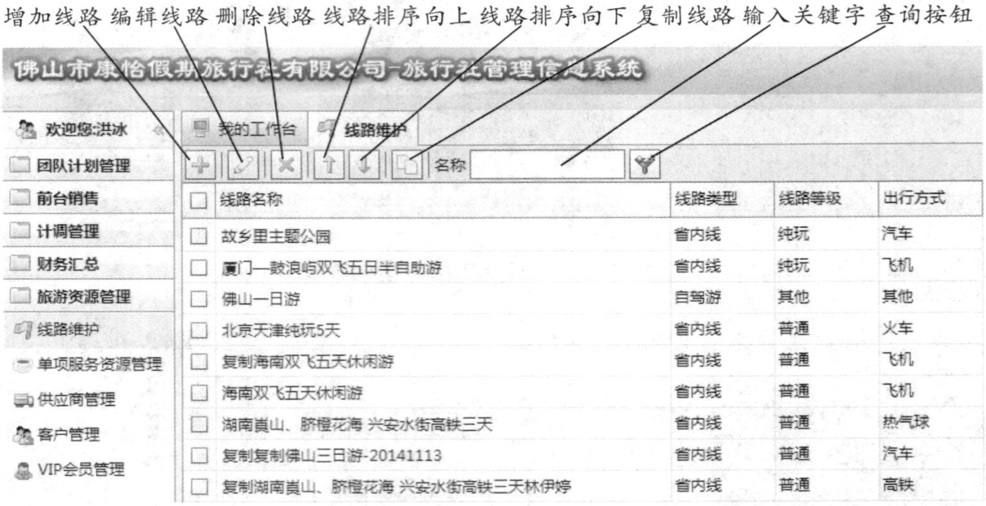

增加线路 编辑线路 删除线路 线路排序向上 线路排序向下 复制线路 输入关键字 查询按钮

佛山市康怡假期旅行社有限公司-旅行社管理信息系统

欢迎您:洪冰 | 我的工作台 | 线路维护

团队计划管理
前台销售
计调管理
财务汇总
旅游资源管理
线路维护
单项服务资源管理
供应商管理
客户管理
VIP会员管理

名称

	线路名称	线路类型	线路等级	出行方式
☐	故乡里主题公园	省内线	纯玩	汽车
☐	厦门—鼓浪屿双飞五日半自助游	省内线	纯玩	飞机
☐	佛山一日游	自驾游	其他	其他
☐	北京天津纯玩5天	省内线	普通	火车
☐	复制海南双飞五天休闲游	省内线	普通	飞机
☐	海南双飞五天休闲游	省内线	普通	飞机
☐	湖南崀山、脐橙花海 兴安水街高铁三天	省内线	普通	热气球
☐	复制复制佛山三日游-20141113	省内线	普通	汽车
☐	复制湖南崀山、脐橙花海 兴安水街高铁三天林伊婷	省内线	普通	高铁

图 2-1-4 旅游线路维护界面

步骤 4：进入线路编辑窗口

在图 2-1-4 界面上点击➕进入如图 2-1-5 所示编辑线路窗口。

图 2–1–5　新增或编辑旅游线路窗口

步骤 5：录入线路基本信息

在图 2–1–5 中根据已有线路的相关信息可以从 Word 文档或从网络上复制相关信息粘贴到窗口中，录入后的基本信息如图 2–1–6 所示，点击确定保存信息（可导入线路设计的 Word 文档）。

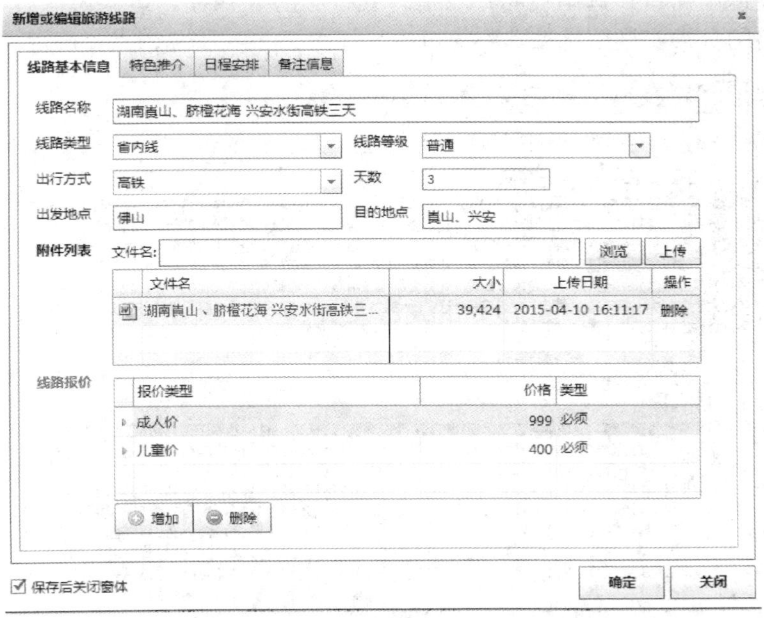

图 2–1–6　线路基本信息界面

步骤 6：录入线路特色推介信息

如果已经退出窗口，选中线路，双击，或者点击 按钮，进入窗口后点击【特色推介】，将线路的有关特色推介信息粘贴到窗口中，如图 2-1-7 所示，点击确定保存信息。

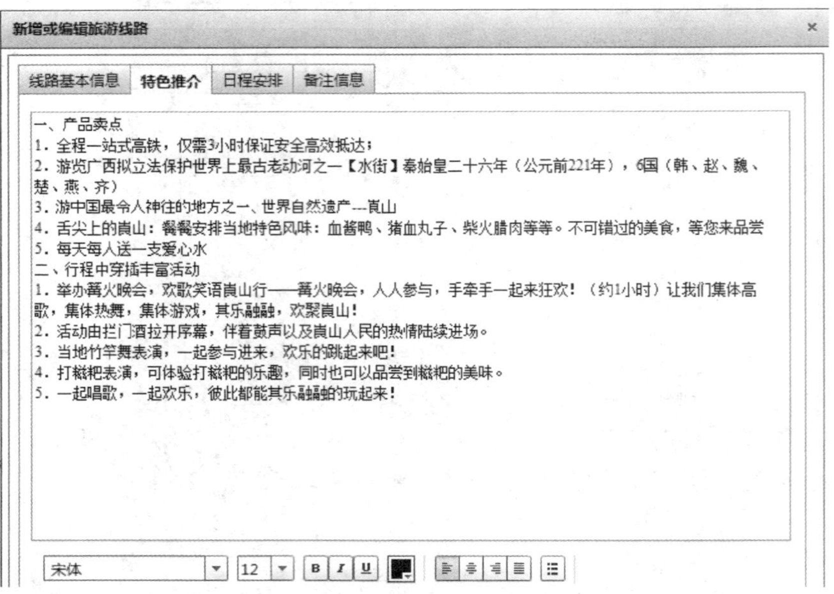

图 2-1-7 旅游线路特色推介界面

步骤 7：录入日程安排

如果已经退出窗口，选中线路，双击，或者点击 按钮，进入窗口后点击【日程安排】，将线路的日常安排信息粘贴到窗口中，如图 2-1-8 所示，点击确定保存信息。

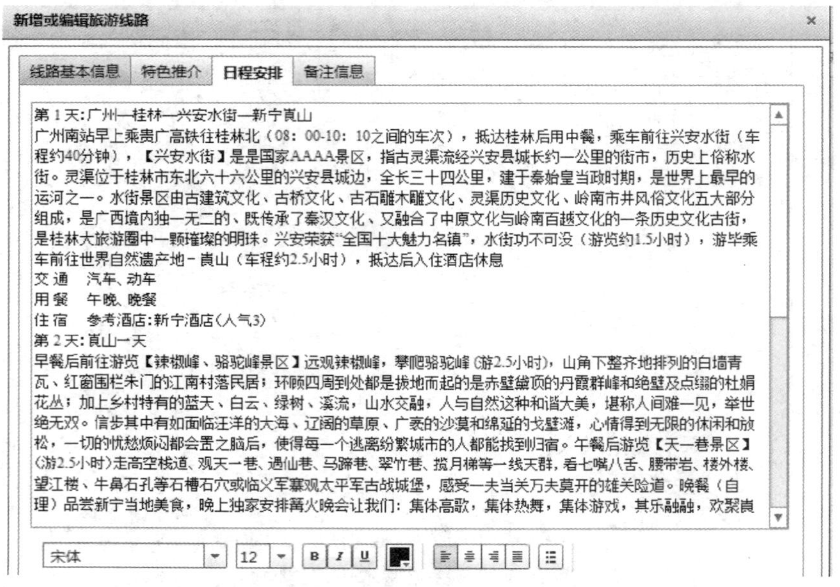

图 2-1-8 旅游线路日程安排界面

步骤 8：录入备注信息

如果已经退出窗口，选中线路，双击，或者点击按钮，进入窗口后点击【备注信息】将备注信息录入到窗口中，如图 2-1-9 所示。

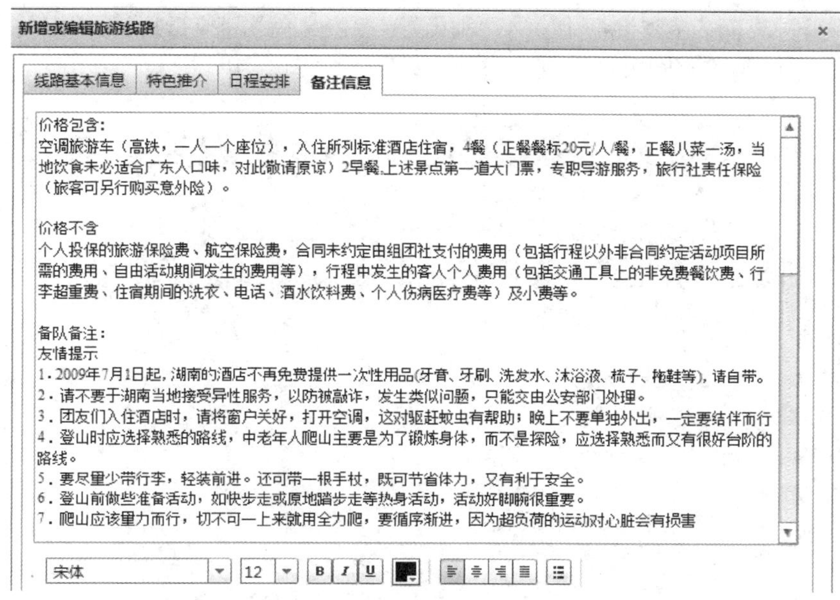

图 2-1-9　旅游线路备注信息界面

步骤 9：完成线路录入

将线路的基本信息、特色推介、日程安排、备注信息全部录入完毕后，点击【确定】就进入如图 2-1-10 所示界面。

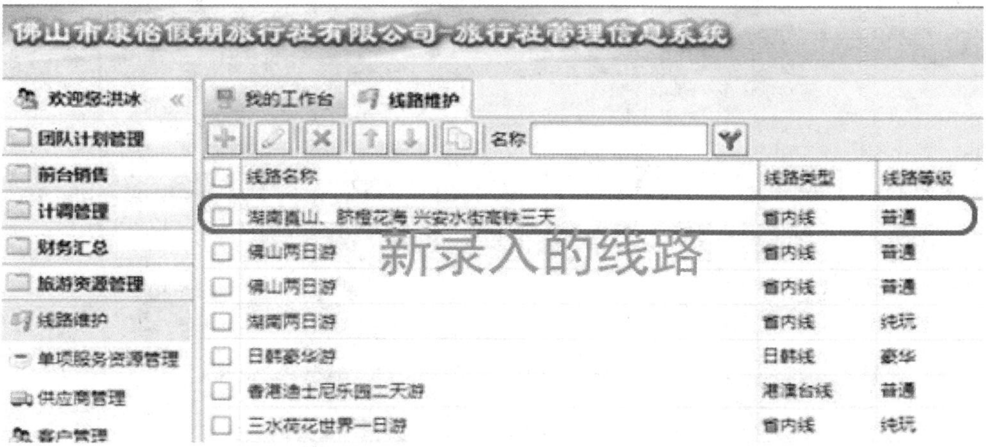

佛山市康怡假期旅行社有限公司-旅行社管理信息系统

欢迎您:洪冰　|　我的工作台　线路维护

团队计划管理　前台销售　计调管理　财务汇总　旅游资源管理　线路维护　单项服务资源管理　供应商管理　客户管理

名称

线路名称	线路类型	线路等级
湖南衡山、脐橙花海 兴安水街高铁三天	省内线	普通
佛山两日游	省内线	普通
佛山两日游	省内线	普通
湖南两日游	省内线	纯玩
日韩豪华游	日韩线	豪华
香港迪士尼乐园二天游	港澳台线	普通
三水荷花世界一日游	省内线	纯玩

新录入的线路

图 2-1-10　完成线路录入后的界面

学习活动 2　查询旅游线路

请在本软件线路库中查询你感兴趣的线路，比如有关佛山、梅州、广州的线路，有关三日游的线路等。

在线路维护界面，在查询框中输入“佛山”，点击[图标]就可查询到有关佛山的旅游线路，共查询到 73 条记录（不同关键词查询有不同结果，见图 2-1-11）。

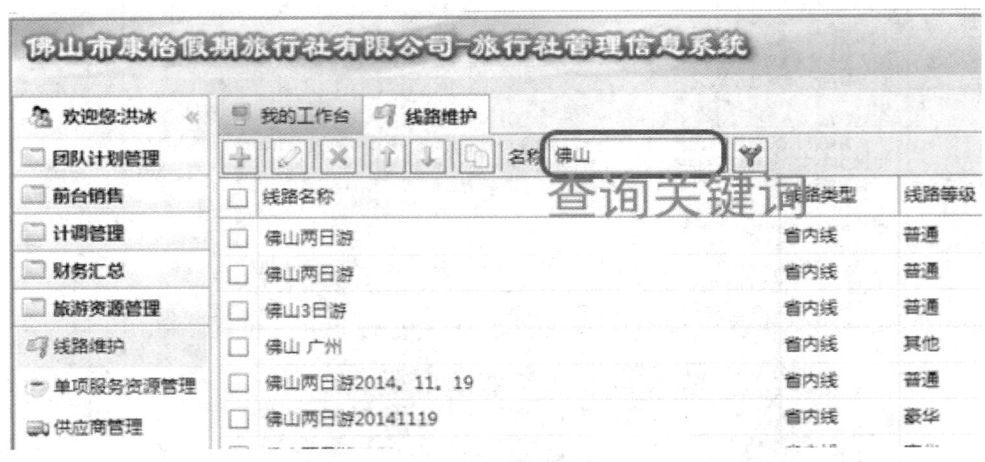

图 2-1-11　线路查询结果界面

学习活动 3　复制旅游线路

在线路库中复制你感兴趣的某条旅游线路，进行微调，形成新的线路。

在刚才的查询界面中有“佛山特色两日游 20141119”线路，在该线路的前面方框选中，点击复制，出现“复制佛山特色两日游 20141119”，如图 2-1-12 所示。

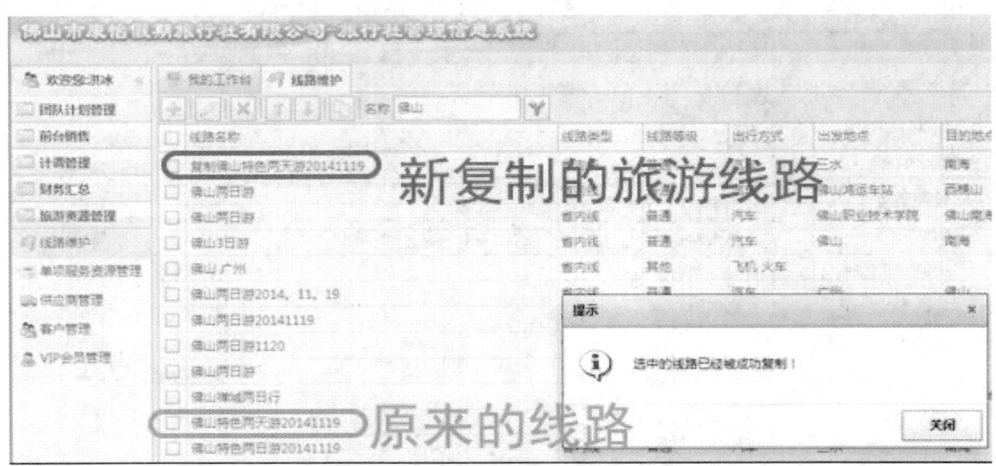

图 2-1-12　复制旅游线路界面

学习评价

请根据你在本任务实施过程中的实际操作情况，完成评价表（表 2–1–1）的相关内容。

表 2–1–1　评价表

评价项目	评价依据	优秀	良好	中等	及格	继续努力
任务准备	收集任务所需的旅游线路资料					
学习活动 1	旅游线路相关信息录入的完整性					
学习活动 2	是否能按要求查询到相应的旅游线路					
学习活动 3	能否成功复制整条旅游线路					
任务效果	任务实施是否达到预期目的，在任务实施过程中具有创新精神					
问题与感想						
任务综合评价						

知识链接

1. 旅游线路的定义

旅游线路是指在一定的地域空间内，旅游部门（旅行社、旅游景区等）针对旅游目标市场，凭借旅游资源和旅游服务，遵循一定的原则，专为旅游者设计旅游活动，并用交通线路把若干旅游目的地合理地贯穿起来的路线。

2. 旅游线路的类型

（1）按旅游者活动行为划分，可分为浏览观光型、休闲度假型、会议型、商务型、探亲型、研修型、专题型、奖励型旅游线路等。

（2）按旅游活动内容划分，可分为综合性旅游线路和专题性旅游线路。

（3）按旅游组织形式划分，可分为包价型、拼合型、自助型旅游线路。

（4）按旅游活动的时间划分，可分为一日游、二日游、三日游、多日游等。

（5）按旅游产品的档次划分，可分为豪华型、标准型、经济型旅游线路。

（6）按旅游线路跨越的空间异度划分，可分为海外、港澳、省外、省内旅游线路等。

3. 旅游线路主要内容

一条完整的旅游线路应该包含旅游时间、旅游目的地、旅游交通、旅游住宿、旅游活动安排、旅游服务、旅游价格等。

4. 旅游线路设计原则

旅游线路设计要遵循市场需求为导向、独一无二、景点结构合理、行程安排灵活、旅游安全等原则。

5. 旅游线路设计业务流程

旅游线路设计的流程包括：搜集新旅游线路开发设计有关信息→可行性分析→提出设计思路→实地考察→制定旅游线路设计方案→结束。

任务 2-2 制订旅游团队计划

任务引入

在旅行社软件中录入了旅游线路之后，负责线路审批的相关领导一致认为该线路可组团发布销售，小科需在软件中以本线路为基础，增加团队计划。

任务准备

作为新手，要完成团队计划的制订，需要了解旅游团队计划应该包括的主要内容，首先需要学习旅行社软件的用户手册，了解旅游团队计划制订、编辑的相关注意事项。

任务实施

学习活动 1 制订散客团队计划

请根据任务 2-1 中录入的线路，设计一个散客团队计划，人数为 20 人（可变动），团队名称为你设计的线路名称，线路为上面所选择的“线路”，并确定游客收费标准。要求将线路发布，销售部门可以进行销售。

出团日期为：根据团队要求确定。

集合地点：根据团队要求确定。

步骤 1：进入散客计划主界面

小科在主界面中点击【团队计划管理】—【制定散客计划】，进入如图 2-2-1 所示界面。

佛山市康怡假期旅行社有限公司-旅行社管理信息系统

欢迎您:洪冰　我的工作台　线路维护　制定散客计划

团队计划管理
- 制定散客计划
- 散客团计划管理
- 散客销售管理
- 包团计划管理
- 单项服务管理
- 导游日程列表
- 询价答复

名称

团名称	天数	销售状态	目的地点
日韩豪华游——林玉叶	5	√	首尔仁川
三水荷花世界一日游	1	√	三水区
2014-11-12香港迪士尼乐园二天游	2	√	香港
北极1000	11	√	北极
20141120佛山两日游	2	√	南海
阳江两天一夜游	2	√	阳江
阳江两天一夜游	2	√	阳江
河源两天游	2	√	河源

图 2-2-1　制订散客计划主界面

步骤 2：进入新增或编辑计划窗口

小科在图 2-2-1 界面中点击 新增计划，就进入如图 2-2-2 所示界面。

新增或编辑计划

计划基本信息　计划报价　特色推介　日程安排　备注信息　注意事项　集合地点

计划名称　点击红色框可选取线路库中的线路 …

线路类型 其他　线路等级 其他　出行方式 其他

出发地点　目的地点

行程天数　提前　天停止销售　最多收客人数　正常销售

附件列表　文件名:　浏览　上传

文件名	大小	上传日期	操作

图 2-2-2　新增或编辑计划窗口

步骤 3：选取线路库中的旅游线路

小科在如图 2-2-2 所示的界面中点击 …，选取任务 2-1 中录入的线路“湖南崀山、脐橙花海兴安水街高铁三天”。如图 2-2-3 所示。

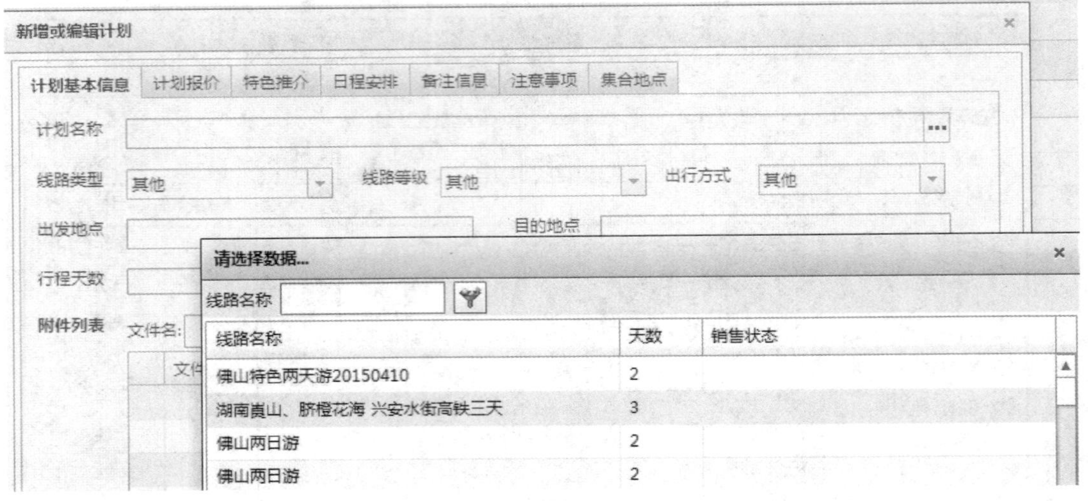

图 2-2-3 制订计划中选取旅游线路界面

步骤 4：完善团队计划内容

小科在图 2-2-3 中点击【确定】，进入如图 2-2-4 所示界面，自动将线路中的相关内容导入到团计划中。

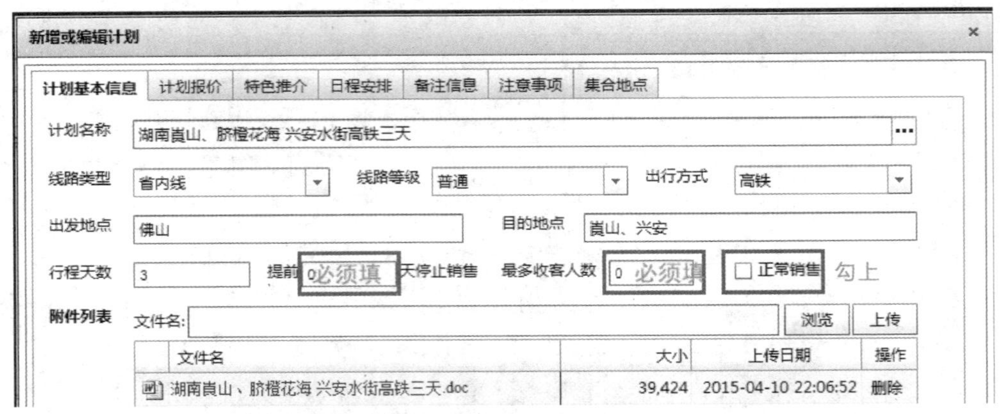

图 2-2-4 从线路中自动获取相关信息的团计划界面

小科在图 2-2-4 的基础上修改计划基本信息、计划报价、特色推介等信息。他必须输入提前多少天停止销售、最多收客人数。界面如图 2-2-5 所示。

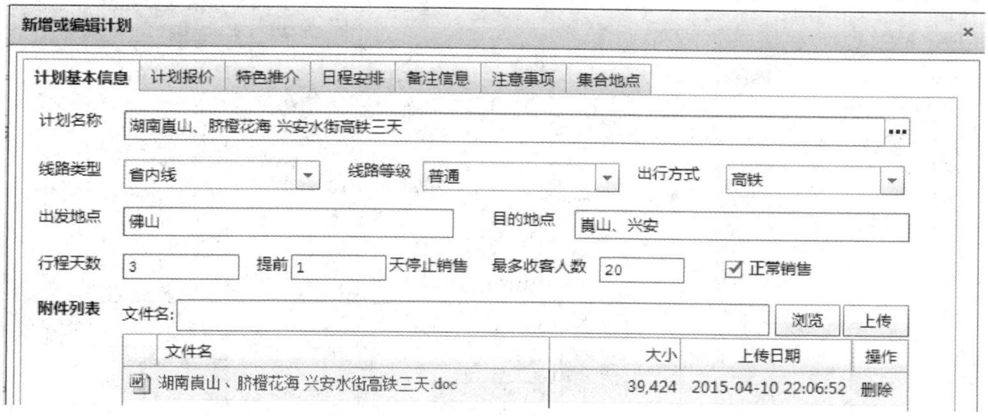

新增或编辑计划

计划基本信息　计划报价　特色推介　日程安排　备注信息　注意事项　集合地点

计划名称　湖南崀山、脐橙花海 兴安水街高铁三天

线路类型　省内线　线路等级　普通　出行方式　高铁

出发地点　佛山　目的地点　崀山、兴安

行程天数　3　提前　1　天停止销售　最多收客人数　20　☑ 正常销售

附件列表　文件名:　浏览　上传

文件名	大小	上传日期	操作
湖南崀山、脐橙花海 兴安水街高铁三天.doc	39,424	2015-04-10 22:06:52	删除

图 2–2–5　修改完善之后的计划基本信息界面

小科完善各项内容之后点击【确定】之后，进入如图 2–2–6 所示界面。

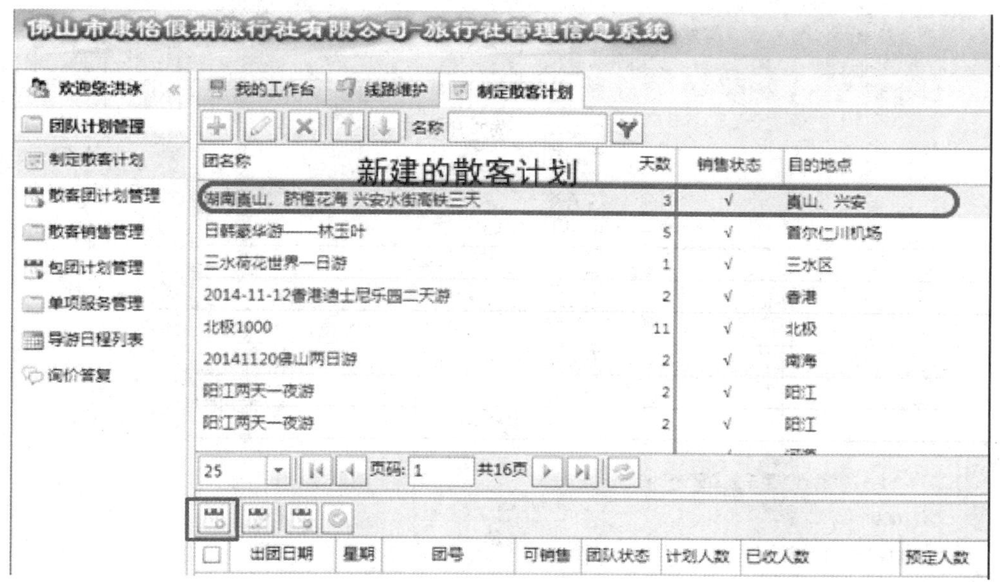

图 2–2–6　完成制订散客计划界面

步骤 5：确定出团日期

小科在图 2–2–6 界面中，选中第一行，即“湖南崀山、脐橙花海兴安水街高铁三天”计划，然后点击[图标]，进入如图 2–2–7 所示界面，选中出团日期，点击确定。反复操作，可以一条线路多天出团。最后进入如图 2–2–8 所示界面。

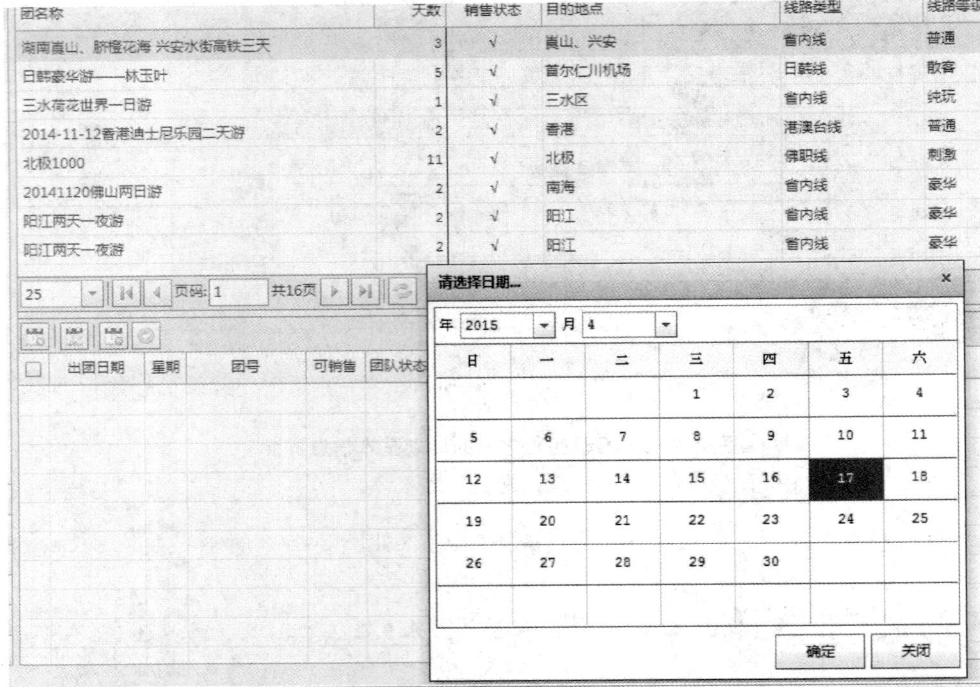

图 2-2-7　选定出团日期

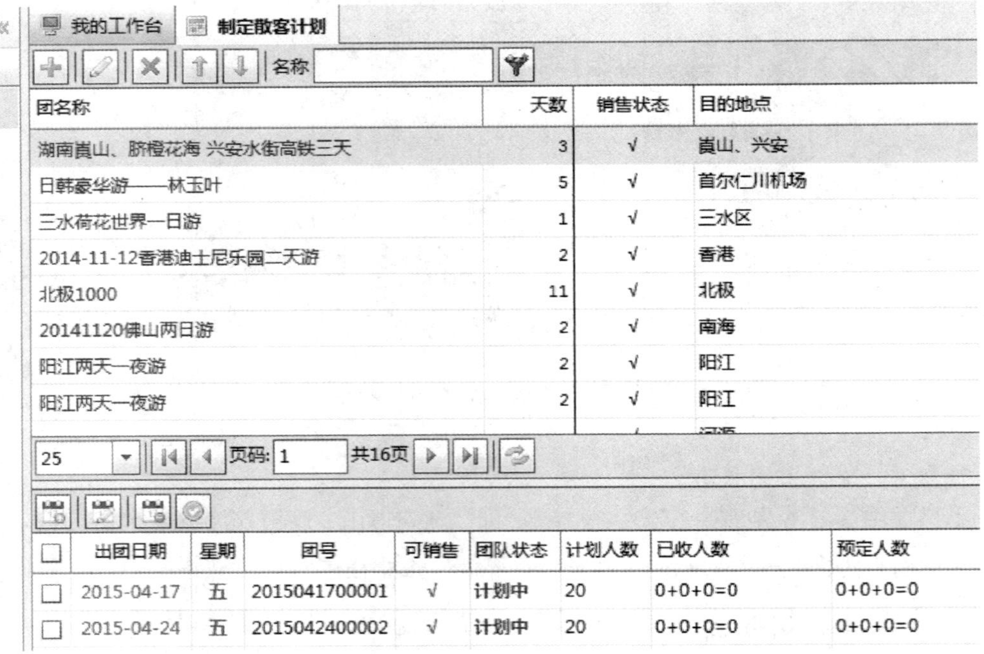

图 2-2-8　确定出团时间的团队计划

学习活动 2　发布旅游团队计划

小科将学习活动 1 中的散客团队计划进行管理，安排车辆，并发布销售。

步骤 1：车辆安排

小科在【团队计划管理】界面，点击【散客团计划管理】进入如图 2-2-9 所示界面。在此界面点击车辆安排，进入如图 2-2-10 所示界面。

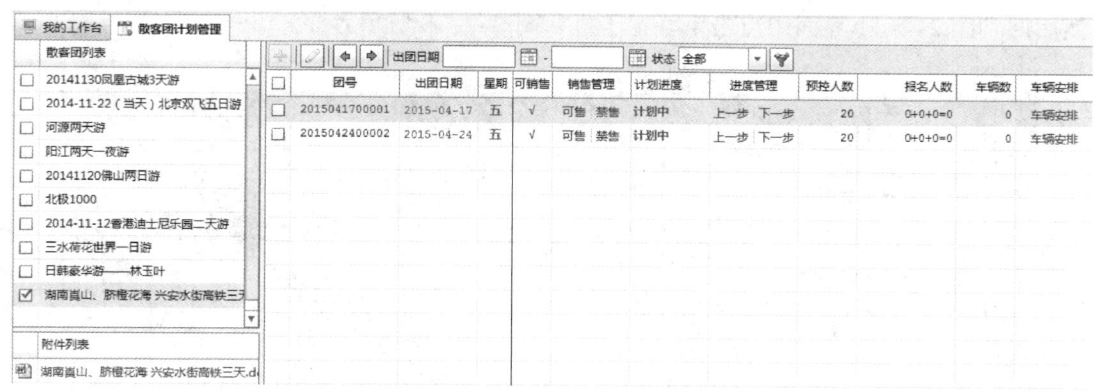

图 2-2-9　散客团计划管理界面

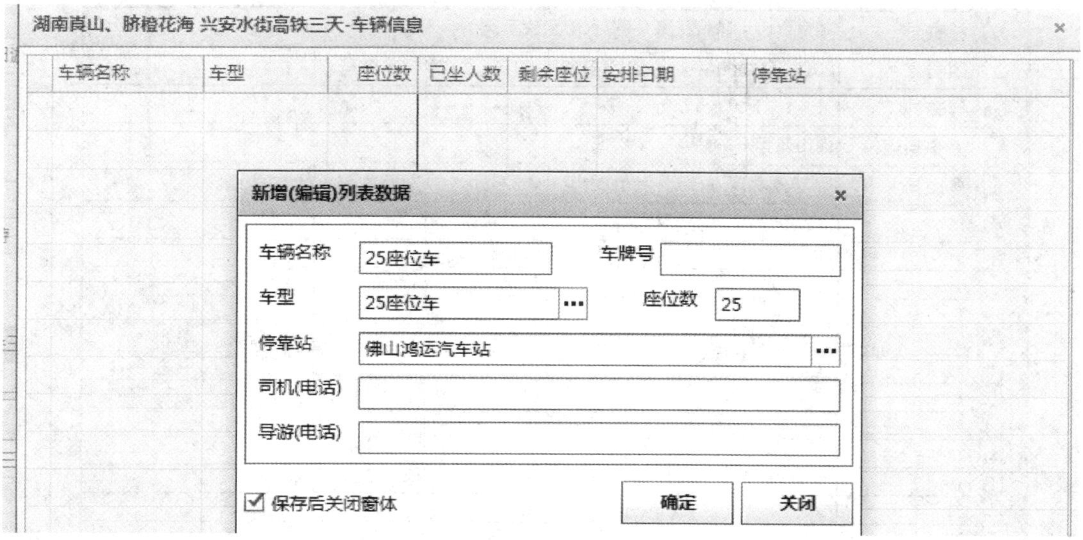

湖南崀山、脐橙花海 兴安水街高铁三天-车辆信息

车辆名称	车型	座位数	已坐人数	剩余座位	安排日期	停靠站

新增(编辑)列表数据

车辆名称　25座位车　车牌号

车型　25座位车　座位数　25

停靠站　佛山鸿运汽车站

司机(电话)

导游(电话)

保存后关闭窗体　确定　关闭

图 2-2-10　散客团车辆安排界面

小科在车辆信息窗口中点击车型，根据团控人数 20 人，选择 25 座车型，不确定具体车牌号，然后点击确定，进入如图 2-2-11 所示界面。

湖南崀山、脐橙花海 兴安水街高铁三天-车辆信息

车辆名称	车型	座位数	已坐人数	剩余座位	安排日期	停靠站
25座位车	25座位车	25	0	25	2015-04-10	佛山鸿运汽车站

图 2-2-11　团队车辆安排成功后界面

小科在图 2-2-11 界面上点击【打印】，立即进入在线打印界面，如图 2-2-12 所示。然后回到图 2-2-11 界面中点击【确定】进入图 2-2-13 所示界面。

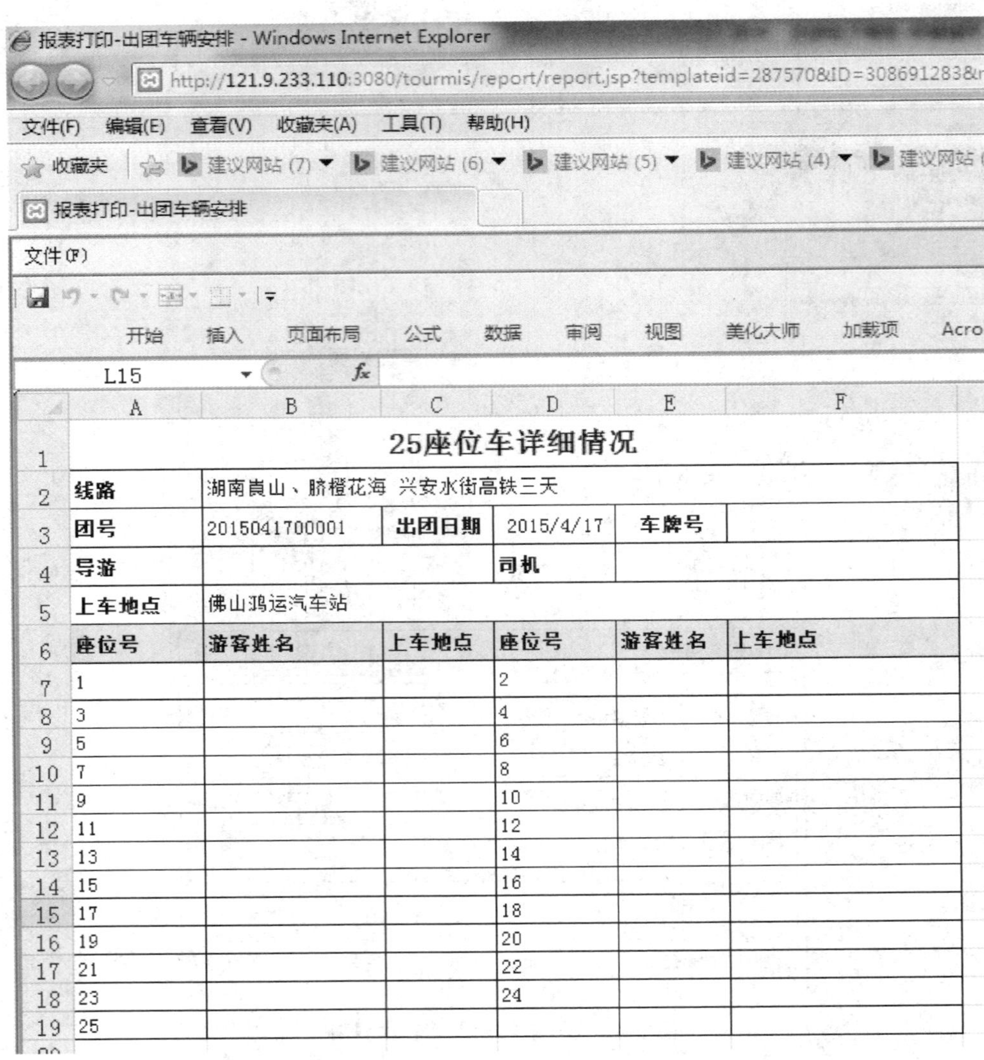

25座位车详细情况

线路	湖南崀山、脐橙花海 兴安水街高铁三天				
团号	2015041700001	出团日期	2015/4/17	车牌号	
导游			司机		
上车地点	佛山鸿运汽车站				
座位号	游客姓名	上车地点	座位号	游客姓名	上车地点
1			2		
3			4		
5			6		
7			8		
9			10		
11			12		
13			14		
15			16		
17			18		
19			20		
21			22		
23			24		
25					

图 2-2-12　团队车位安排情况在线打印界面

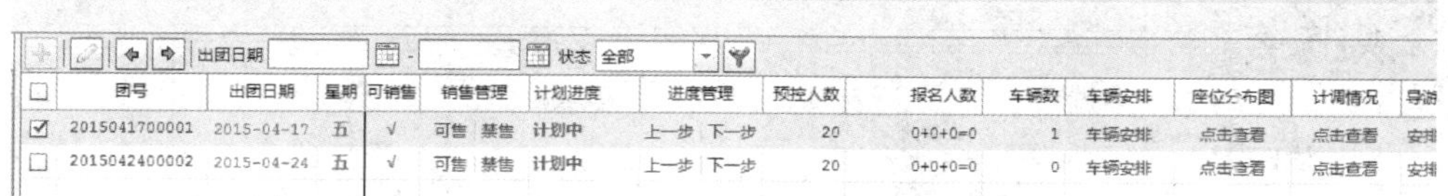

	团号	出团日期	星期	可销售	销售管理	计划进度	进度管理	预控人数	报名人数	车辆数	车辆安排	座位分布图	计调情况	导游
☑	2015041700001	2015-04-17	五	√	可售 禁售	计划中	上一步 下一步	20	0+0+0=0	1	车辆安排	点击查看	点击查看	安排
☐	2015042400002	2015-04-24	五	√	可售 禁售	计划中	上一步 下一步	20	0+0+0=0	0	车辆安排	点击查看	点击查看	安排

图 2-2-13　安排好车辆后的团队计划管理界面

步骤 2：进度调整——发布销售

小科在图 2-2-13 所示界面中选择第一行，在“进度管理”下面点击“下一步”，进入如图 2-2-14 所示界面。

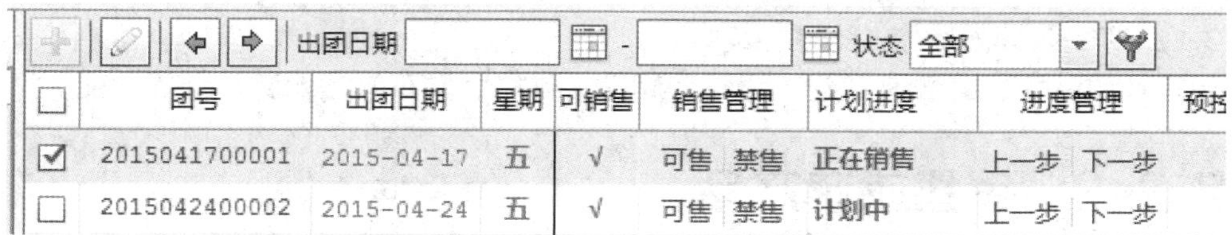

	团号	出团日期	星期	可销售	销售管理	计划进度	进度管理	预控
☑	2015041700001	2015-04-17	五	√	可售 禁售	正在销售	上一步 下一步	
☐	2015042400002	2015-04-24	五	√	可售 禁售	计划中	上一步 下一步	

图 2-2-14　已发布销售的团队计划界面

学习评价

请根据你在本任务实施过程中的实际操作情况，完成评价表（表 2-2-1）的相关内容。

表 2-2-1　评价表

评价项目	评价依据	优秀	良好	中等	及格	继续努力
任务准备	是否查看有关旅行社用户手册，了解团队计划操作相关内容					
学习活动 1	团队计划各项内容是否按要求填写完整					
学习活动 2	是否按要求将团队计划进度进行调整					
任务效果	任务实施是否达到预期目的					
问题与感想						
任务综合评价						

知识链接

1. 旅游团队

旅游团队是将旅游线路制作成的可供销售的旅游产品，团队计划除了要包括旅游线路设计中的相关内容之外，还要确定出团时间、成团人数、陪同人数等。

2. 旅游团队计划内容

旅游团队计划信息包括团计划基本资料（团计划名称、团号、线路类型、线路等级、出行方式、出发地点、目的地、行程天数、提交多少天停止销售、最多收客人数等）、团队行程、团队标准成本、团队报价等。

3. 旅游团队计划操作

旅行社软件中，一般有新建、编辑、删除、排序、发布旅游团队计划等功能。

任务 2-3　销售旅游产品

任务引入

公司旅游团队计划发布后，前台就可以销售了。假设现在正处于销售旺季，小科轮岗到销售部，他需要根据门市客人基本情况销售旅游产品，如在旅行社软件中查询可销售产品、打印线路基本情况等。销售公司主打旅游线路产品，在客人确定旅游线路后，在软件中录入客人基本信息，进行收银，为客人安排车辆座位，等等。

任务准备

前台的旅游产品销售是将前期各业务部门预订机票和酒店、编制线路、制订团队计划形成的旅游产品最终推销给游客。只有游客购买了产品，旅游企业才能实现营利。为了更好地运用旅行社系统开展销售活动，小科需要了解旅行社软件中前台销售这部分的主要操作要领与注意事项，要了解海外游、省外游不同类型产品销售录入游客信息到旅行社软件中的要求差异。

任务指导

学习活动 1　查询旅游团队销售情况

步骤 1：游客查询可出团的线路

小科在主界面点击【前台销售】—【散客报名】，根据游客需要选择查看“湖南崀山、脐橙花海兴安水街高铁三天”这条旅游线路情况（如图 2-3-1 所示），他还可直接打开

附件列表中的 Word 文档，打印出来给游客阅读。

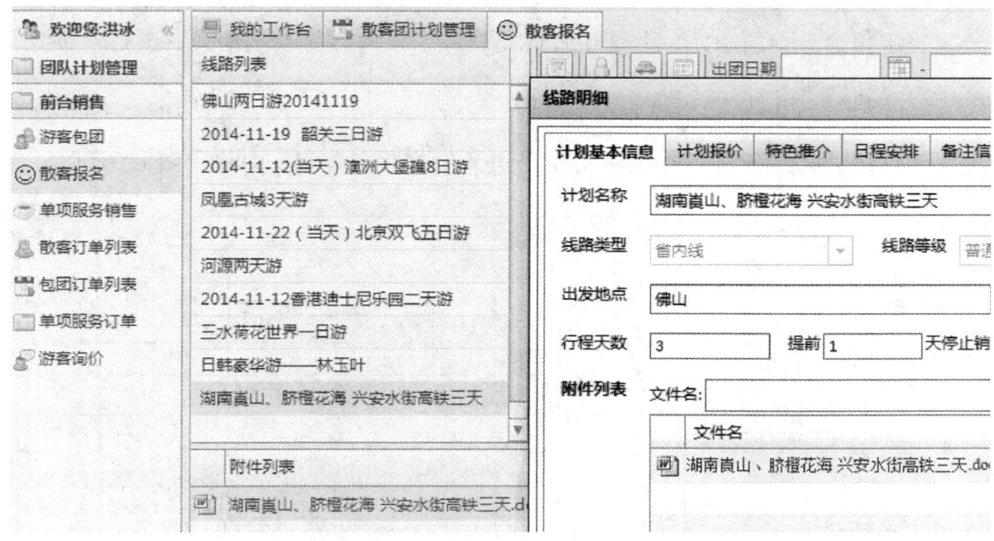

图 2-3-1 游客报名查看可报团的旅游线路

步骤 2：查看团队的车辆座位安排情况

散客在了解刚才的线路之后决定选择“湖南崀山、脐橙花海兴安水街高铁三天”这条旅游线路，2015 年 4 月 17 日出团的团队。游客要求查看座位情况。小科在“座位安排”下面点击“查看”进入如图 2-3-2 所示界面。

图 2-3-2 团队车辆座位表

学习活动 2　单一游客报名参加团队

游客决定报名，参加团队，小科在旅行社软件中录入游客基本信息，进行付款登记，安排座位，打印收据。

步骤 1：填写游客报名相关信息

小科回到散客报名界面，点击【报名】进入游客报名窗口，如图 2-3-3 所示。

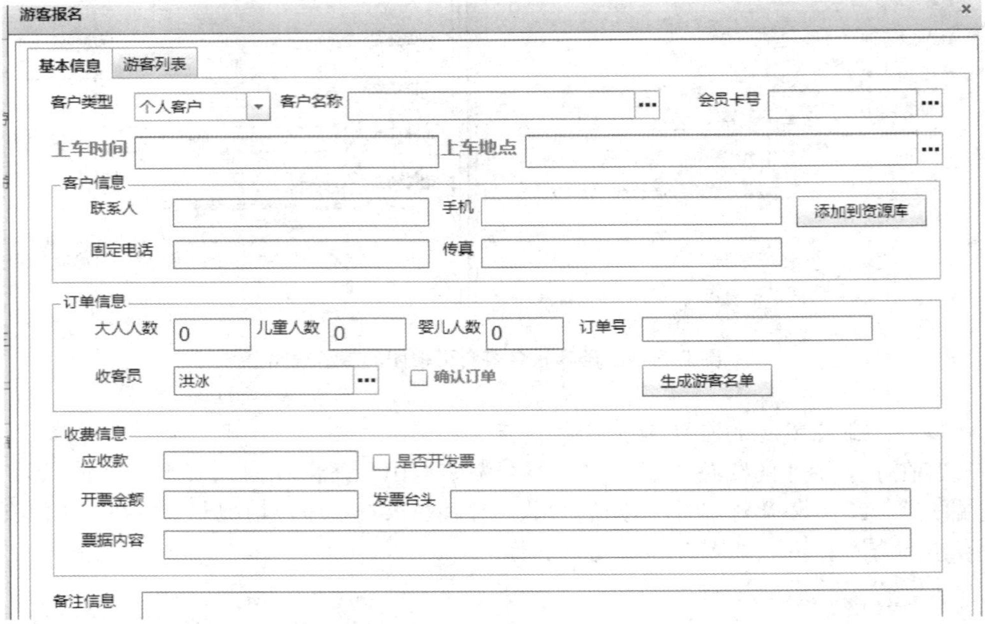

图 2-3-3　游客报名基本信息窗口

小科在图 2-3-3 中录入客户名称、客户信息、订单信息之后，点击【生成游客名单】进入如图 2-3-4 所示界面。

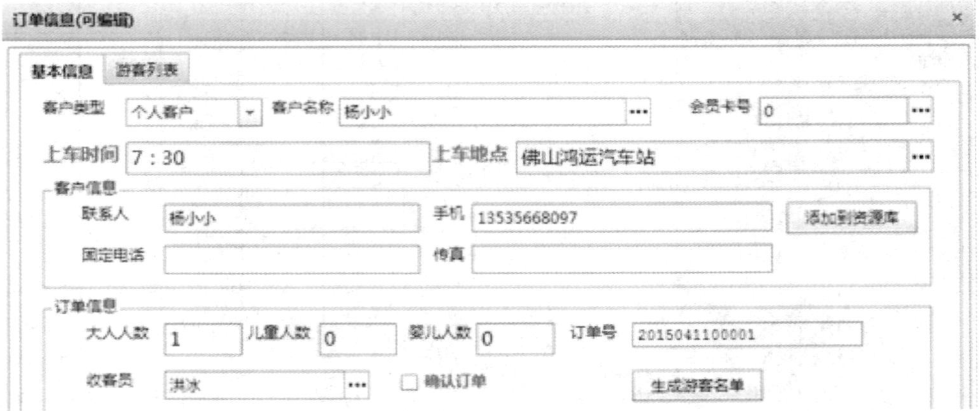

图 2-3-4　录入基本信息之后的游客报名窗口

小科在图 2-3-5 游客列表界面中输入游客的姓名、身份证号等信息，选中是否占床、车，是否买保险等。然后点击【读取报价单】进入如图 2-3-6 所示界面。然后点击【确认】进入如图 2-3-7 所示界面。

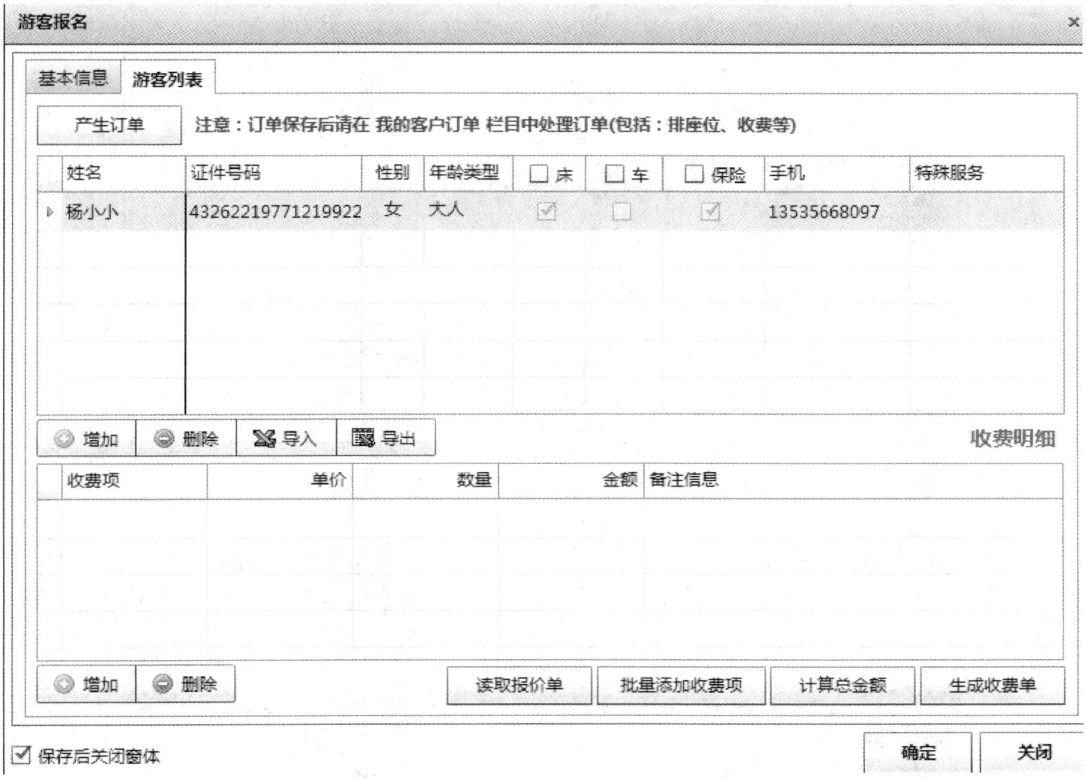

游客报名

基本信息 游客列表

产生订单 注意：订单保存后请在 我的客户订单 栏目中处理订单(包括：排座位、收费等)

姓名	证件号码	性别	年龄类型	床	车	保险	手机	特殊服务
杨小小	43262219771219922	女	大人	☑	☐	☑	13535668097	

增加 删除 导入 导出 收费明细

收费项	单价	数量	金额	备注信息

增加 删除 读取报价单 批量添加收费项 计算总金额 生成收费单

☑ 保存后关闭窗体 确定 关闭

图 2-3-5 游客报名中的游客列表界面

请选择数据…

	报价名称	价格
☑	成人价	999
☐	儿童价	400

图 2-3-6 读取报价单

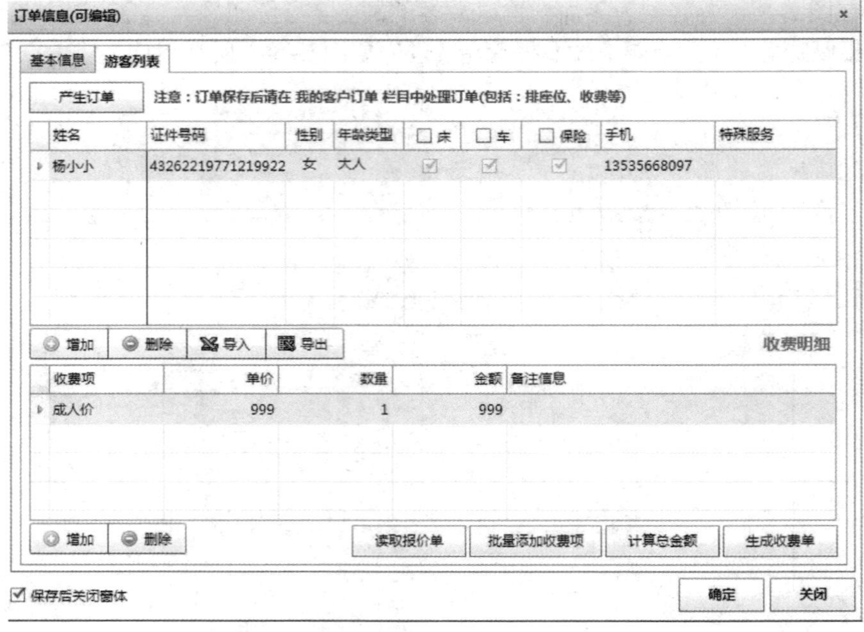

图 2-3-7 订单信息界面

注意：如果线路中报价信息不确定，可以点击【批量添加收费项】重新输入报价情况。

小科在图 2-3-7 所示界面中点击【计算总金额】或【生成收费单】，界面跳转到如图 2-3-8 所示界面。

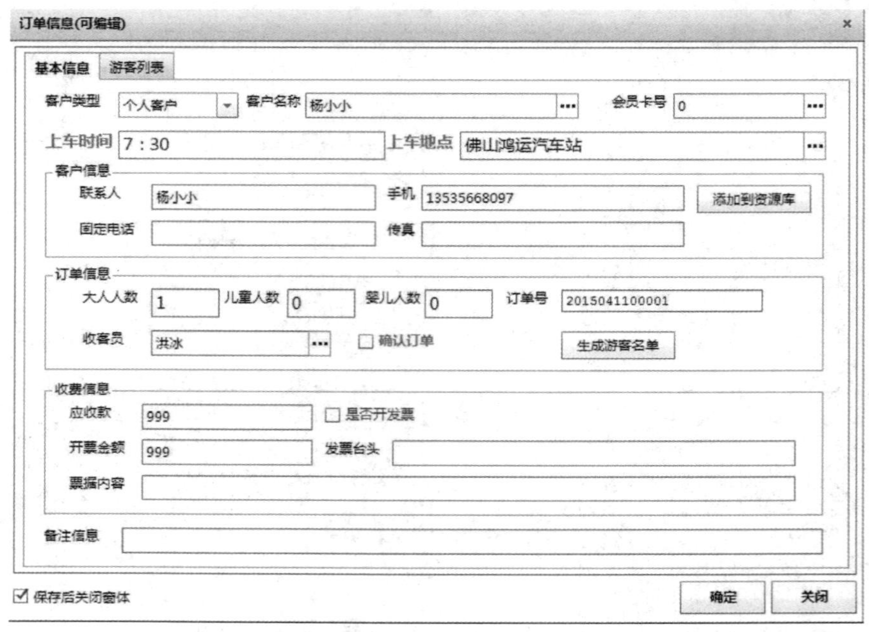

图 2-3-8 形成收费信息之后的游客报名信息

小科在图 2–3–8 界面上勾选上【确认订单】，点击【确定】完成游客基本信息录入数据。

步骤 2：前台收款

小科回到【前台销售】点击【散客订单列表】，选中杨小小的订单，点击 ¥ 进行收款，进入如图 2–3–9 所示界面，如果相关信息没出现，点击【复制收费明细】会形成收费，在已收款中根据实际情况输入收取的费用金额，本次收取 999 元。点击状态，选“全收”。

订单收费　×

应收款 999　已收金额 999　状态 全收

☑ 是否开发票

开票单位 杨小小　开票金额 999

票据内容 旅游线路费　发票号码

交款记录明细

☐	收费科目	收费金额	收费时间	缴费人	已收
☐	成人价 999x1=999	999	2015-04-10	洪冰	☑

增加　删除　复制收费明细　计算金额　打印发票　打印收据

☑ 保存后关闭窗体　确定　关闭

图 2–3–9　订单收费界面

小科在图 2–3–9 所示界面中点击【打印收据】就会自动跳转到打印数据界面，如图 2–3–10 所示。打印出来之后，单位盖章，客人可以拿着此收据，回前台选座位。

计调部

佛山市康怡假期旅行社有限公司

专用收据

开票日期：2015-04-11　NO：2015041100001　开票人：洪冰

付款方	杨小小	电话号码	13535668097	参团人数	1+0+0
线路名称	湖南崀山、脐橙花海 兴安水街高铁三天			出发日期	2015-04-17
项目及单价		**金额**		上车时间	7：30
成人价 999x1=999		999		上车地点	佛山鸿运汽车站
				座位号	
合计金额(大写)：玖佰玖拾玖元整				**小写：¥999**	

计调部地址：佛山市三水区乐平镇学院路 1 号　电话：0757-87263037

文化总店：82006006 82006088 东方店：82006005 82006007 桂城店：81858063 81858032 季华店：83825200

投诉监督 24 小时热线：18902809189、18902809328

图 2–3–10　打印旅游线路订单收据界面

步骤 3：散客选座位

交完费用之后，游客在前台找销售选本次出游座位，进入系统前台销售界面，选中订单，点击▦进行座位选取。客人喜欢 5 号座位，双击 5 号位选中，颜色变为绿色，即为选中（如图 2–3–11 所示）。

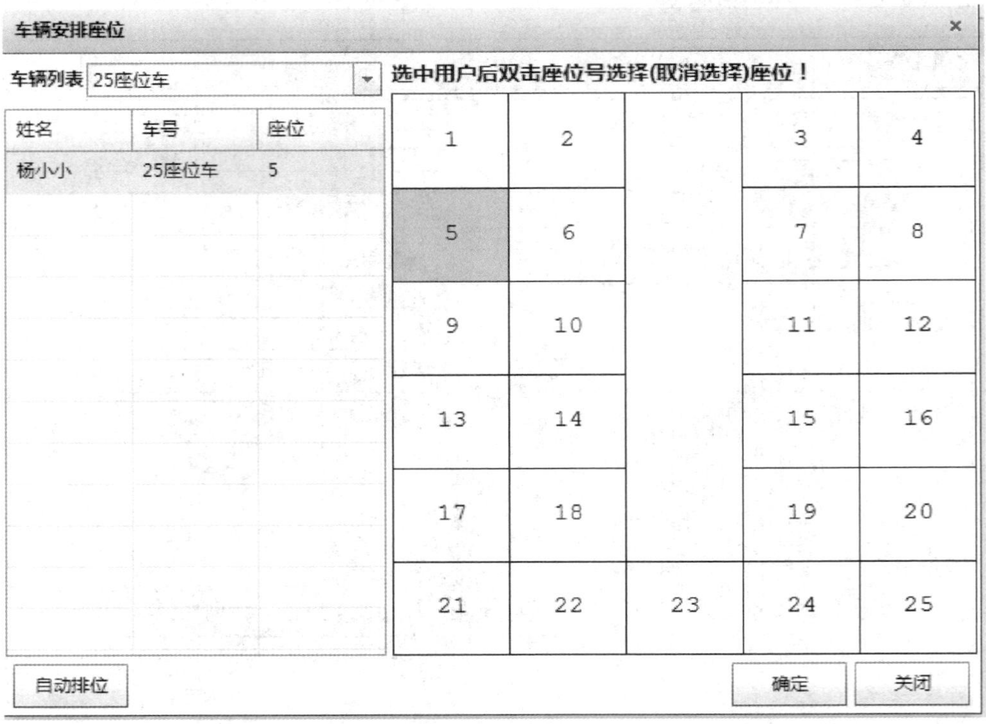

车辆安排座位

车辆列表 25座位车

选中用户后双击座位号选择(取消选择)座位！

姓名	车号	座位
杨小小	25座位车	5

1	2		3	4
5	6		7	8
9	10		11	12
13	14		15	16
17	18		19	20
21	22	23	24	25

自动排位 确定 关闭

图 2–3–11　游客选座位界面

步骤 4：填写合同，完成前台销售

根据公司的相关规定，游客直接在公司的合同书中签字确认，游客拿着收据、合同、出团通知书离开。

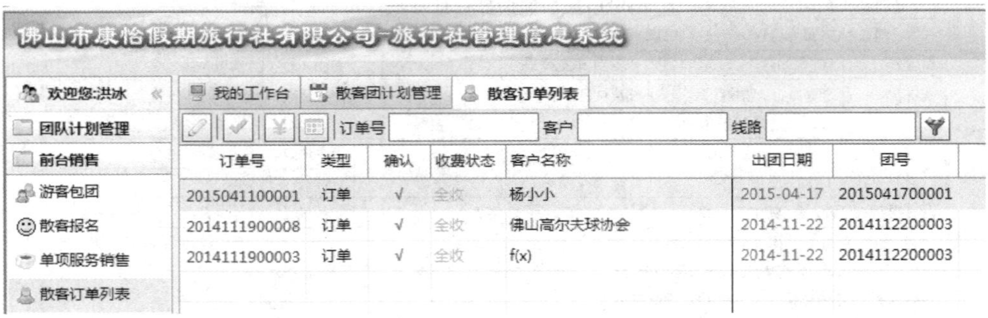

佛山市康怡假期旅行社有限公司-旅行社管理信息系统

欢迎您:洪冰　团队计划管理　前台销售　游客包团　散客报名　单项服务销售　散客订单列表

我的工作台　散客团计划管理　散客订单列表

订单号　客户　线路

订单号	类型	确认	收费状态	客户名称	出团日期	团号
2015041100001	订单	√	全收	杨小小	2015-04-17	2015041700001
2014111900008	订单	√	全收	佛山高尔夫球协会	2014-11-22	2014112200003
2014111900003	订单	√	全收	f(x)	2014-11-22	2014112200003

图 2–3–12　游客报名结束之后的散客订单列表

学习活动 3　一人代多人报名参加旅游团队

小科根据上面的组团信息，以没有报名人数为依据，对剩余座位全部报名，可以让本团顺利出团。

步骤 1：查看剩余名额

小科在报名界面查看，还剩下 19 个名额，点击【座位情况】下的【查看】，进入如图 2–3–13 所示界面。

图 2–3–13　查看团队车辆安排情况

步骤 2：填写游客基本信息

小科根据剩余位置的情况，点击【报名】进入游客报名界面，如图 2–3–14 所示。录入基本信息和订单信息，共报名 18 个大人和 1 个小孩。点击【生成游客名单】，生成如图 2–3–15 所示界面。

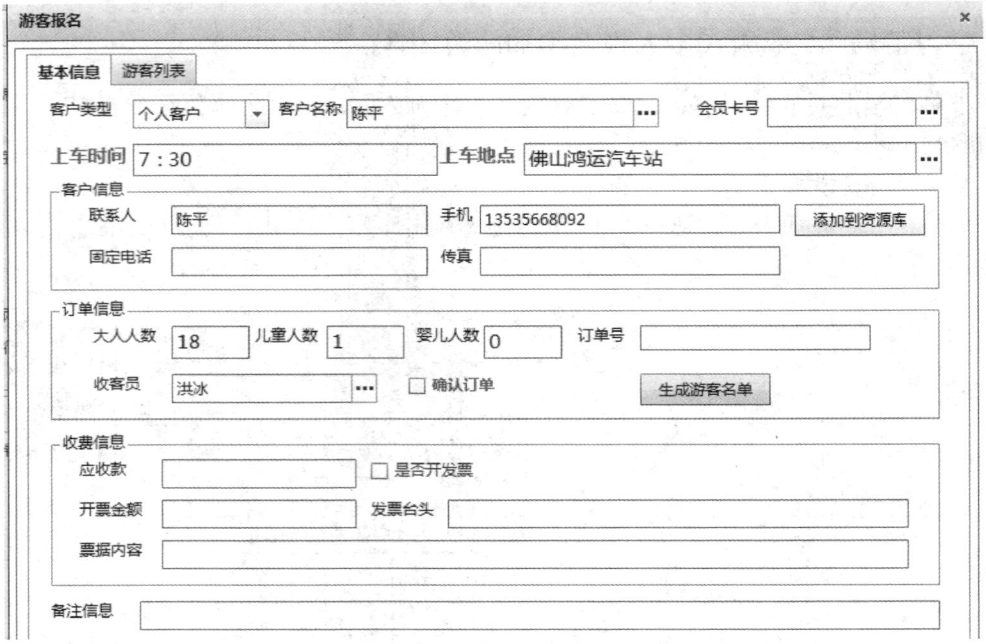

图 2-3-14 游客报名基本信息情况

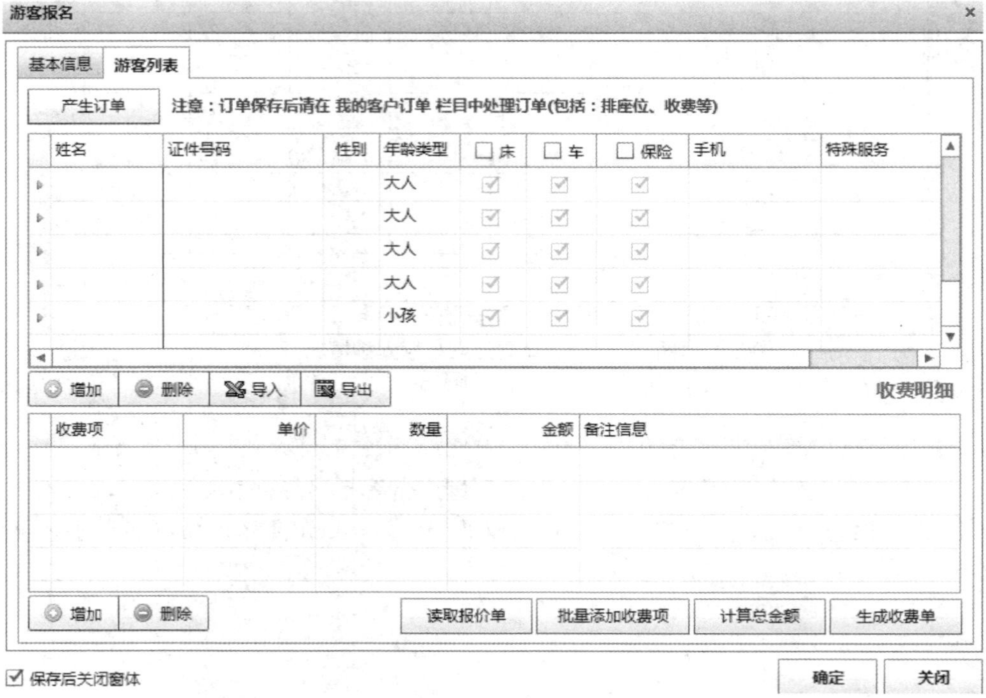

图 2-3-15 自动生成游客名单

由于名单中游客有 19 个人，相关信息比较多，小科原先已经将已报名游客的姓名、身份证号做了一个 Excel 表格，因此需要点击图 2-3-15 中游客基本信息下面的【删除】将名单全部删除，然后点击【导出】，导出一个 Excel 空表，将原先做好的相关信息复制到导出的表格中，表格变成如图 2-3-16 所示。

导出Excel[1428726918624].xls [兼容模式

文件 开始 插入 页面布局 公式 数据 审阅 视图 美化大师 加载项 Acrobat

M18 *fx*

	A	B	C	D	E	F	G	H	I
1	**姓名**	**证件号码**	**性别**	**年龄类型**	**床**	**车**	**保险**	**手机**	**特殊服务**
2	陈平	432622197805049225							
3	陈增晖	432622197403049215							
4	郭丽英	432622197804059215							
5	许肖洁	432622196509219225							
6	谭嘉雯	432622197806079225							
7	黄艳华	432622195506239225							
8	刘艳萍	432622198210099225							
9	张晓怡	432622195910019225							
10	何应东	4326221977405049225							

图 2-3-16 在模板中快速粘贴游客的基本信息

小科在游客列表窗口中点击导入，进入图 2-3-17 所示界面，选取“导出 Excel［1428726918624］.xls”这个文件，然后点击【上传】，就进入如图 2-3-18 所示界面。

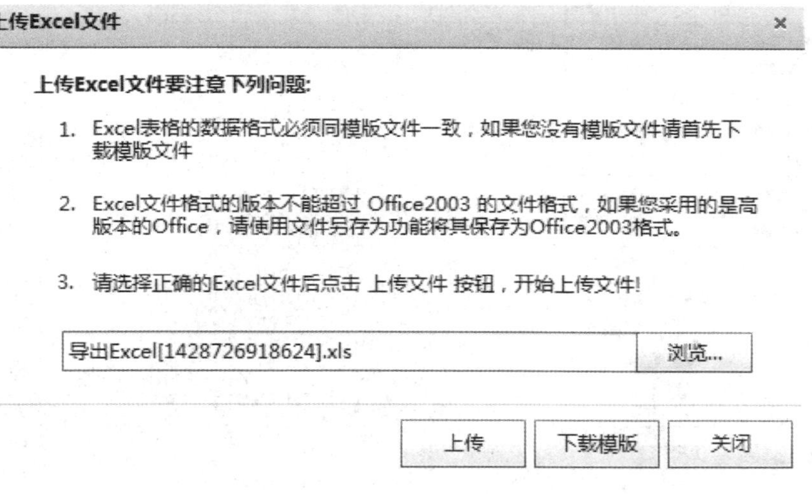

图 2-3-17 上传 Excel 文件窗口

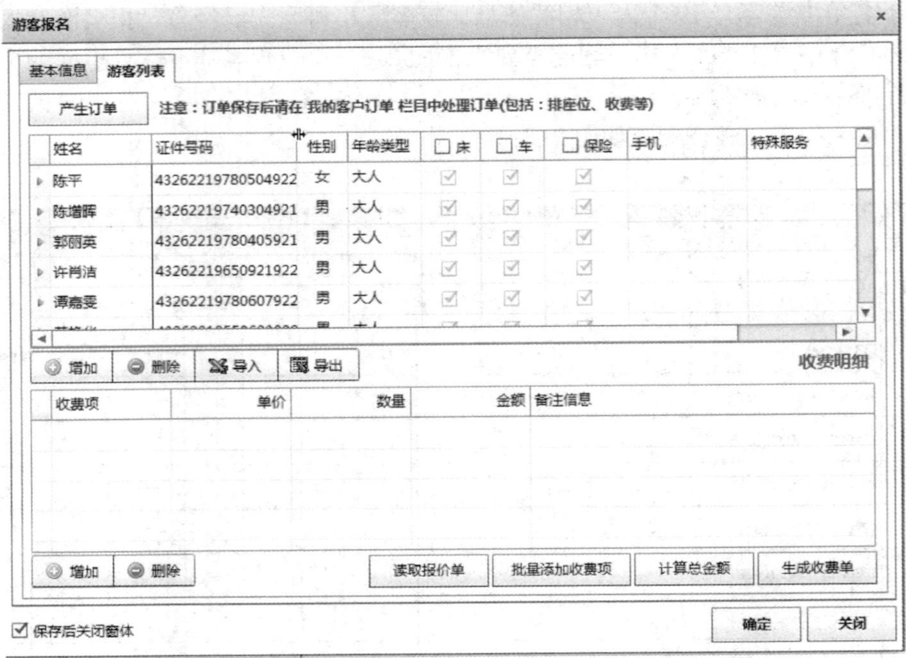

图 2-3-18 批量导入游客信息之后的游客列表窗口

然后点击读取报价单，选取相关报价之后，修改游客数量，与上面一致，就进入如图 2-3-19 所示界面。

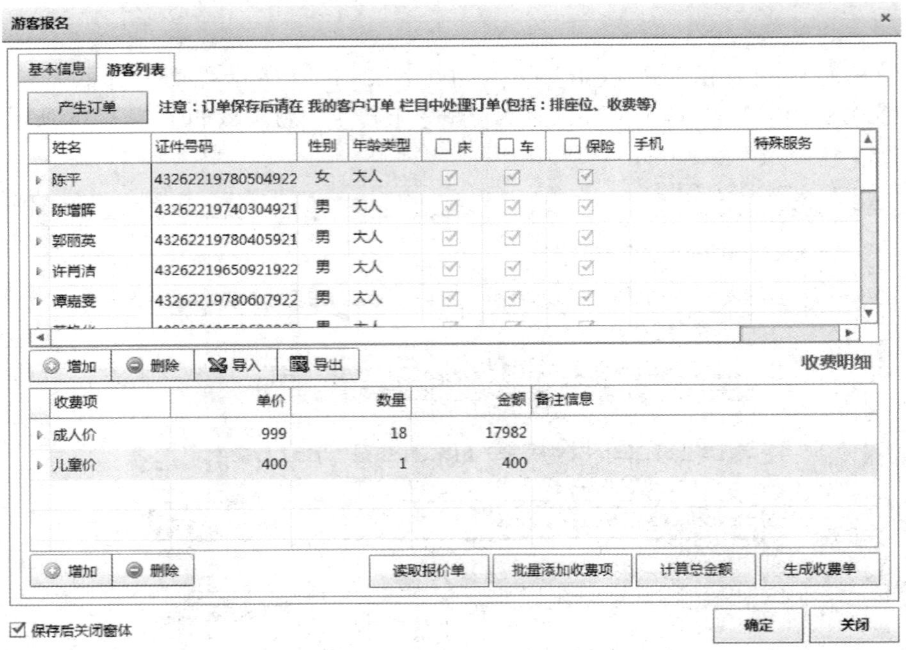

图 2-3-19 读取报价单之后的游客列表界面

小科在图 2–3–19 界面中，点击【生成收费单】，然后进入如图 2–3–20 所示界面，点击【确定】，即完成游客基本信息录入。

基本信息　游客列表

客户类型 个人客户　客户名称 陈平　会员卡号 0

上车时间 7：30　上车地点 佛山鸿运汽车站

客户信息

联系人 陈平　手机 13535668092　添加到资源库

固定电话　传真

订单信息

大人人数 18　儿童人数 1　婴儿人数 0　订单号 2015041100004

收客员 洪冰　☑ 确认订单　生成游客名单

收费信息

应收款 18382　☑ 是否开发票

开票金额 18382　发票台头 陈平

票据内容

备注信息

保存后关闭窗体　确定　关闭

图 2–3–20　游客报名完成后游客基本信息窗口

步骤 3：线路报名交费

小科进入前台销售界面，点击【散客订单列表】，选中陈平的订单，点击¥，进入如图 2–3–21 所示界面。

订单收费 ×

应收款 18382　已收金额 18382　状态 全收

☑ 是否开发票

开票单位 陈平　开票金额 18382

票据内容　发票号码

交款记录明细

☑ 收费科目	收费金额	收费时间	缴费人	已收
成人价 999x18=17982	17982	2015-04-11	陈平	☑
儿童价 400x1=400	400	2015-04-11	陈平	☑

增加　删除　复制收费明细　计算金额　打印发票　打印收据

☑ 保存后关闭窗体　确定　关闭

图 2–3–21　游客报名订单收费界面

步骤 4：安排座位

小科在散客订单界面，选中陈平客户的订单，点击▦，进入如图 2-3-22 所示界面。

我的工作台　散客订单列表

订单号　客户　线路

订单号	类型	确认	收费状态	客户名称	团名称	出团日期	团号
2015041100004	订单	√	全收				
2015041100001	订单	√	全收				
2014111900008	订单	√	全收				
2014111900003	订单	√	全收				

车辆安排座位

车辆列表　25座位车

选中用户后双击座位号选择(取消选择)座位！

姓名	车号	座位
陈平		
陈增晖		
郭丽英		
许菁洁		
谭嘉雯		
黄艳华		
刘艳萍		
张晓怡		
何应东		
周昕		
谢丽格		
谢沛红		

1　2　3　4　5　6　7　8　9　10　11　12　13　14　15　16　17　18　19　20　21　22　23　24　25

自动排位　确定　关闭

图 2-3-22　游客排座位界面

在图 2-3-22 界面中有 19 个游客目前没有排座位，因为他们是互相认识的游客，他们之间各自的位置不重要，可以点击【自动排位】，就进入如图 2-3-23 所示界面。

车辆安排座位

车辆列表　25座位车

选中用户后双击座位号选择(取消选择)座位！

姓名	车号	座位
张晓怡	25座位车	9
何应东	25座位车	10
周昕	25座位车	11
谢丽格	25座位车	12
谢沛红	25座位车	13
陈颖仪	25座位车	14
柯梅	25座位车	15
苏清	25座位车	16
孙晓敏	25座位车	17
孙小小	25座位车	18
陈小小	25座位车	19
王在大	25座位车	20

1　2　3　4　5　6　7　8　9　10　11　12　13　14　15　16　17　18　19　20　21　22　23　24　25

自动排位　确定　关闭

图 2-3-23　自动排位排好的座位列表

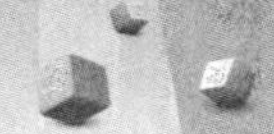

步骤 2：调整进度为开始计调

小科点击【进度管理】栏目下面的【下一步】，进入如图 2-4-2 所示界面。

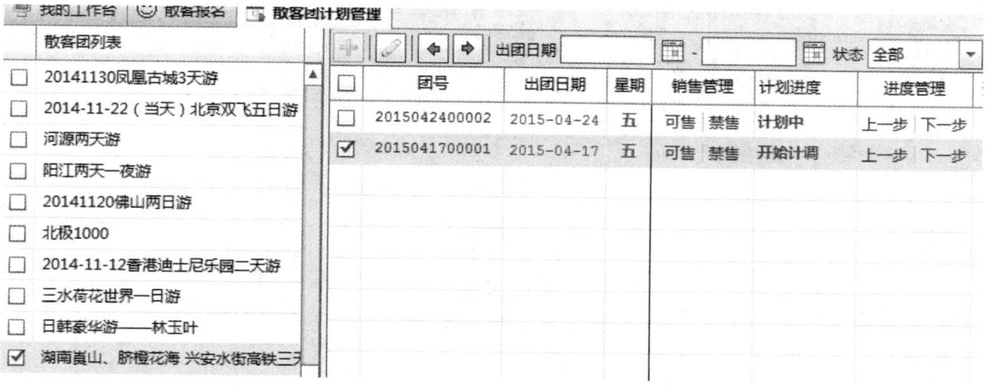

图 2-4-2　团队计划管理界面（开始计调）

学习活动 2　进行地接、订车、订餐等计调操作

步骤 1：地接计调

小科回到主界面，如图 2-4-3 所示，点击【计调管理】，右边出团日期选择“2015-04-01”至“2015-04-21”，找到团名为“湖南崀山、脐橙花海兴安水街高铁三天”、团号为 2015041700001 的团队，在下面点击 ✚，进入地接计调界面。根据团队的基本情况，在地接计调界面录入相关信息，如图 2-4-4 所示。

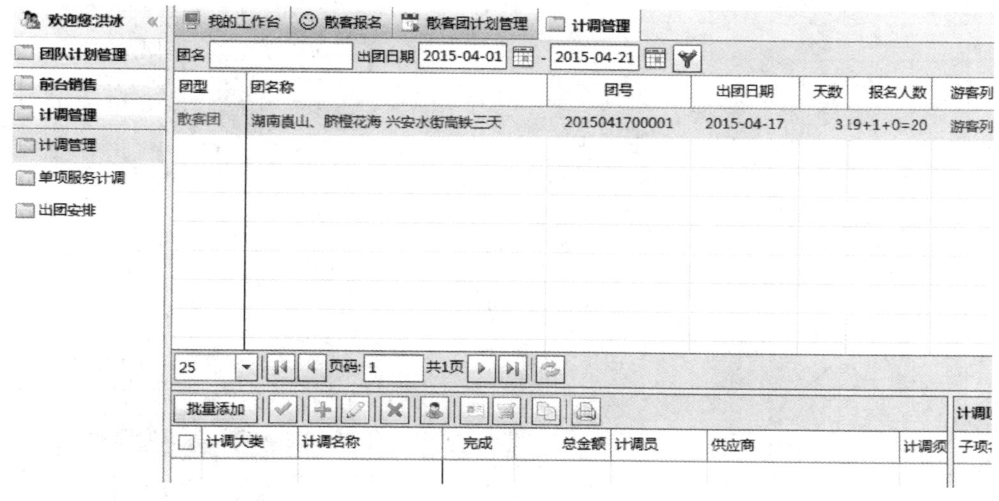

图 2-4-3　计调主界面

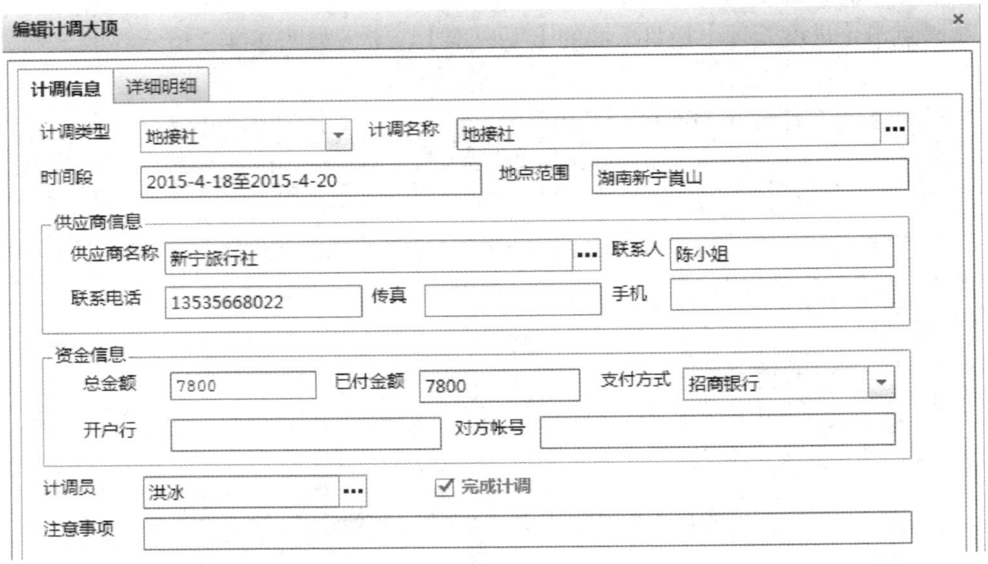

编辑计调大项

计调信息 | 详细明细

计调类型 地接社 计调名称 地接社
时间段 2015-4-18至2015-4-20 地点范围 湖南新宁崀山
供应商信息
供应商名称 新宁旅行社 联系人 陈小姐
联系电话 13535668022 传真 手机
资金信息
总金额 7800 已付金额 7800 支付方式 招商银行
开户行 对方帐号
计调员 洪冰 完成计调
注意事项

图 2-4-4　地接计调基本信息

小科在图 2-4-4 中，点击【详细明细】，录入详细的地接明细，有具体地接子项名称、单价、数量、优惠值、总金额等信息，如图 2-4-5 所示，点击【计算总金额】，回到图 2-4-4 所示界面，可以计算出与地接社结算的总金额。

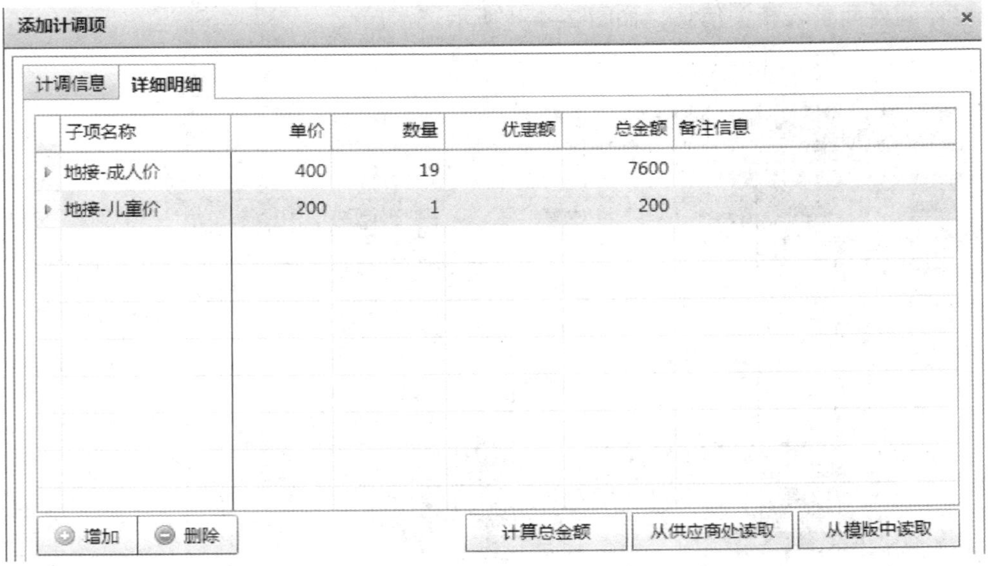

添加计调项

计调信息 | 详细明细

子项名称	单价	数量	优惠额	总金额	备注信息
地接-成人价	400	19		7600	
地接-儿童价	200	1		200	

增加　删除　计算总金额　从供应商处读取　从模版中读取

图 2-4-5　地接计调详细明细界面

步骤 2：反复进行计调操作完成订车、订餐、交通票务等计调操作

小科按照前面地接计调的方法，按系统要求完成订车、订餐、交通票务等计调操作，如图 2-4-6 所示。

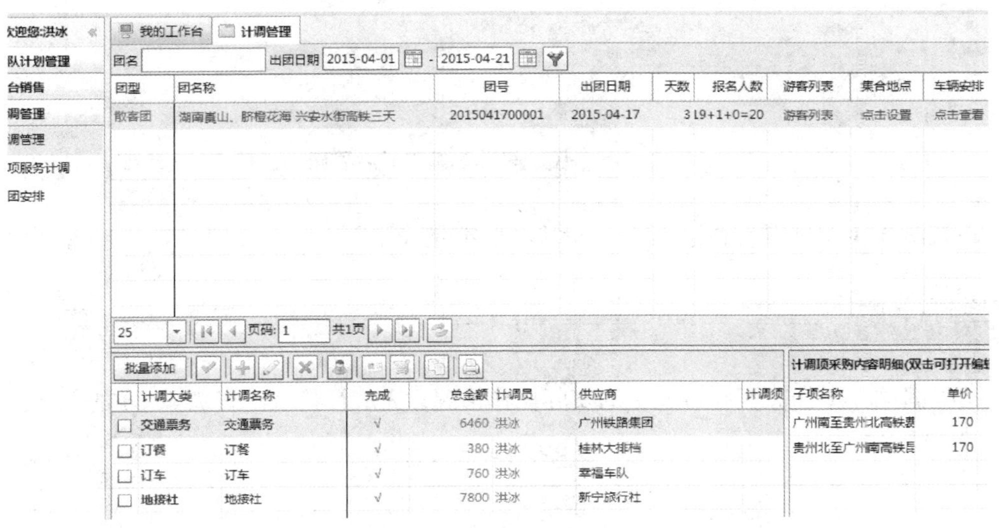

图 2-4-6　已完成各项计调业务的界面

步骤 3：导游安排

小科双击计调管理界面中【导游】下面的【安排导游】，进入如图 2-4-7 所示界面，选择合适的导游。

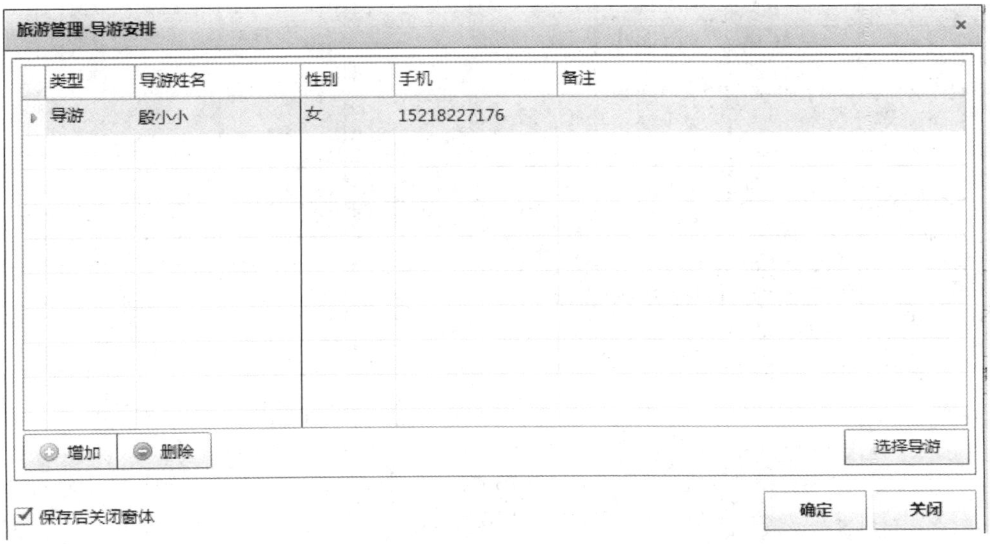

旅游管理-导游安排

类型	导游姓名	性别	手机	备注
导游	殷小小	女	15218227176	

增加　删除　选择导游

☑ 保存后关闭窗体　确定　关闭

图 2-4-7　导游安排界面

小科选中导游后点击【确定】回到计调主界面，如图 2–4–8 所示，显示出本团队导游信息。

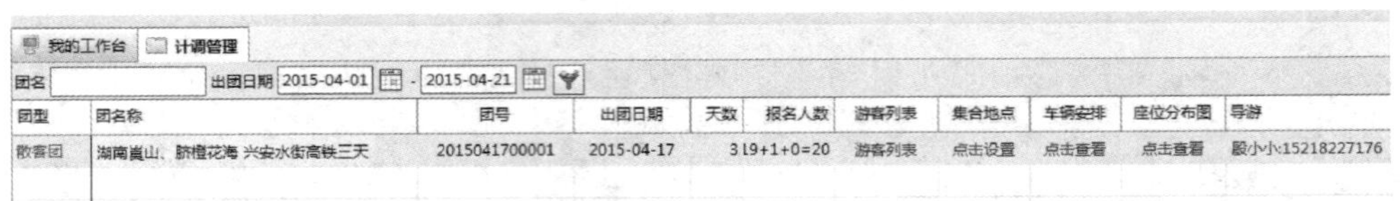

图 2–4–8　团队导游安排完成后界面

到目前为止，计调操作的各项工作基本上都完成了。

学习评价

请根据你在本任务实施过程中的实际操作情况，完成评价表（表 2–4–1）的相关内容。

表 2–4–1　评价表

评价项目	评价依据	优秀	良好	中等	及格	继续努力
任务准备	是否查看软件用户手册，了解计调的操作流程与注意事项					
学习活动 1	调整旅游团队计划的进度					
学习活动 2	团队用车、用餐、用房计调是否到位、完整					
学习活动 3	导游安排是否按要求完成					
任务效果	任务实施是否达到预期目的					
问题与感想						
任务综合评价						

知识链接

1. 旅行社计调工作

旅行社计调岗位连接内外，被称为旅行社的“神经中枢”，主要负责旅游线路设计、团计划管理等工作，组团社和地接社计调工作内容略有不同，以下是组团社计调工作流程。本任务所涉及内容为虚线框内部分。

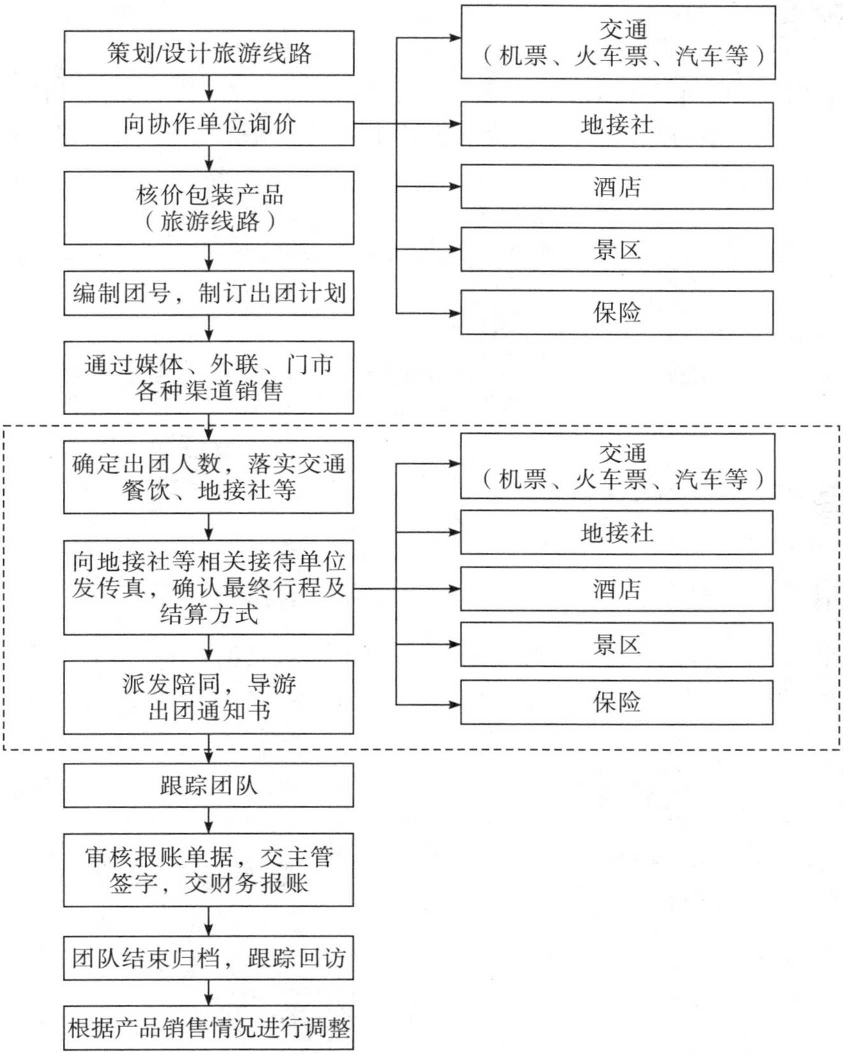

策划/设计旅游线路
→ 向协作单位询价（交通（机票、火车票、汽车等）、地接社、酒店、景区、保险）
→ 核价包装产品（旅游线路）
→ 编制团号，制订出团计划
→ 通过媒体、外联、门市各种渠道销售

[虚线框内]
→ 确定出团人数，落实交通餐饮、地接社等
→ 向地接社等相关接待单位发传真，确认最终行程及结算方式（交通（机票、火车票、汽车等）、地接社、酒店、景区、保险）
→ 派发陪同，导游出团通知书

→ 跟踪团队
→ 审核报账单据，交主管签字，交财务报账
→ 团队结束归档，跟踪回访
→ 根据产品销售情况进行调整

图 2-4-9　组团旅行社计调工作流程

2. 旅游团队接待确认主要工作内容

组团旅行社与地接社确认最终的行程、餐饮、住宿标准、价格及参团人数和名单、

接团方式、紧急联系人姓名和电话等，约好结算方式。最后最好以传真的方式进行确认，方便、快捷、清晰、明确。如行程或团队人数有变化，须及时通知地接社，并就变更内容重新做确认。

任务 2–5　统计旅游业务

任务引入

在旅游团队安全回团、该团队导游人员到财务部门报账结账，以及计调部门准备录入团队的各项开支情况的时候，小科需要统计旅游团队的财务收支情况以及各销售人员的销售情况。

任务准备

要了解旅行社销售部门各销售人员的销售业绩以及各旅游团队的收支情况，首先需要了解团队收支情况的构成要素，其次要查阅旅行社软件用户手册，了解该项业务操作流程。

任务指导

学习活动 1　统计本企业近一年来销售人员的销售情况

小科回到软件主界面，点击【财务汇总】—【销售人员汇总】，在右侧窗口选中出团日期为“2014–04–20”至“2015–04–20”时间段，然后点击[筛选图标]，就出现如图 2–5–1 所示界面。

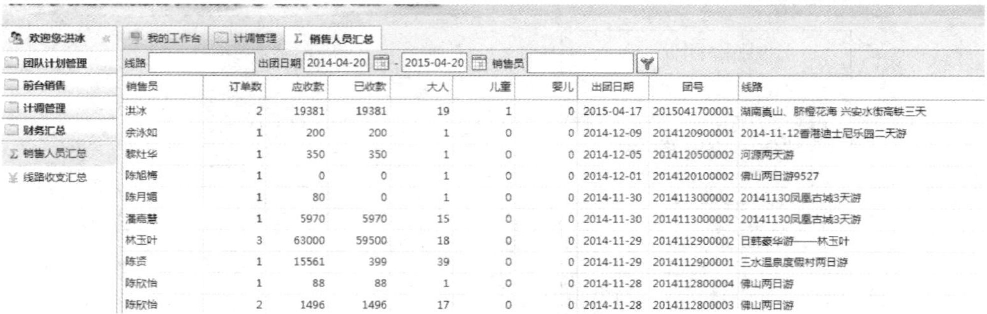

欢迎您:洪冰　团队计划管理　前台销售　计调管理　财务汇总　Σ 销售人员汇总　¥ 线路收支汇总

我的工作台　计调管理　Σ 销售人员汇总

线路　出团日期 2014-04-20 - 2015-04-20 销售员

销售员	订单数	应收款	已收款	大人	儿童	婴儿	出团日期	团号	线路
洪冰	2	19381	19381	19	1	0	2015-04-17	2015041700001	湖南崀山、脐橙花海 兴安水街高铁三天
余泳如	1	200	200	1	0	0	2014-12-09	2014120900001	2014-11-12香港迪士尼乐园二天游
黎灶华	1	350	350	1	0	0	2014-12-05	2014120500002	河源两天游
陈旭梅	1	0	0	1	0	0	2014-12-01	2014120100002	佛山两日游9527
陈月媚	1	80	0	1	0	0	2014-11-30	2014113000002	20141130凤凰古城3天游
潘嘉慧	1	5970	5970	15	0	0	2014-11-30	2014113000002	20141130凤凰古城3天游
林玉叶	3	63000	59500	18	0	0	2014-11-29	2014112900002	日韩豪华游——林玉叶
陈贤	1	15561	399	39	0	0	2014-11-29	2014112900001	三水温泉度假村两日游
陈欣怡	1	88	88	1	0	0	2014-11-28	2014112800004	佛山两日游
陈欣怡	2	1496	1496	17	0	0	2014-11-28	2014112800003	佛山两日游

图 2–5–1　某一时间段销售人员销售统计情况

学习活动 2　统计本企业某一个销售人员一年内的销售情况

小科在图 2–5–1 界面中，在销售员后面边框中输入“洪冰”，再点击 ，就出现如图 2–5–2

所示界面，显示销售员洪冰的销售情况。

销售员	订单数	应收款	已收款	大人	儿童	婴儿	出团日期	团号	线路
洪冰	2	19381	19381	19	1	0	2015-04-17	2015041700001	湖南崀山、脐橙花海 兴安水街高铁三天
洪冰	2	1500	1500	15	0	0	2014-11-22	2014112200003	2014-11-14韶关一日游

图 2-5-2　某销售人员一年内销售情况统计

学习活动 3　统计一年来本企业各线路的收支情况

小科回到主界面，点击【财务汇总】—【线路收支汇总】，在右侧窗口选中出团日期为“2014-04-28”至“2015-04-21”时间段，然后点击，就会出现如图 2-5-3 所示界面，显示本企业一年来各线路的收支情况。

佛山市康怡假期旅行社有限公司-旅行社管理信息系统

计划名称	团号	出团日期	订单	已收款	应收款	计调支出	大人	儿童	婴儿
湖南崀山、脐橙花海 兴安水街高铁三天	2015041700001	2015-04-17	2	19381	19381	0	19	1	0
2014-11-12香港迪士尼乐园二天游	2014120900001	2014-12-09	1	200	200	0	1	0	0
河源两天游	2014120500002	2014-12-05	1	350	350	0	1	0	0
佛山两日游9527	2014120100002	2014-12-01	1	0	0	0	1	0	0
20141130凤凰古城3天游	2014113000002	2014-11-30	2	5970	6050	0	16	0	0
日韩豪华游——林玉叶	2014112900002	2014-11-29	3	59500	63000	0	18	0	0
三水温泉度假村两日游	2014112900001	2014-11-29	1	399	15561	0	39	0	0
佛山两日游	2014112800004	2014-11-28	1	88	88	0	1	0	0
佛山两日游	2014112800003	2014-11-28	2	1496	1496	0	17	0	0
广州两日游2014119	2014112800001	2014-11-28	1	0	4000	0	20	0	0

图 2-5-3　近一年来旅行社各线路的收支情况

学习评价

请根据你在本任务实施过程中的实际操作情况，完成评价表（表 2-5-1）的相关内容。

表 2-5-1　评价表

评价项目	评价依据	优秀	良好	中等	及格	继续努力
任务准备	是否有查看软件用户手册，了解旅游业务统计的操作流程与注意事项					
学习活动 1	统计信息是否满足你的要求，是否有误					

续上表

评价项目	评价依据	优秀	良好	中等	及格	继续努力
学习活动 2	统计信息是否满足你的要求，是否有误					
学习活动 3	统计信息是否满足你的要求，是否有误					
任务效果	任务实施是否达到预期目的					
问题与感想						
任务综合评价						

知识链接

1. 旅行社业务结算

旅行社业务结算是对应收账款和应付账款的结算。

2. 旅行社付款

旅行社付款一般是计调根据约定的付款条件，提出付款申请（或者收款单位提交对账单据给计调，计调再核对清楚后提交付款审批单），经相关负责人确认同意支付后，由出纳执行付款流程。

任务 2-6　设置与维护旅行社系统

任务引入

小科完成旅行社软件中一条线路从设计到销售、计调支出等一系列操作，基本熟悉软件的业务操作，但在操作过程中，经常会遇到有一些内容需要从选定选项中去选取，而选项中又缺少相关内容，随着小科对系统业务的逐渐熟悉，慢慢了解到这个系统的基本设置可以进行修改与维护。接下来小科可以根据需要修改系统设置中的相关内容。

任务准备

系统设置相关选项一般是在企业初次使用时，根据本企业的情况，录入相关的信息，但随着业务的发展与调整，有一些内容需要进行维护修改。要开展这方面工作，首先要查阅系统用户手册，了解系统设置操作流程，还要收集本企业需要修改的相关内容。

任务指导

学习活动 1　修改旅行社软件中的系统设置

请根据需要修改本系统中【线路类型】【线路等级】【线路销售状态】【线路出行方式】【团队状态】【供应商类型】【客户类型】【证件类型】【支付方式】【订单收费状态】【计调项类型】【单项服务类型】的任一项，增加合理的设置。

步骤 1：进入系统设置界面

在前面的操作过程中发现，团队属于汽车、高铁类型的，但相关选项中缺少的需要添加。

进入软件主界面，点击【系统设置】—【系统代码维护】—【线路出行方式】，如图 2-6-1 所示，目前没有"汽车、高铁"类型。

欢迎您:洪冰
团队计划管理
前台销售
计调管理
财务汇总
旅游资源管理
用户管理
系统设置
系统代码维护
车辆类型维护
计调明细模版
收费项模版列表
上车地点模版
单项服务内容模版
数据库备份下载

我的工作台 | 计调管理 | 线路收支汇总 | 系统代码维护

代码分类
线路等级
线路销售状态
线路出行方式
团队状态
供应商类型
客户类型
证件类型
支付方式
订单收费状态
计调项类型
单项服务类型
韩国线
火车、高铁

编码(字符串格式)	编码(整数格式)
其他	0
火车	1
飞机	3
汽车	2
飞机 火车	4
火车 飞机	5
自行车	8
高铁	21
火车、高铁	7
游轮	15
摩托车	58
热气球	7
步行	23

图 2-6-1　系统代码维护中线路出行方式窗口

步骤 2：新增系统相应项目

如图 2-6-1 所示界面中点击【线路出行方式】出现右侧的窗口，点击➕，进入如图 2-6-2 所示窗口，在中文标识后面输入"汽车、高铁"，点击⋯，自动获取代码为"61"。

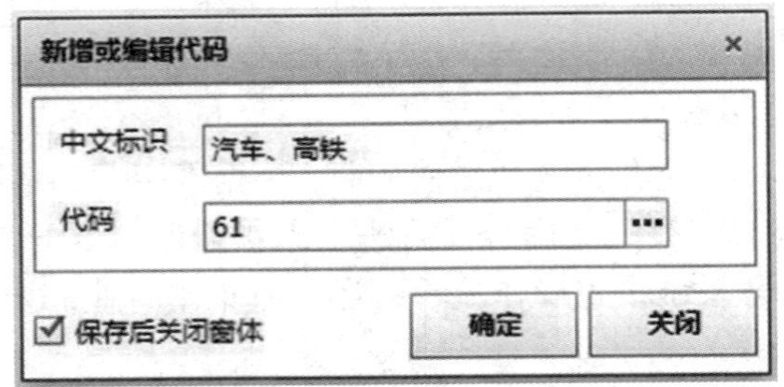

图 2-6-2　增加线路出行方式窗口

如图 2-6-2 所示窗口中点击【确定】返回上一级界面，如图 2-6-3 所示。

代码分类	编码(字符串格式)	编码(整数格式)
线路等级	其他	0
线路销售状态	火车	1
线路出行方式	飞机	3
团队状态	汽车	2
供应商类型	飞机 火车	4
客户类型	火车 飞机	5
证件类型	自行车	8
支付方式	高铁	21
订单收费状态	火车、高铁	7
计调项类型	游轮	15
单项服务类型	摩托车	58
韩国线	热气球	7
火车、高铁	步行	23
促销	电动车	10
签证类	三轮车	18
西安北京线	骑行	59
云南线	地铁	60
上车地点模板	汽车、高铁	61

图 2-6-3　增加汽车、高铁出行方式后的线路出行方式窗口

同样的方法，可以对线路代码中的其他项目进行维护，可以增加、修改与删除相应代码。

学习活动 2　增加供应商相关信息

请按企业的业务要求增加本系统中的一个或多个地接社、酒店、景区供应商（请参照全国旅行社、酒店景点名录）。

在前面计调操作过程中，需要选择合作地接旅行社，但当时系统中没有新宁旅行社，因此需要在系统中增加新宁旅行社。

步骤 1：进入供应商中地接社管理界面

打开旅行社软件主界面，点击【旅游资源管理】—【供应商管理】，进入如图 2-6-4 所示界面，在类型中选择“地接社”，将目前系统中已有的地接社信息显示出来，共有 25 条记录，但选项中没有我们所要查找的新宁旅行社，因此，需要增加选项。

欢迎您:洪冰
团队计划管理
前台销售
计调管理
财务汇总
旅游资源管理
线路维护
单项服务资源管理
供应商管理
客户管理
VIP会员管理

我的工作台　计调管理　线路收支汇总　系统代码维护　供应商管理

名称　类型 地接社

名称	类型	联系人	联系电话	传真	手机	通讯地址
深圳市深旅国际旅行社有限公司	地接社	陈小创	86522584	0755-81456426	13516528954	深圳市罗胡
深圳市深旅国际旅行社有限公司	地接社	沈庆忠	0755-82215263	0755-82215432	18928512005	深圳市罗湖
南海中旅国际旅行社有限公司	地接社	张金华	0757-84857548	84857548	15314521547	佛山市南海
佛山兰香旅行社	地接社	萧萧	0757-23145678		13516565698	佛山市禅城
广东南湖国际旅行社	地接社	林小姐	075486854270		15814476514	广州市
佛山市禅之旅	地接社	邓生				
爱行假日旅行社	地接社	陈梓	22360123	22360123	15115618484	佛山市大沥
佛山市顺德区同诚旅行社有限公司	地接社	林镇刚	22309960	22311343	15478415478	佛山市顺德
旅友旅行社	地接社	邓一			15015862327	广州海珠区
高州市旅游总公司。	地接社	莫春燕	6633058	6689222		高州市中山
广东省中国青年旅行社	地接社	张先生	020-38865093	020-38860057	15616598558	广州市越秀
广东国旅国际旅行社股份有限公司	地接社	顾镇德	22013107	22013304		广州市越秀

25　页码: 1　共7页

图 2-6-4　供应商管理中地接社管理界面

步骤 2：增加地接社相关信息

在如图 2-6-4 所示界面上方，点击＋，进入如图 2-6-5 所示界面，录入地接社的相关信息，然后点击保存后，返回供应商主界面。

新增或编辑列表项　×

名称 新宁旅行社　类型 地接社　联系人 徐桥
手机 154545454545454　固话　传真
地址 湖南省新宁县**路　邮政编码
开户行　开户帐号
报价：

名称	报价	单位
成人地接价	400	人民币
儿童地接价	200	人民币

增加　删除

图 2-6-5　新增地接社界面

步骤 3：查看新增地接社

返回供应商管理界面，类型选择“地接社”，名称中输入“新宁”，点击[筛选图标]，出现结果如图 2-6-6 所示。

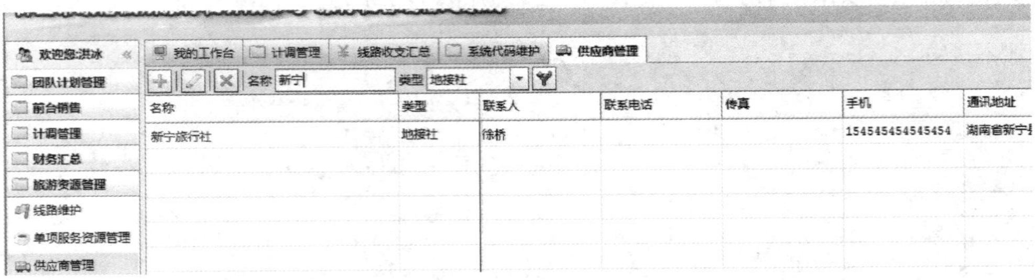

图 2-6-6　查询新增地接社界面

注：增加酒店、景区内容与前面方法类似。

学习活动 3　增加本系统的企业客户

步骤 1：进入客户管理界面

在系统主界面，点击【旅游资源管理】—【客户管理】进入客户管理界面，如图 2-6-7 所示。

图 2-6-7　客户管理界面

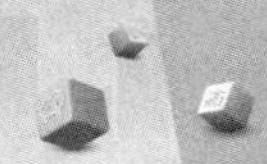

步骤 2：增加客户信息

在如图 2–6–7 所示界面中，点击，进入如图 2–6–8 所示界面，按要求录入企业客户相关信息。点击【确定】按钮，保存企业客户相关信息。

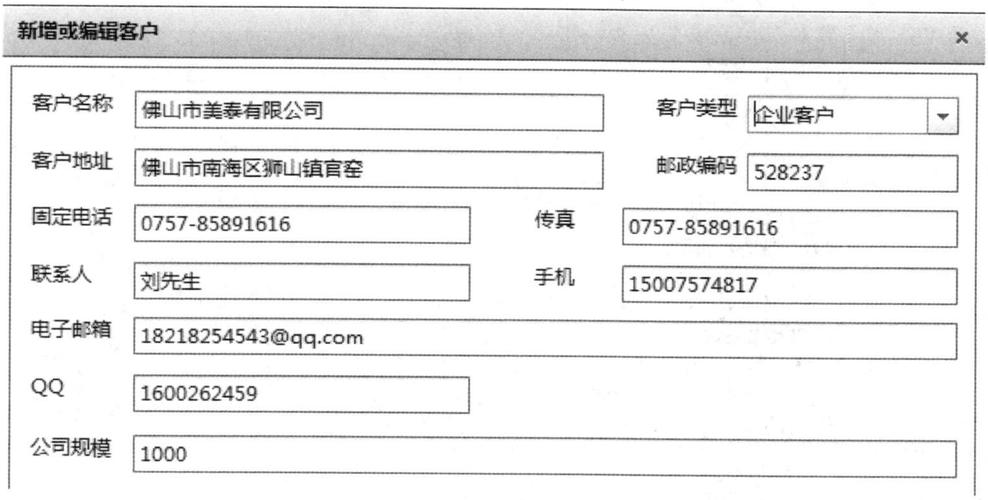

新增或编辑客户
客户名称
佛山市美泰有限公司
客户类型
企业客户
客户地址
佛山市南海区狮山镇官窑
邮政编码
528237
固定电话
0757-85891616
传真
0757-85891616
联系人
刘先生
手机
15007574817
电子邮箱
18218254543@qq.com
QQ
1600262459
公司规模
1000

图 2–6–8　增加企业客户信息界面

步骤 3：查询新增企业客户

返回客户管理界面，在名称后面输入“美泰”，再点击按钮，即可查询到新增加的佛山市美泰有限公司等相关信息，如图 2–6–9 所示。

佛山市康怡假期旅行社有限公司-旅行社管理信息系统
欢迎您:洪冰
团队计划管理
前台销售
计调管理
财务汇总
旅游资源管理
线路维护
单项服务资源管理
供应商管理
客户管理
我的工作台
计调管理
线路收支汇总
系统代码维护
客户管理
名称
美泰
客户名称
客户类型
联系人
手机
固定电话
传真
佛山市南海官窑美泰玩具厂
青年人群
严伟
15366332481
0757-3322556
0757-3322588
佛山市美泰有限公司
企业客户
刘先生
15007574817
0757-85891616
0757-85891616
1000

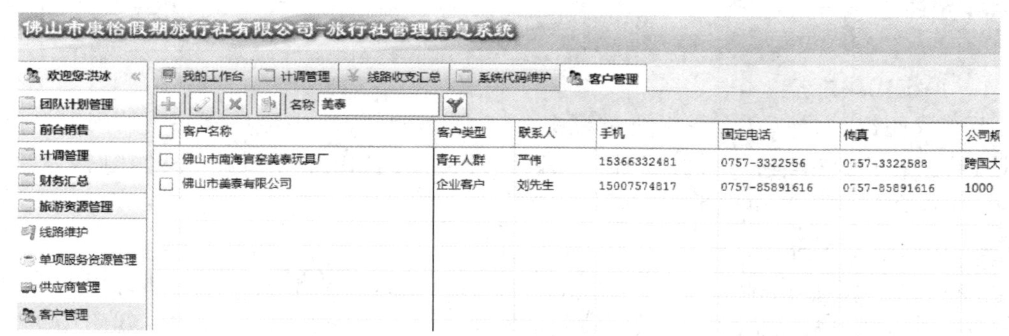

图 2–6–9　查询客户窗口

学习评价

请根据你在本任务实施过程中的实际操作情况，完成评价表（表 2–6–1）的相关内容。

表 2-6-1 评价表

评价项目	评价依据	优秀	良好	中等	及格	继续努力
任务准备	是否收集企业系统设置相关信息变更内容，以及查阅系统用户手册					
学习活动 1	系统代码更新是否合理					
学习活动 2	供应商相关信息修改与维护是否合理					
学习活动 3	企业客户相关信息修改与维护是否合理					
任务效果	任务实施是否达到预期目的					
问题与感想						
任务综合评价						

知识链接

1. 系统代码维护

系统代码维护是指在系统运行过程中，在主要应用模块中会反复使用的内容，可以对代码维护栏目进行维护，也可以增加、编辑与删除，比如说旅游线路等级可划分为普通、豪华、特价等。旅行社可以根据实际情况进行相应修改。

2. 旅行社供应商

旅行社组织的旅游活动所提供的产品和服务，绝大多数不是由旅行社直接提供的，而是向其供应商订购，旅行社的供应商包括餐馆、酒店、交通运输、景区、娱乐场所等。

任务 2-7 管理旅行社系统用户

任务引入

随着旅行社的发展，旅行社在组织结构上进行了调整，新增了个别部门，还需要对企业新进员工进行账号分配，还有个别员工岗位的变化，更改操作权限等，这些问题都

图 2-7-9　调整用户部门界面

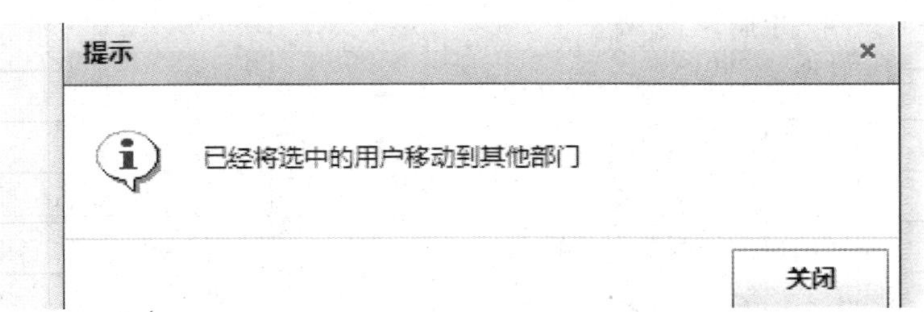

图 2-7-10　已经将选中的用户移动到其他部门窗口

步骤 3：在新增部门查看用户

在图 2-7-10 所示界面中，点击【关闭】，返回用户管理主界面，选中部门为“计调部”，在搜索框中输入“杨贤”即可查找到用户，确定用户成功调整到计调部。

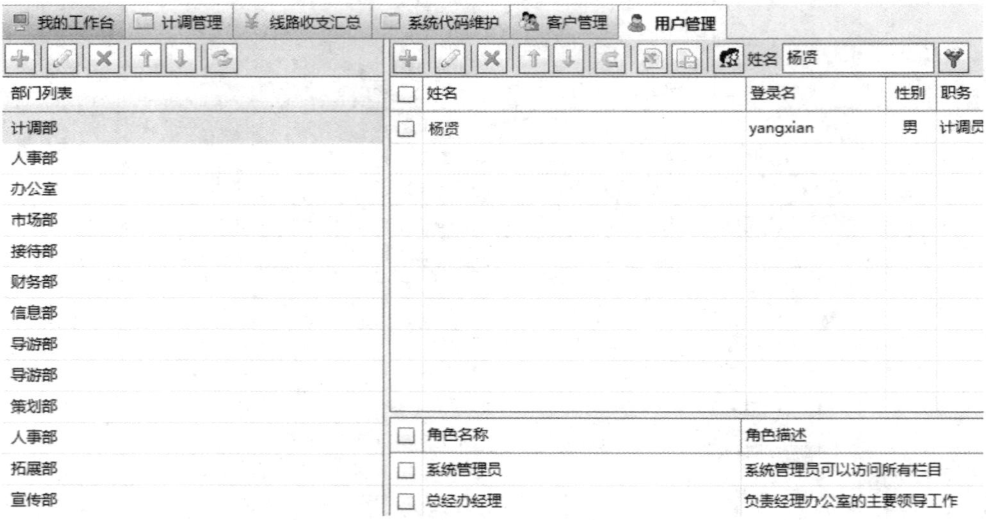

图 2-7-11　在新调整部门中查看用户界面

学习评价

请根据你在本任务实施过程中的实际操作情况，完成评价表（表 2-7-1）的相关内容。

表 2-7-1　评价表

评价项目	评价依据	优秀	良好	中等	及格	继续努力
任务准备	是否有查阅旅行社系统用户手册，了解用户管理操作程序					
学习活动 1	维护部门操作是否合理					
学习活动 2	新增用户是否按要求完成					
学习活动 3	是否将用户的部门按要求进行调整					
任务效果	任务实施是否达到预期目的					
问题与感想						
任务综合评价						

知识链接

1. 部门管理

旅行社系统中的部门管理主要是根据旅行社的组织架构而录入相应的部门，部门选项中包含部门所有员工账号，为不同部门的员工设计相应的权限。

2. 用户管理

旅行社系统中用户涉及旅行社各部门的员工，一般要求旅行社员工一人一个账号，每个账号分配不同的角色，可以在系统中操作相应的模块，能够实现相应的功能。可以在用户管理中进行增加、删除、修改、查询用户等相关操作。

任务 2-8　比较分析常见旅行社系统功能

任务引入

随着旅行社业务的不断发展，为了适应发展需求，旅行社系统也应该更新换代，在更换和购买系统软件前，应先调研了解目前常用的旅行社管理软件的基本情况，小科通过网络与同行交流，对常见旅行社管理软件系统功能进行对比分析，向领导推荐软件产品，最终选购适合的旅行社软件。

任务准备

购买旅行社软件前，需要了解各种不同旅行社软件的功能与适应企业类型，可通过网络查询旅行社软件选购的注意事项。

任务指导

学习活动 1　设计旅行社系统功能比较分析表

步骤 1：通过网络查询有关软件比较的相关表格

通过网络查询如何对比分析旅行社软件的差异，具体可从软件开发公司的实力、软件最新动态、软件价格、售后服务等方面进行分析。

步骤 2：小组讨论设计表格

经过小组成员的讨论，初步确定系统功能比较分析表（见表 2-8-1，此表仅供参考），还可以图形的形式展示。

表 2-8-1　旅行社系统功能比较分析表

序号	软件名	软件优、缺点	售后服务	软件公司官网	软件公司实力	软件价格、付费方式	性价比（10 分制）/ 分
1	软件 1						
2	软件 2						
3	软件 3						

学习活动 2　撰写旅行社系统功能比较分析报告

步骤 1：查找常用软件

在网上以关键词“旅行社管理信息软件”或“旅行社软件”进行查询，可以查询到上海金棕榈、天港成、满天兴、南宁美狐、上海畅游、湖北阿夏哥等软件。

步骤 2：试用软件

小组分工进行试用软件、分析软件，网络上能查找到相关的用户手册或者操作视频，还有的网站会提供试用账号，小组成员分工试用不同软件，各成员需撰写一份体验报告。

步骤 3：形成软件分析报告或者分析图表

在小组成员汇报相关软件使用效果的基础上，最终完成成果见表 2-8-2（注：可以是分析报告形式或者其他形式）。

表 2-8-2　旅行社系统功能比较分析表（已完成分析）

序号	软件名	软件优、缺点	售后服务	软件公司官网	软件公司实力	软件价格、付费方式	性价比（10 分制）/ 分
1	上海金棕榈	优点： （1）中国各级旅游院校教育版软件的首选平台 32%。 （2）百强社各类大社主要服务商。 缺点： （1）费用高。 （2）不适合中小型旅行社，操作会很受约束	重维护（支持远程、上门实施等软件售后服务）	http://www.goldpalm.com.cn	创建于 1992 年，是国内最老牌的旅游管理软件——上海金棕榈 17 年来一直致力于管理软件的开发、推广应用	面议为主：报价为 10 万元以上，分阶段实施，可分期付款	9.5

续上表

序号	软件名	软件优、缺点	售后服务	软件公司官网	软件公司实力	软件价格、付费方式	性价比（10 分制）/ 分
2	软件2						
3	软件3						
4	软件4						

学习评价

请根据你在本任务实施过程中的实际操作情况，完成评价表（表 2-8-3）的相关内容。

表 2-8-3　评价表

评价项目	评价依据	优秀	良好	中等	及格	继续努力
任务准备	是否了解如何分析软件功能					
学习活动 1	软件分析相关表格设计是否合理					
学习活动 2	是否找到相关的旅行社软件网站或者试用过相关旅行社软件产品					
任务效果	任务实施是否达到预期目的					
问题与感想						
任务综合评价						

知识链接

1. 旅行社管理信息系统功能介绍

旅行社管理信息系统是一款针对中小型旅行社开发的软件，它基本能涵盖中小型旅行社的内部操作所需功能（见表 2–8–4）。

表 2–8–4　旅行社管理信息系统功能清单

一级菜单	二级菜单	三级菜单	功能描述
系统设置	系统代码维护	线路类型、线路等级、线路销售状态、团队状态、供应商类型、客户类型、证件类型、支付方式等	主要是对本系统中的系统代码进行增加、修改、删除等维护
	车辆类型维护		增加、修改、删除车辆类型
	计调明细模板		增加、修改、删除主要计调明细模板
	收费项模板		增加、修改、删除主要收费项目
	上车地点模板		增加、修改、删除主要上车地点
	单项服务内容模板		增加、修改、删除旅行社单项服务的内容
	数据库备份		对系统的数据进行备份与恢复
用户管理	用户管理		设定、删除部门的资料；设定、删除职员的基本资料，用户的口令设置等
	角色管理		给职员分配角色
	栏目权限		给各个不同岗位角色分配不同的权限
旅游资源管理	供应商管理	供应商管理	设定供应商的基本资料，设定供应商的供应价格，输入保存供应合同，删除各供应商的相关资料，进行多条件的组合查询，打印当前显示的供应商的资料
	单项服务资源管理	单项服务资源管理	主要是针对单订房、飞机票、火车票、景点门景、办理护照等提供服务
	线路维护	线路资料价格	对线路基本资料、线路行程资料、线路成本资料进行维护；删除当前选中的线路的所有资料、查询线路资料、针对选中的线路复制产生一条新线、线路报团控、打印

续上表

一级菜单	二级菜单	三级菜单	功能描述
团队计划管理	制订散客计划	制订散客计划	增加、修改、删除散客计划
	散客团计划管理	散客团计划管理	散客团计划中计划进度的调整、人数设置、车辆安排等
	包团计划管理	包团计划管理	增加、修改、删除包团计划
	单项服务管理计划管理	单项服务管理计划管理	增加、修改、删除单项服务管理计划
销售管理	散客报名	散客团收客	录入游客登记表资料，修改、保存和删除游客资料；对查询显示的团队清单资料提供多字段排序；打印团队的行程信息；刷新查询出的团队清单；对游客资料的各项进行维护
		游客查询维护	按姓名、身份证、团号、线路等条件查询游客资料；查询并修改选定游客的详细信息；查看并操作选定游客的应收款信息；对选定的游客进行退团、改团、改线操作；对参加同一团队或线路的游客进行批号合并；对选定的单个游客进行批号分拆；可以选定1人的游客登记资料进行名单补入
	收银开票	收银开票	用于输入发票信息并打印发票
		收银核算	用于核算应收款数据
		收银查询	按收款单号、状态查询
		收银汇总表	收银汇总查询打印
	游客询价	游客询价	增加、修改、删除游客询价
计调管理	计调管理		增加、修改、删除餐饮、酒店、景点、用车等方面的计调，打印租车确认单、订餐计划、订房计划、省内包团计划、省外包团计划、景点订票、传真便签等
	单项服务计调		针对客人需要的单项服务增加、修改、删除餐饮、酒店、景点、用车等。打印租车确认单、订餐计划、订房计划、省内包团计划、省外包团计划、景点订票、传真便签等
	出团安排		安排团队的车辆，打印座位分布图、导游安排表等一系列表格

续上表

一级菜单	二级菜单	三级菜单	功能描述
财务汇总	销售人员汇总		查询某一时间段内某个销售人员的销售情况
	线路收支汇总		查询某一时间段内某线路的收支情况

2. 组团社基本工作流程

旅行社的基本工作流程，因不同的旅行社各有差异，如图 2-8-1 所示是中小旅行社（组团社）的基本业务操作流程。

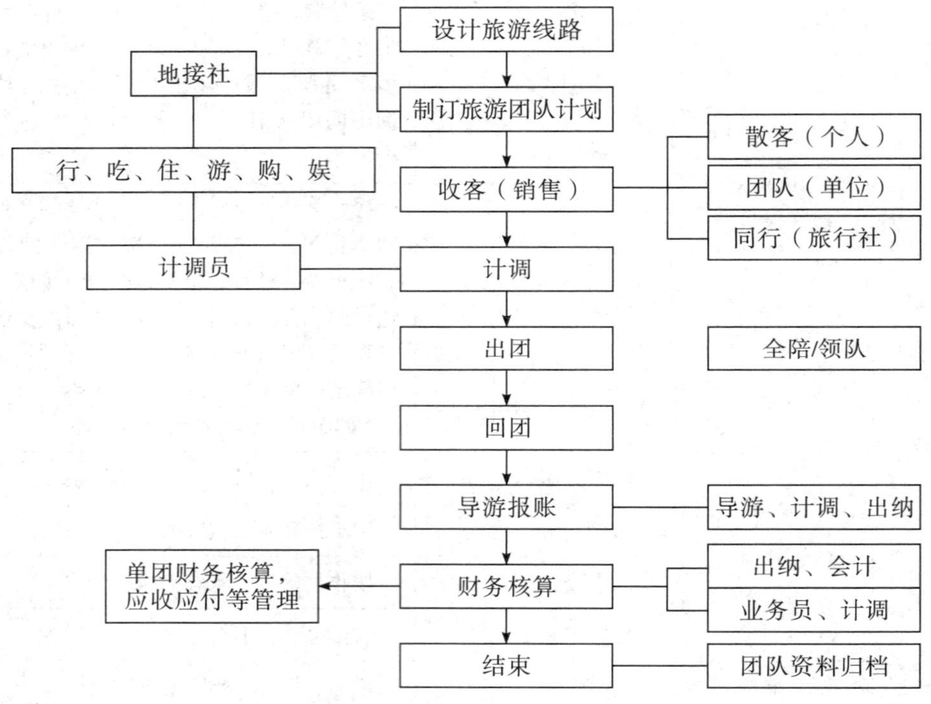

图 2-8-1　组团旅行社基本业务操作流程

拓展训练

（1）旅行社成功组团后，突然在出发前 3 天，有 2 位游客因为有事不能参团，而原本报另一条旅游线路的 2 位游客有意转入这个团，旅行社在管理系统中应该如何进行操作？

（2）如果一条旅游线路未报满，而此时正好有一位散客有意向报名参团，在旅行社系统中如何实现散客拼团？如何操作？

（3）请从网络上下载其他旅行社管理信息系统，将教材当中各任务在新的系统中进行体验操作，对比分析各系统的优劣势。

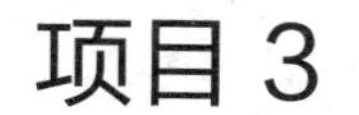

项目 3 旅行社电子商务及其网站运营管理

学习目标

（1）了解旅行社电子商务的基本概念、含义、主要模式。

（2）掌握旅行社电子商务站点结构与功能，能够评价网站界面与内容。

（3）能够进行旅行社网站运营与规划，开展在线营销与网络服务。

（4）能够进行旅行社电子商务项目管理，设计旅行社网站首页与内容界面。

（5）能够撰写旅行社官方网站搜索引擎优化（SEO）分析报告。

（6）能够申请与运营旅行社微信公众号，制作旅行社产品网络营销广告图片。

（7）能够运用视频制作工具制作旅行社的微视频宣传旅行社产品与服务。

（8）具备从事旅行社电子商务的综合素质，富有想象力与创新精神。

项目情景

小科大学毕业后，进入一家传统的旅行社做旅游产品营销的工作，他在工作中发现，目前旅行社连官方网站都没搭建，这与现代社会发展不相适应，因此他开始策划公司的官方网站，利用网络运用自建站营销、微博营销、微信营销、视频营销等多种营销方式来推销旅行社的产品，首先小科要学习其他优秀旅行社的网站设计，分析与评价这些官方网站的界面与内容。

项目导图

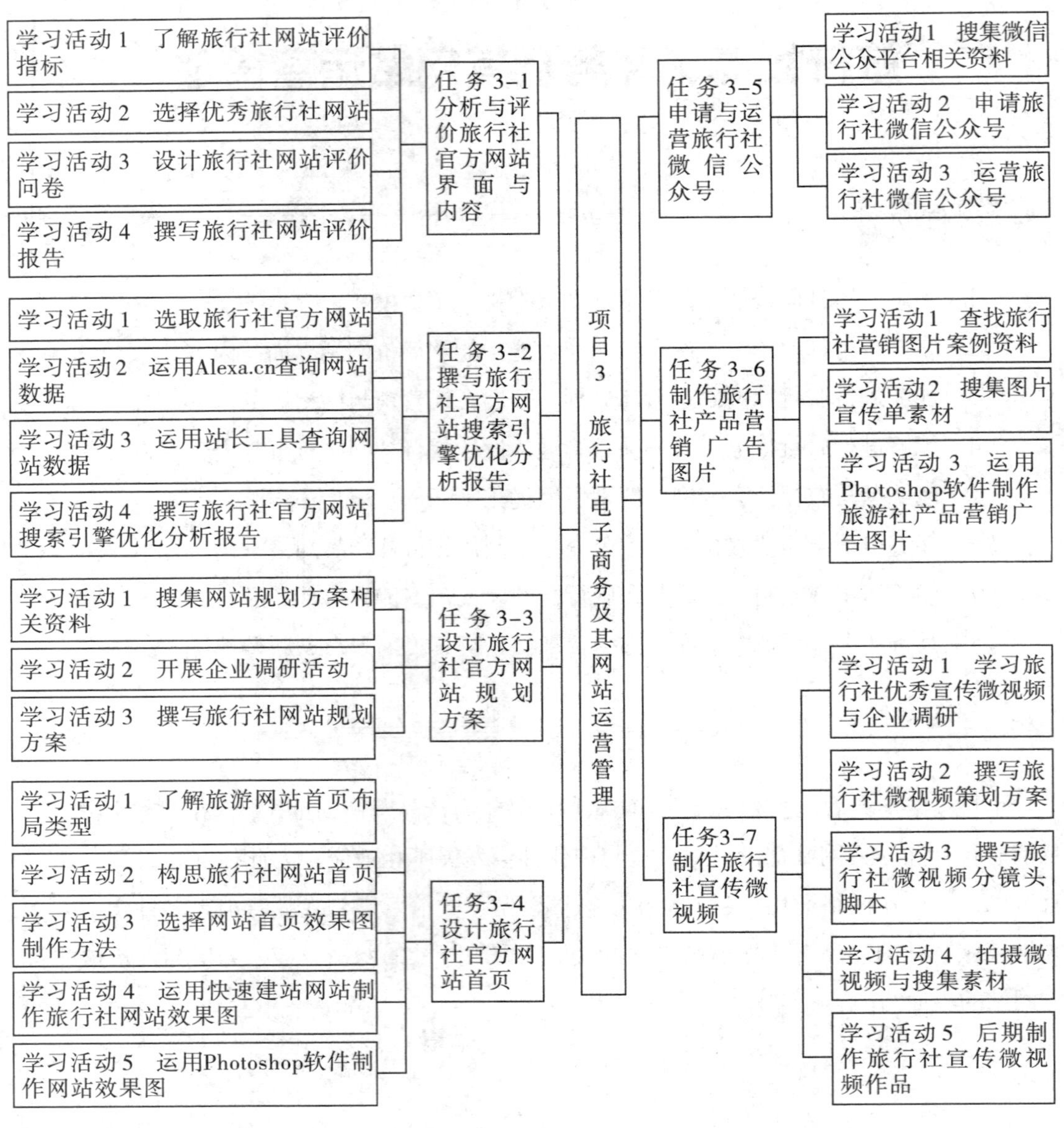

任务 3-1 分析与评价旅行社官方网站界面与内容

任务引入

小科进入旅行社工作之后负责旅游产品营销工作，需要将旅游产品推销出去。目前

网络营销是一种比较不错的营销方式，可以运用公司的官方网站开展营销活动。但什么样的官方网站能够吸引游客，达到营销的目的呢？小科需要对国内比较好的旅行社官方网站界面与内容进行分析评价，了解什么样的网站是游客喜欢的，以便将来做出更优秀的旅行社网站来开展网络营销活动。

任务准备

小科想要分析与评价旅行社官方网站，首先得了解一家旅行社网站的基本结构，应该包括哪些内容，什么样的网站风格是游客喜欢的。

任务实施

学习活动 1　了解旅行社网站评价指标

小科要分析与评价旅行社官方网站，首先必须知道从哪些角度去评价旅行社官方网站。他上网查询了相关资料，有关网站评价方法较多，他选取了一个相对比较简单易懂的方法，即从网站的功能角度进行评价，这种评价方法主要从网站的界面、信息与服务互动三个方面对旅行社网站进行评价（见表 3-1-1）。

表 3-1-1　旅行社网站评价指标一览表

1. 旅行社网站界面	2. 旅行社网站信息	3. 旅行社网站服务互动
（1）能迅速地找到网站（如通过输入域名或名称搜索）。 （2）网站总是处于可访问状态。 （3）网站响应迅速，下载速度快。 （4）网站结构合理，导航明确，便于浏览。 （5）网站信息的检索功能强，便于查找信息。 （6）网站提供的链接内容丰富有效。 （7）网站的界面设计赏心悦目，具有吸引力。 （8）网站的设计独具一格、有创意。 （9）网站的形象与旅行社形象一致	（1）旅行社简介。 （2）旅行社新闻动态。 （3）旅行社媒体报道。 （4）旅游线路介绍。 （5）酒店推荐。 （6）机票查询与推荐。 （7）旅游目的地介绍。 （8）旅游优惠介绍。 （9）签证服务介绍。 （10）旅游资讯。 （11）网站提供的信息准确无误、真实可靠。 （12）网站提供实时信息，如旅游产品的当前价格。 （13）网站提供的信息实用，正是用户所需要的。 （14）网站提供的信息详细程度合适。 （15）网站信息表述清楚简洁，容易理解。 （16）网站信息的编排符合逻辑，组织有序	（1）网站的声誉好。 （2）网站能保证用户个人信息的安全。 （3）网站按照承诺提供旅游产品及服务。 （4）网站为用户提供个性化、定制化服务。 （5）提供用户与旅行社的在线交流平台。 （6）对用户的要求与问题进行快速有效的处理。 （7）提供用户与用户之间的在线交流平台。 （8）用户可以通过网站完成与旅行社的交易。 （9）网站提供的在线交易操作便捷灵活。 （10）网站能保证在线交易的安全性

学习活动 2　选择优秀旅行社网站

步骤 1：上网查找百强旅行社名单

知道从哪些角度进行评价之后，小科想知道目前国内旅行社网站的情况，他听说过百强旅行社，百强旅行社是国内旅行社的代表，他想看看百强旅行社中优秀官方网站的代表。他上网查询到 2013 年度全国百强旅行社的名单，如图 3–1–1 所示。

2013年度全国百强旅行社排名公布

ctcnn.com2014-07-21 10:28:24　评论：0　来源：劲旅网

国家旅游局日前发布2013年度全国旅行社百强名单，"全国百强旅行社" "全国旅行社集团十强"和"全国旅行社税收十强"出炉。与其他省份相比，北京旅行社数量所占比重最高，其中15家在京旅行社入选全国百强。国家旅游局发布的2013年度全国旅行社百强名单中，评选出2013年度全国百强旅行社共100家。上海春秋国际旅行社(集团)有限公司位居首位，广之旅和中青旅分别位列第二和第三。在线旅游巨头上海携程国际旅行社有限公司跻身TOP10，位列第九。

2013年度全国百强旅行社

位次	许可证编号	旅行社名称
1	L-SH-CJ00009	上海春秋国际旅行社（集团）有限公司
2	L-GD-CJ00004	广州广之旅国际旅行社股份有限公司
3	L-BJ-CJ00003	中青旅控股股份有限公司
4	L-GD-CJ00002	广东省中国旅行社股份有限公司
5	L-BJ-CJ00071	北京众信国际旅行社股份有限公司
6	L-BJ-CJ00001	中国国际旅行社总社有限公司
7	L-BJ-CJ00051	北京凯撒国际旅行社有限责任公司
8	L-BJ-CJ00127	中青旅国际会议展览有限公司
9	L-SH-CJ00025	上海携程国际旅行社有限公司
10	L-HUB-CJ00019	湖北万达新航线国际旅行社有限责任公司

图 3–1–1　2013 年度全国百强旅行社排名分布部分页面

步骤 2：登录百强旅行社网站

小科根据如图 3–1–1 所示的百强旅行社名单，通过百度查找到了上海春秋国际旅行社（集团）有限公司和广州广之旅国际旅行社有限公司两家旅行社的官方网站（如图 3–1–2、图 3–1–3 所示）。他以一个游客的身份体验这两个网站，另外选取了他所在城市佛山市 6 个百强旅行社体验旅行社网站，了解基本情况，对照上述评价指标分别打分。

图 3–1–2　上海春秋国际旅行社（集团）有限公司网站首页部分页面

图 3-1-3　广州广之旅国际旅行社有限公司官方网站部分页面

学习活动 3　设计旅行社网站评价问卷

小科发现只有他个人的观点还不够，还需了解大多数游客是什么样的状态，因此他打算设计调查问卷，收集数据。

步骤 1：运用问卷星或调查派等在线调查问卷平台设计发布调查问卷

小科通过问卷星（www.sojump.com）将表 3-1-1 中的评价指标设计成问卷的形式，最后的问卷如图 3-1-4 所示，网址为 http://www.sojump.com/jq/5638386.aspx。

佛山市全国百强旅行社网站体验调查问卷

各位朋友，想了解大家对旅行社网站建设情况的一些个人观点，以便将来设计出您喜欢的网站，方便为您提供更优质的服务，本团队设计了一份体验佛山市百强旅行社网站的调查问卷，您的回答对我们来说非常重要，问卷以匿名的形式进行，不会涉及您的个人隐私，希望您帮忙填写，谢谢您的帮忙！

小科团队

第一部分：旅行社网站重要性程度

请根据您对旅行社网站的以下各项的期望进行评价。

1. 旅行社网站界面重要程度 *

	很不重要	不重要	一般	较重要	很重要
1.1 能迅速地找到网站(如通过输入域名/搜索)。	○	○	○	○	○
1.2 网站总是处于可访问状态。	○	○	○	○	○
1.3 网站响应迅速，下载速度快。	○	○	○	○	○

图 3-1-4　佛山市百强旅行社网站体验调查问卷页面（部分内容）

步骤 2：开展问卷调查（发放调查问卷）

小科将问卷设计好之后，他打算发给同学、朋友以及其他的市民游客填写，可以直接发送网站链接 http://www.sojump.com/jq/5638386.aspx，也可以发送二维码以便手机扫描填写问卷（如图 3-1-5 所示）。

手机扫描二维码答题

图 3-1-5　手机扫描二维码答题页面

学习活动 4　撰写旅行社网站评价报告

步骤 1：从问卷星或其他在线调查问卷平台中导出问卷报告

小科与团队成员花了差不多一个月的时间收集到 153 份问卷样本，下面是直接从问卷星导出的调查报告。

佛山市全国百强旅行社网站体验调查问卷报告

开始时间：2014-11-5　　结束时间：2014-11-25　　样本总数：153 份

本报告分析内容：自定义查询

本报告包含样本数量：153 份

数据与分析：

第一部分：旅行社网站重要性程度。

请根据你对旅行社网站的以下各项的期望进行评价。

第 1 题：旅行社网站界面重要程度（矩阵单选题）（见表 3-1-2）。

表 3-1-2　第 1 题

题目	很不重要	不重要	一般	较重要	很重要
1.1　能迅速地找到网站（如通过输入域名或名称搜索）	0（0%）	1（0.65%）	7（4.58%）	40（26.14%）	105（68.63%）
1.2　网站总是处于可访问状态	0（0%）	0（0%）	10（6.54%）	52（33.99%）	91（59.48%）
1.3　网站响应迅速，下载速度快	0（0%）	1（0.65%）	13（8.5%）	36（23.53%）	103（67.32%）

续上表

题目	很不重要	不重要	一般	较重要	很重要
1.4　网站结构合理、导航明确，便于浏览	0（0%）	0（0%）	8（5.23%）	49（32.03%）	96（62.75%）
1.5　网站信息的检索功能强，便于查找信息	0（0%）	0（0%）	11（7.19%）	43（28.1%）	99（64.71%）
1.6　网站提供的链接内容丰富有效	0（0%）	0（0%）	17（11.11%）	58（37.91%）	78（50.98%）
1.7　网站的界面设计赏心悦目，具有吸引力	0（0%）	1（0.65%）	24（15.69%）	42（27.45%）	86（56.21%）
1.8　网站的设计独具一格、有创意	0（0%）	1（0.65%）	23（15.03%）	59（38.56%）	70（45.75%）
1.9　网站的形象与旅行社形象一致	1（0.65%）	1（0.65%）	16（10.46%）	57（37.25%）	78（50.98%）

第 2 题：旅行社网站信息介绍重要性程度（矩阵单选题）（见表 3–1–3）。

表 3–1–3　第 2 题

题目	很不重要	不重要	一般	较重要	很重要
2.1　旅行社简介	0（0%）	2（1.31%）	16（10.46%）	76（49.67%）	59（38.56%）
2.2　旅行社新闻动态	1（0.65%）	2（1.31%）	30（19.61%）	64（41.83%）	56（36.6%）
2.3　旅行社媒体报道	1（0.65%）	2（1.31%）	31（20.26%）	68（44.44%）	51（33.33%）
2.4　旅游线路介绍	0（0%）	1（0.65%）	9（5.88%）	43（28.1%）	100（65.36%）
2.5　酒店推荐	0（0%）	0（0%）	16（10.46%）	53（34.64%）	84（54.9%）
2.6　机票查询与推荐	0（0%）	1（0.65%）	10（6.54%）	61（39.87%）	81（52.94%）
2.7　旅游目的地介绍	0（0%）	1（0.65%）	9（5.88%）	42（27.45%）	101（66.01%）
2.8　旅游优惠介绍	0（0%）	2（1.31%）	7（4.58%）	56（36.6%）	88（57.52%）
2.9　签证服务介绍	0（0%）	0（0%）	13（8.5%）	61（39.87%）	79（51.63%）
2.10　旅游资讯	0（0%）	1（0.65%）	16（10.46%）	56（36.6%）	80（52.29%）
2.11　网站提供的信息准确无误、真实可靠	0（0%）	0（0%）	8（5.23%）	36（23.53%）	109（71.24%）
2.12　网站提供实时信息，如旅游产品的当前价格	0（0%）	1（0.65%）	10（6.54%）	36（23.53%）	106（69.28%）

续上表

题目	很不重要	不重要	一般	较重要	很重要
2.13 网站提供的信息实用，正是用户所需要的	0（0%）	0（0%）	7（4.58%）	57（37.25%）	89（58.17%）
2.14 网站提供的信息详细程度合适	0（0%）	1（0.65%）	15（9.8%）	57（37.25%）	80（52.29%）
2.15 网站信息表述清楚简洁，容易理解	0（0%）	0（0%）	22（14.38%）	55（35.95%）	76（49.67%）
2.16 网站信息的编排符合逻辑，组织有序	0（0%）	1（0.65%）	24（15.69%）	64（41.83%）	64（41.83%）

第 3 题：旅行社网站服务互动（矩阵单选题）（见表 3–1–4）。

表 3–1–4 第 3 题

题目	很不重要	不重要	一般	较重要	很重要
3.1 网站的声誉好	0（0%）	0（0%）	11（7.19%）	44（28.76%）	98（64.05%）
3.2 网站能保证用户个人信息的安全	0（0%）	0（0%）	8（5.23%）	27（17.65%）	118（77.12%）
3.3 网站按照承诺提供旅游产品及服务	0（0%）	0（0%）	6（3.92%）	52（33.99%）	95（62.09%）
3.4 网站为用户提供个性化、定制化服务	0（0%）	0（0%）	23（15.03%）	59（38.56%）	71（46.41%）
3.5 提供用户与旅行社的在线交流平台	0（0%）	1（0.65%）	18（11.76%）	55（35.95%）	79（51.63%）
3.6 对用户的要求与问题进行快速有效的处理	0（0%）	1（0.65%）	9（5.88%）	48（31.37%）	95（62.09%）
3.7 提供用户与用户之间的在线交流平台	0（0%）	1（0.65%）	20（13.07%）	59（38.56%）	73（47.71%）
3.8 用户可以通过网站完成与旅行社的交易	0（0%）	0（0%）	12（7.84%）	55（35.95%）	86（56.21%）
3.9 网站提供的在线交易操作便捷灵活	0（0%）	1（0.65%）	11（7.19%）	62（40.52%）	79（51.63%）
3.10 网站能保证在线交易的安全性	0（0%）	0（0%）	10（6.54%）	32（20.92%）	111（72.55%）

第二部分：旅行社网站体验感知满意度评价。

第 4 题：您所访问的旅行社网站是（单选题）（见表 3-1-5）。

表 3-1-5　第 4 题

选项	小计	比例
佛山市中旅国际旅行社有限公司	26	16.99%
佛山国旅国际旅行社有限公司	27	17.65%
佛山市禅之旅国际旅行社有限公司	39	25.49%
佛山市南海中旅假日国际旅行社有限公司	25	16.34%
广东顺之旅国际旅行社有限公司	17	11.11%
佛山市口岸国际旅行社有限公司	19	12.42%
本题有效填写人次	153	

第 5 题：旅行社网站界面体验满意程度（矩阵单选题）（见表 3-1-6）。

表 3-1-6　第 5 题

题目	很不满意	不满意	一般	满意	很满意
5.1　能迅速地找到网站（如通过输入域名或名称搜索）	1（0.65%）	3（1.96%）	38（24.84%）	79（51.63%）	32（20.92%）
5.2　网站总是处于可访问状态	0（0%）	1（0.65%）	38（24.84%）	81（52.94%）	33（21.57%）
5.3　网站响应迅速，下载速度快	0（0%）	4（2.61%）	39（25.49%）	76（49.67%）	34（22.22%）
5.4　网站结构合理、导航明确，便于浏览	1（0.65%）	2（1.31%）	38（24.84%）	77（50.33%）	35（22.88%）
5.5　网站信息的检索功能强，便于查找信息	0（0%）	1（0.65%）	42（27.45%）	79（51.63%）	31（20.26%）
5.6　网站提供的链接内容丰富有效	1（0.65%）	2（1.31%）	49（32.03%）	75（49.02%）	26（16.99%）
5.7　网站的界面设计赏心悦目，具有吸引力	1（0.65%）	3（1.96%）	50（32.68%）	74（48.37%）	25（16.34%）
5.8　网站的设计独具一格、有创意	2（1.31%）	4（2.61%）	62（40.52%）	59（38.56%）	26（16.99%）
5.9　网站的形象与旅行社形象一致	0（0%）	2（1.31%）	34（22.22%）	87（56.86%）	30（19.61%）

第 6 题：旅行社网站信息介绍满意程度（矩阵单选题）（见表 3–1–7）。

表 3–1–7　第 6 题

题目	很不满意	不满意	一般	满意	很满意
6.1　旅行社简介	0（0%）	4（2.61%）	38（24.84%）	90（58.82%）	21（13.73%）
6.2　旅行社新闻动态	0（0%）	11（7.19%）	49（32.03%）	73（47.71%）	20（13.07%）
6.3　旅行社媒体报道	1(0.65%）	8（5.23%）	50（32.68%）	77（50.33%）	17（11.11%）
6.4　旅游线路介绍	1(0.65%）	2（1.31%）	32（20.92%）	82（53.59%）	36（23.53%）
6.5　酒店推荐	1(0.65%）	5（3.27%）	44（28.76%）	77（50.33%）	26（16.99%）
6.6　机票查询与推荐	1(0.65%）	7（4.58%）	41（26.8%）	72（47.06%）	32（20.92%）
6.7　旅游目的地介绍	1(0.65%）	1（0.65%）	37（24.18%）	83（54.25%）	31（20.26%）
6.8　旅游优惠介绍	1(0.65%）	3（1.96%）	55（35.95%）	59（38.56%）	35（22.88%）
6.9　签证服务介绍	1(0.65%）	2（1.31%）	44（28.76%）	72（47.06%）	34（22.22%）
6.10　旅游资讯	0（0%）	4（2.61%）	42（27.45%）	87（56.86%）	20（13.07%）
6.11　网站提供的信息准确无误、真实可靠	0（0%）	2（1.31%）	40（26.14%）	88（57.52%）	23（15.03%）
6.12　网站提供实时信息，如旅游产品的当前价格	1(0.65%）	1（0.65%）	48（31.37%）	75（49.02%）	28（18.3%）
6.13　网站提供的信息实用，正是用户所需要的	0（0%）	4（2.61%）	40（26.14%）	85（55.56%）	24（15.69%）
6.14　网站提供的信息详细程度合适	1(0.65%）	4（2.61%）	38（24.84%）	86（56.21%）	24（15.69%）
6.15　网站信息表述清楚简洁，容易理解	0（0%）	3（1.96%）	36（23.53%）	87（56.86%）	27（17.65%）

续上表

题目	很不满意	不满意	一般	满意	很满意
6.16　网站信息的编排符合逻辑，组织有序	0（0%）	1（0.65%）	45（29.41%）	87（56.86%）	20（13.07%）

第 7 题：旅行社网站服务互动满意程度（矩阵单选题）（见表 3–1–8）。

表 3–1–8　第 7 题

题目	很不满意	不满意	一般	满意	很满意
7.1　网站的声誉好	0（0%）	1（0.65%）	36（23.53%）	90（58.82%）	26（16.99%）
7.2　网站能保证用户个人信息的安全	0（0%）	0（0%）	28（18.3%）	91（59.48%）	34（22.22%）
7.3　网站按照承诺提供旅游产品及服务	0（0%）	2（1.31%）	40（26.14%）	82（53.59%）	29（18.95%）
7.4　网站为用户提供个性化、定制化服务	0（0%）	3（1.96%）	47（30.72%）	77（50.33%）	26（16.99%）
7.5　提供用户与旅行社的在线交流平台	0（0%）	1（0.65%）	46（30.07%）	79（51.63%）	27（17.65%）
7.6　对用户的要求与问题进行快速有效的处理	0（0%）	4（2.61%）	51（33.33%）	77（50.33%）	21（13.73%）
7.7　提供用户与用户之间的在线交流平台	0（0%）	3（1.96%）	44（28.76%）	77（50.33%）	29（18.95%）
7.8　用户可以通过网站完成与旅行社的交易	0（0%）	1（0.65%）	46（30.07%）	73（47.71%）	33（21.57%）
7.9　网站提供的在线交易操作便捷灵活	0（0%）	0（0%）	49（32.03%）	72（47.06%）	32（20.92%）
7.10　网站能保证在线交易的安全性	0（0%）	0（0%）	34（22.22%）	78（50.98%）	41（26.8%）

第 8 题：您对该旅行社网站的总体满意程度（单选题）（见表 3–1–9）。

表 3–1–9　第 8 题

选项	小计	比例
很不满意	1	0.65%

续上表

选项	小计	比例
不满意	2	1.31%
一般	33	21.57%
满意	105	68.63%
很满意	12	7.84%
本题有效填写人次	153	

第三部分：您的个人信息。

第 9 题：您的性别（单选题）（见表 3-1-10）。

表 3-1-10　第 9 题

选项	小计	比例
男	11	7.19%
女	142	92.81%
本题有效填写人次	153	

第 10 题：您的年龄段（单选题）（见表 3-1-11）。

表 3-1-11　第 10 题

选项	小计	比例
15 岁以下	0	0%
15 ~ 20 岁	134	87.58%
21 ~ 25 岁	19	12.42%
26 ~ 30 岁	0	0%
31 ~ 40 岁	0	0%
41 ~ 50 岁	0	0%
51 ~ 60 岁	0	0%
60 岁以上	0	0%
本题有效填写人次	153	

步骤 2：撰写调查报告

小科从问卷星中导出了数据报告，但数据不够清晰，因此，他运用 Excel 表格的分析处理功能以及插入图表功能对原始数据进行进一步分析处理，最后导出如下报告。

佛山市全国百强旅行社网站体验调查报告

1. 调查目的

为了解旅行社网站各项目的重要性程度，设计出满足游客需要的网站，更好地为游客提供服务。

2. 问卷设计

问卷设计的具体内容如图 3-1-6 至图 3-1-10 所示，包括旅行社网站重要性程度、旅行社网站体验感知评价、个人信息三个大方面，共包含 78 个问题。

3. 问卷调查实施

本次调查问卷的对象为曾经访问过佛山市百强旅行社的人员，数据采集方式以问卷星在线调查的方式进行，通过电脑、手机等方式发送网址或者问卷二维码给调查对象，调查对象在线填写，本次调查共收到 153 份样本数据。

4. 样本属性

这次调查问卷的对象从分类来看，女性明显多于男性，女性占比 92.81%，从年龄结构来看，15 ~ 20 岁占比 87.58%，21 ~ 25 岁占比 12.42%，调查对象的年龄集中在 15 ~ 25 岁的年轻人群，这也是将来旅行社网站的主要服务对象。

5. 调查数据分析

对旅行社网站调查数据进行处理，对很不重要、不重要、一般、重要、很重要分别赋值 1、2、3、4、5，从原始数据中的百分比进行加权平均计算各指标的重要性程度值，对很不满意、不满意、一般、满意、很满意也分别赋值 1、2、3、4、5，从原始数据中的百分比进行加权平均计算各指标的满意程度值，根据这些值进行分析。

（1）旅行社网站重要性程度。

①旅行社网站外观界面重要程度。

旅行社网站的外观界面主要从九个方面进行分析，由图 3-1-6 可以看出这九项的得

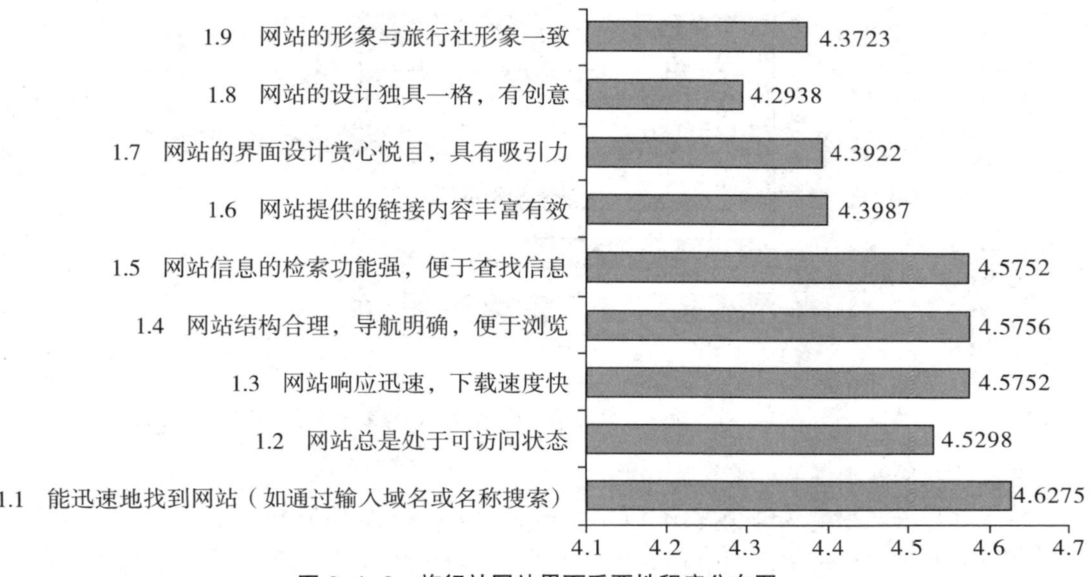

图 3-1-6　旅行社网站界面重要性程度分布图

分值都在 4 ~ 5 的范围区间内，说明这几项都处于重要与很重要之间，其中“能迅速找到网站”得分最高，接下来依次是“网站结构合理，导航明确，便于浏览”，“网站响应迅速，下载速度快”，“网站信息的检索功能强，便于查找信息”，“网站总是处于可访问状态”，“网站的外观设计赏心悦目，具有吸引力”，等等。

②旅行社网站信息介绍重要性程度。

旅行社网站信息介绍主要从 16 个方面进行分析，从图 3-1-7 可以看出各项的重要性程度都在 4 ~ 5 的范围区间内，即都处于重要与很重要之间。其中最高分的项目为“网站提供的信息准确无误、真实可靠”，接下来的项目分别是“网站提供实时信息，如旅游产品的当前价格”，“旅游目的地介绍”，“旅游线路介绍”，等等。

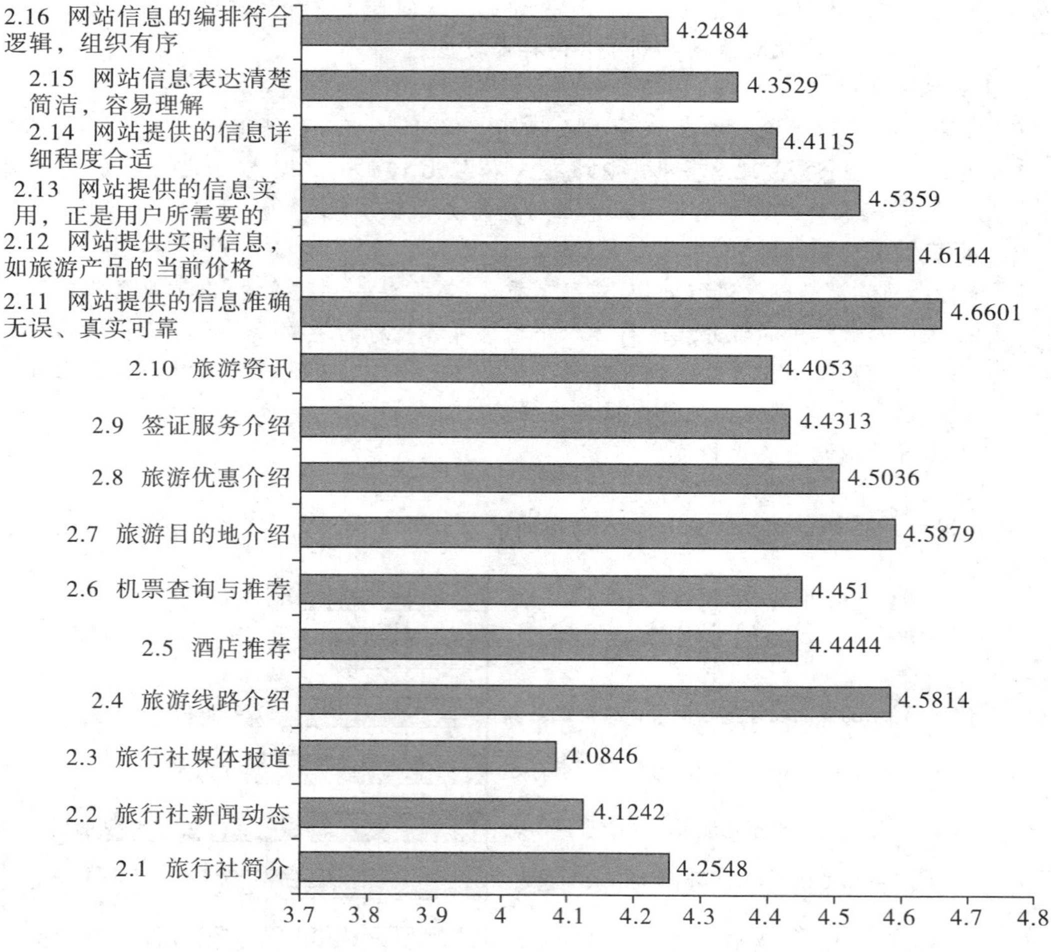

图 3-1-7 旅行社网站信息介绍重要性程度分布图

③旅行社网站服务互动重要性程度。

旅行社网站互动重要性程度从 10 个分项进行分析，由图 3-1-8 可以看出，所有项目得分都在 4 ~ 5 的范围区间内，其中“网站能保证用户个人信息的安全”得分最高，

接下来依次是“网站能保证在线交易的安全性”，“网站按照承诺提供旅游产品及服务”，“网站的声誉好”，“对用户的要求与问题进行快速有效的处理”，等等。

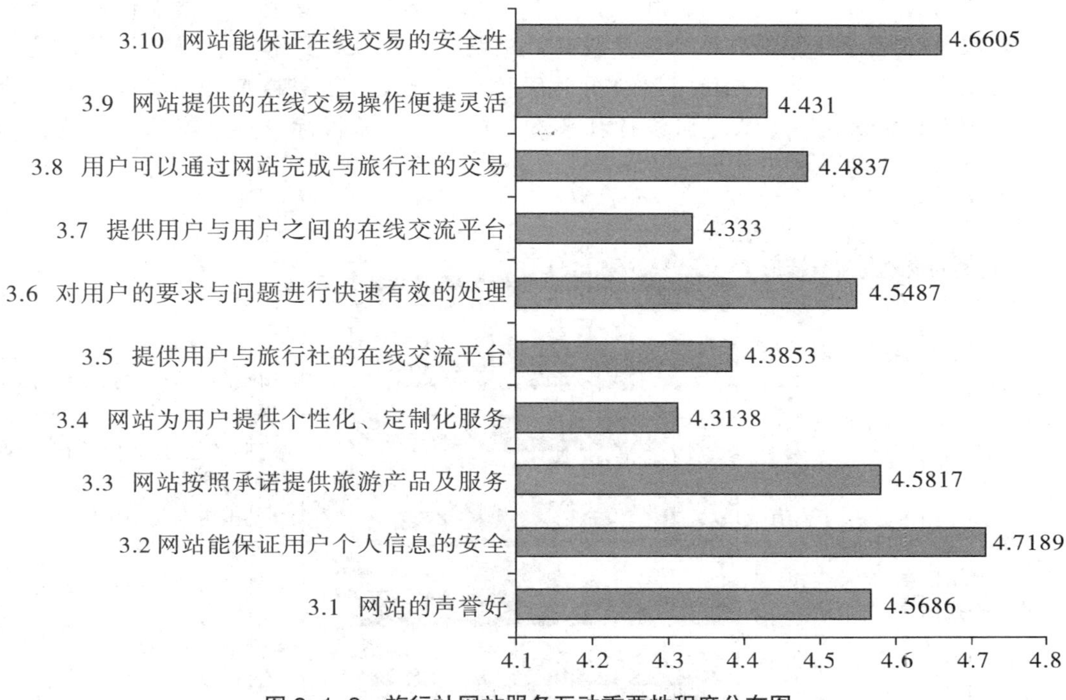

图 3-1-8　旅行社网站服务互动重要性程度分布图

（2）旅行社网站体验感知满意度评价。

①百强旅行社网站体验情况。

本次选取了 2013 年佛山市百强旅行社为对象进行调查，从调查数据来看，对各旅行社网站的体验数量如表 3-1-12 所示，其中佛山市禅之旅国际旅行社有限公司样本数据最多，为 39 份。

表 3-1-12　佛山市百强旅行社网站体验情况一览表

选项	小计 / 份
佛山市中旅国际旅行社有限公司	26
佛山国旅国际旅行社有限公司	27
佛山市禅之旅国际旅行社有限公司	39
佛山市南海中旅假日国际旅行社有限公司	25
广东顺之旅国际旅行社有限公司	17
佛山市口岸国际旅行社有限公司	19
本题有效填写人次	153

②旅行社网站界面体验满意程度。

从本次体验的结果来看（见图 3–1–9），旅行社网站界面九个方面的总体情况大多数得分值位于 3 ~ 4 区间内，处于“一般”与“较满意”之间，满意度最高的是广东顺之旅国际旅行社有限公司的网站提供的链接丰富有效这一指标，满意度最低是佛山市南海中旅假日国际旅行社有限公司的网站响应速度，下载速度这一指标满意度为 2.04，处于不满意状态。从不同旅行社来看，广东顺之旅国际旅行社有限公司各指标的满意度都比较高。

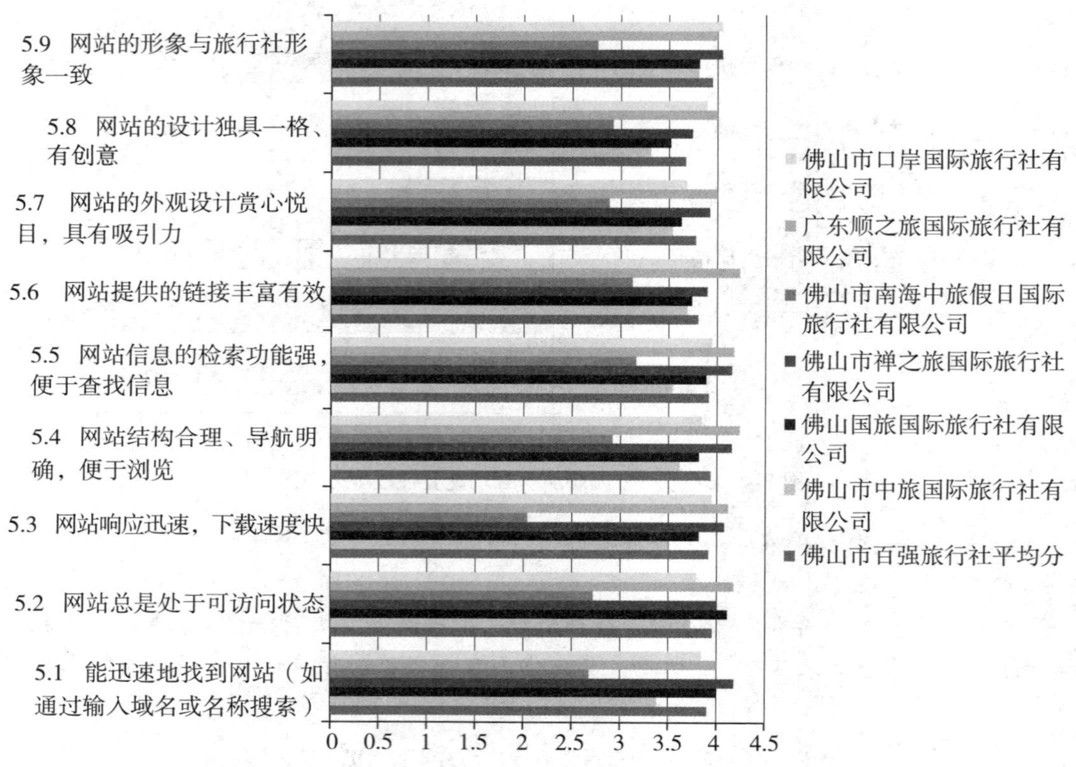

图 3–1–9 佛山市百强旅行社网站界面体验满意程度分布图

③旅行社网站信息介绍满意程度。

旅行社网站信息介绍主要从 16 个方面进行分析（见图 3–1–10），佛山市百强旅行社各指标的得分大多数在 3 ~ 4 之间，只有少数超过 4 分或低于 2 分，说明佛山市百强旅行社总体满意程度一般。在指标“6.1 旅行社简介”和“6.13 网站提供的信息实用，正是用户所需要的”这 2 个指标中，以佛山市禅之旅国际旅行社有限公司得分最高，指标 6.2 ~ 6.11，以及 6.14、6.15 这 12 个指标都是广东顺之旅国际旅行社有限公司得分最高，指标“6.12 网站提供实时信息，如旅游产品的当前价格”以佛山市口岸国际旅行社有限公司得分最高。

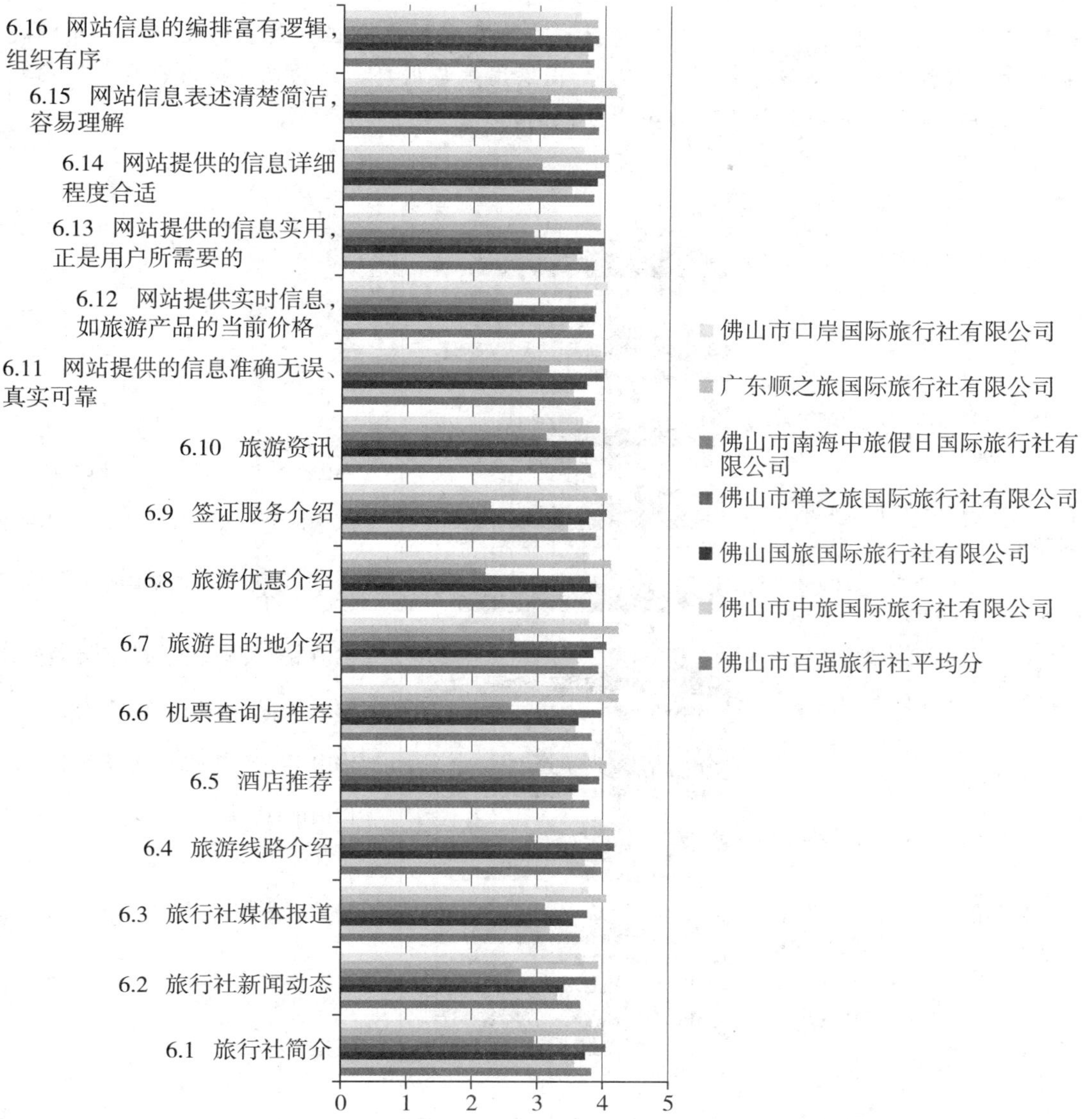

6.16　网站信息的编排富有逻辑，组织有序
6.15　网站信息表述清楚简洁，容易理解
6.14　网站提供的信息详细程度合适
6.13　网站提供的信息实用，正是用户所需要的
6.12　网站提供实时信息，如旅游产品的当前价格
6.11　网站提供的信息准确无误、真实可靠
6.10　旅游资讯
6.9　签证服务介绍
6.8　旅游优惠介绍
6.7　旅游目的地介绍
6.6　机票查询与推荐
6.5　酒店推荐
6.4　旅游线路介绍
6.3　旅行社媒体报道
6.2　旅行社新闻动态
6.1　旅行社简介
0　1　2　3　4　5

佛山市口岸国际旅行社有限公司
广东顺之旅国际旅行社有限公司
佛山市南海中旅假日国际旅行社有限公司
佛山市禅之旅国际旅行社有限公司
佛山国旅国际旅行社有限公司
佛山市中旅国际旅行社有限公司
佛山市百强旅行社平均分

图 3-1-10　佛山市百强旅行社网站信息介绍满意程度分布图

④旅行社网站服务互动满意程度。

旅行社网站服务互动满意程度主要从 10 个方面进行分析（见图 3-1-11），总体来看大多数指标得分在 3 ~ 4 之间，只有少数指标值大于 4 分，说明总体满意度处于“一般”到“满意”之间。从指标来看，“7.1　网站的声誉好”，“7.8　用户可以通过网站完成与旅行社的交易”，“7.9　网站提供的在线交易操作便捷灵活”这 3 项指标以佛山市禅之旅国际旅行社有限公司得分最高，“7.2　网站能保证用户个人信息的安全”，“7.3　网站按照承诺提供旅游产品及服务”，“7.4　网站为用户提供个性化、定制化

服务”，“7.5 提供用户与旅行社的在线交流平台”，“7.6 对用户的要求与问题进行快速有效的处理”，“7.10 网站能保证在线交易的安全性”这6个指标以广东顺之旅国际旅行社有限公司得分最高，“7.7 提供用户与用户之间的在线交流平台”这项指标以佛山市口岸国际旅行社有限公司得分最高。

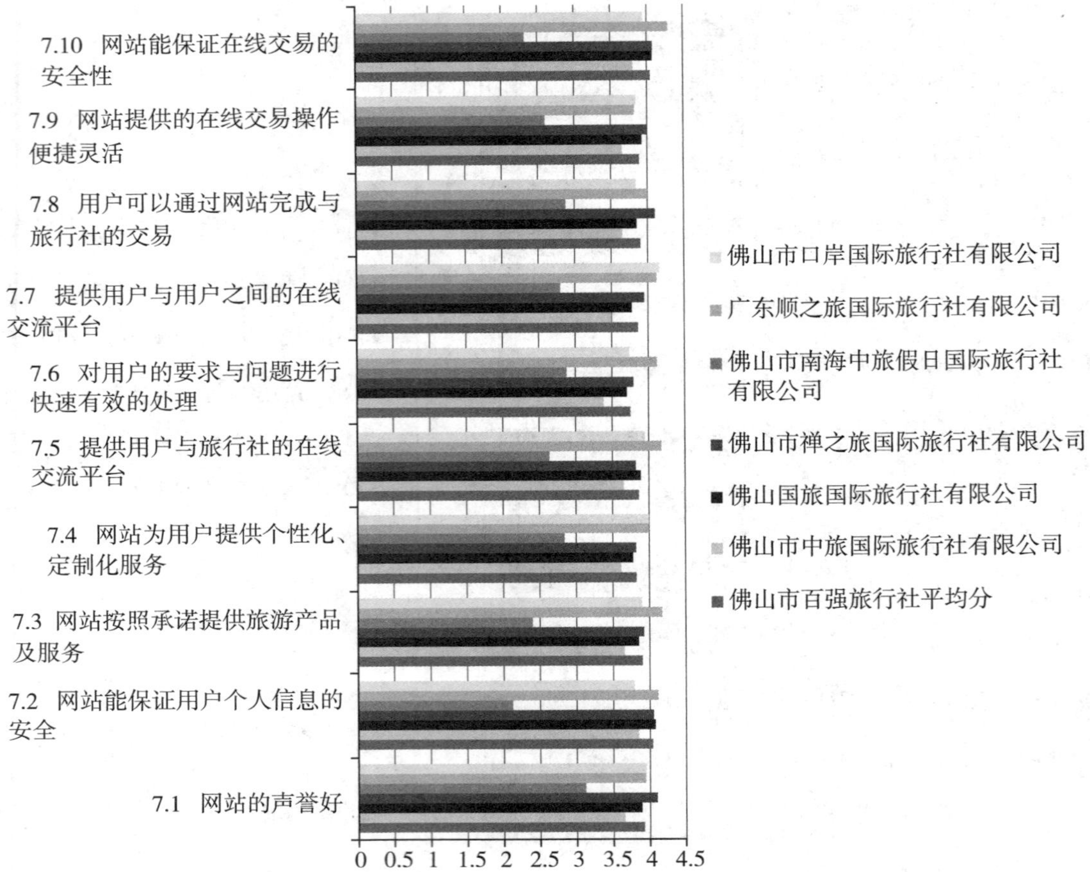

图 3-1-11 佛山市百强旅行社网站服务互动满意程度分布图

⑤佛山市百强旅行社总体满意度。

从被访对象对佛山市百强旅行社网站总体满意度情况来看（见图 1-3-12），平均值为 3.817 分，介于一般与满意之间，满意度最高的旅行社是广东顺之旅国际旅行社有限公司，其次是佛山国旅国际旅行社有限公司与佛山市禅之旅国际旅行社有限公司。

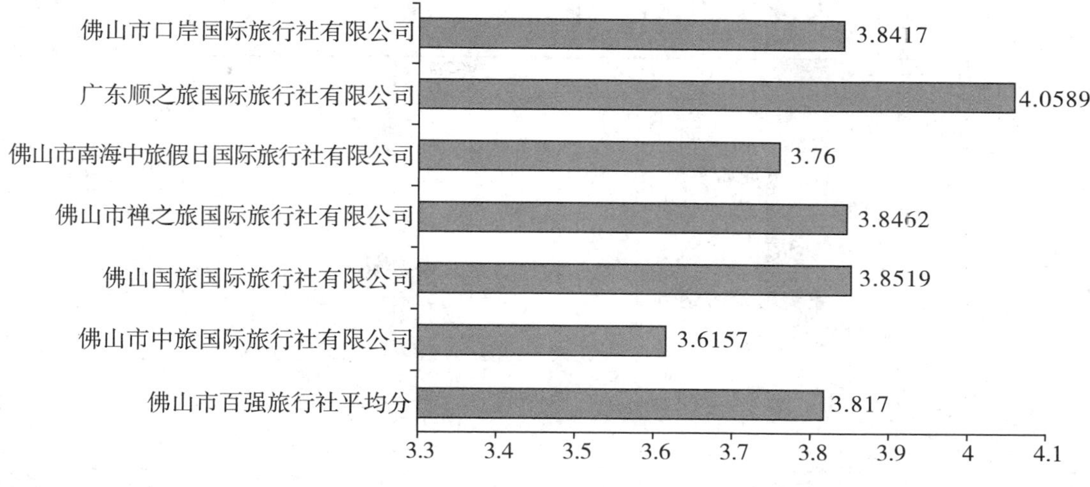

图 3-1-12　佛山市百强旅行社体验总体满意度分布图

6. 总结

从这次调查结果来看，网站评价可以从多角度进行，这次是以游客使用的角度进行评价，建设的网站最终目的是为了宣传产品，促进交易，网站效果如何，关键在于游客使用网站是否方便、实用，有足够多的信息量可以吸引游客，现在游客逐步关注网站内容的交流互动及网上交易等内容。网站最终的目的是能够为企业带来游客，创造利润，从佛山市 6 个百强旅行社网站体验结果来看，总体效果不错，各有优劣。

学习评价

请根据你在本任务实施过程中的实际操作情况，完成评价表（表 3-1-13）的相关内容。

表 3-1-13　评价表

评价项目	评价依据	优秀	良好	中等	及格	继续努力
任务准备	对旅行社网站的基本结构是否了解					
学习活动 1	是否阅读相关文献，了解如何评价旅行社网站					
学习活动 2	是否知道根据什么指标选取优秀旅行社网站					
学习活动 3	是否能够根据旅行社网站评价指标体系，创建调查问卷					

续上表

评价项目	评价依据	优秀	良好	中等	及格	继续努力
学习活动 4	是否能够根据调查问卷获取的原始数据，撰写调查报告，是否将数据图表化					
任务效果	任务实施是否达到预期目的					
问题与感想						
任务综合评价						

知识链接

1. 旅行社网站

旅行社网站是指旅行社企业自己建的网站，以网站为载体通过互联网宣传和推广机票、酒店和旅行路线等与旅行相关的信息，来满足消费者食、宿、行、游、购、娱等需求，达到拓展市场、扩大销售的目标，并实现内部的电子化管理的一个集发布旅游信息、提供相关旅游服务于一体的网络载体。

2. 旅行社网站评价基本标准

旅行社网站评价基本标准为：①快速的访问速度；②游客能否得到所需要的信息；③游客需要的产品服务能否立刻预订成功，并且得到旅行社最及时的服务；④网站后台配备完善且功能强大的旅行社管理系统，全球网站信息的及时更新和客户的维护；⑤线路展示页面详细、全面的线路产品介绍，让游客一目了然；⑥网站页面美观，颜色运用大方悦目，版面排列能突出重点，方便游客查询资料。

3. 旅行社网站功能

一个完善的旅行社网站应具备以下七个方面的功能：①树立品牌形象；②旅游产品展示，可利用一维实景、电子地图、视频播放等多媒体手段从视觉、听觉等多方面尽可能周全地展示旅游产品；③信息发布与检索；④咨询和指导，可以通过留言板、论坛、电子刊物等为旅游者提供各种在线服务和帮助信息；⑤网上调查，旅行社可以通过网站的在线调查表、论坛和电子邮件的方式获得旅游者的反馈信息，用于企业品牌形象调查、消费者行为调查、旅游产品调查、旅游服务满意度调查等；⑥网上联盟，为了获得更好的网站推广效果，旅行社可以与产品或服务互补的相关企业或目的地网站建立链接和实时合作关系；⑦网上交易，一个功能完备的旅游网站可以独立完成产品

预订、订单确认、网上支付等环节，为客户提供方便、快捷的旅游消费方式，还可以提供一些特色服务方式，如限时拍卖、会员折扣、比价服务、会员积分等，为旅游者提供更多的利益。

4. 旅行社网站基本模块

根据前面所述的旅行社电子商务网站功能，旅行社电子商务网站的公共模块一般包括旅行社前台与后台，具体情况如下：

（1）旅行社网站前台。

旅行社网站前台应以美观、大方的界面，直观、图文并茂的页面展示，以简单的操作让浏览者完成预订，并提供多种咨询和交流路径等，尽可能让浏览者都变成企业的客户，从而带来经济效益。

①旅行社简介，主要内容包括公司概况、历史与展望、组织架构、照片等内容，让浏览者对公司的总体情况有一个初步的了解。

②新闻中心，主要是发布行业新闻、热点新闻、公司动态等。

③景点介绍，主要介绍国内外的景点、行程，并配以精美的图片，让浏览者足不出户可以感受一个虚拟的“国内游”或“环球旅游”。

④线路预订，使用数据库开发实现，每条数据包括线路名称、报名起止时间、报价、线路专集、图片专集，浏览者在网上挑选了合适的线路就可以在网上直接报名。

⑤酒店预订、票务预订，提供酒店、票务信息的查询、订单填写、确认、提交功能。

⑥客户服务，一般设有导游中心、旅游用车租赁、风土人情、签证服务、商务会议等。

⑦友情链接，是链接和公司业务相关的上下游企业的网址，浏览者通过公司的网站就可以进入其他公司的网站。

⑧信息反馈，提供一个与客户交流的平台，栏目分为客户投诉和客户建议。

⑨会员中心，实现会员的登录与注册功能，客户要选择网上定制线路，必须注册成为网站的会员，才能完成线路的选择、支付等操作，进而确保交易的真实性。

⑩内部网入口，在网页上提供一家公司内部网的入口，公司员工可以通过相应的用户名和密码进入公司内部管理系统。

⑪在线支付，借助银行的电子商务服务功能，提供在线即时支付服务。

⑫网站站内短信，是客户和旅行社网站管理员即时沟通的有效工具。

⑬导游风采，以图片、文字介绍旅行社的导游形象和资历。

⑭在线拼团，旅行社提供设计的线路和服务，客户可自由组团。

⑮在线线路设计，旅行社提供目的地信息（视频、图片、文字描述），游客自行选择景点和服务，然后双方谈价，在线签订旅游服务合同。

⑯在线人才招聘。

以上模块是当前一家旅行社开展一般电子商务活动所涉及的内容，各家企业可根据自身的定位而有所不同。

（2）旅行社网站的后台。

旅行社电子商务网站应有强大的功能、清晰的结构、简化的界面，并方便操作管理。

①系统管理，系统管理员可以新增管理员及修改管理员密码，分配给负责人事管理、财务管理的管理员相应的操作权限；数据库备份，为保证数据安全，系统采用了数据库功能；上传文件管理，管理产品图片及其他文件上传。

②企业信息，可设置修改企业的各类信息及介绍。

③产品管理，产品类别新增修改管理，产品添加修改以及产品的审核等。

④订单管理，查看订单的详细信息及订单处理，其中包括旅游线路订单、票务预订订单和酒店预订订单等。

⑤会员管理，查看、修改、删除会员资料，及锁定、解锁功能。

⑥新闻管理，发布、修改企业新闻和业内资讯。

⑦信息管理，管理信息反馈及注册会员的留言，注册会员的留言可在线回复，未注册会员可使用在线发信功能给予答复。

⑧人事管理，发布、修改招聘信息，维护人才策略栏目，应聘管理。

⑨财务管理，处理各种财务信息和数据，如团队收入、支出、结算以及发票管理等。

⑩友情链接，新增、修改友情链接。

网站的后台管理模块集合了企业内部业务流程和前台业务操作，它们是旅行社实施高效电子商务活动的重要支撑点。

任务 3-2　撰写旅行社官方网站搜索引擎优化分析报告

任务引入

小科通过对佛山市百强旅行社的网站进行体验调查分析，了解旅行社网站的主要内容与游客的偏好，接下来他想了解：这个网站实际效果到底怎么样？有多少客人访问过网站，也就是网站流量怎么样？这些流量是否能够转化，达到直接销售或品牌建设的目的？于是小科接下来要分析公司竞争对手或者优秀旅行社网站的搜索引擎，并撰写其优化情况分析报告。

任务准备

开展旅行社网站的搜索引擎优化分析，需要了解搜索引擎优化的相关知识，掌握常见术语与常见的网站分析工具。

任务实施

学习活动 1　选取旅行社官方网站

小科在对佛山市百强旅行社进行分析之后发现，广东顺之旅国际旅行社有限公司、

佛山市禅之旅国际旅行社有限公司的网站都做得很好，根据他自己的个人喜好，最后想更深入分析佛山市禅之旅国际旅行社有限公司的网站。因此，他通过百度找到该网站，进入首页，如图 3–2–1 所示，网站内容非常丰富，网页最上面的横幅是公司标志、基本情况介绍以及一些常用信息。导航栏分为国内旅游、出境旅游、省内旅游、港澳台游、自由行、签证服务、禅旅客运、票务分公司、商务会展、公司简介共 10 个栏目，页面下半部分是线路搜索、旅游线路产品展示等内容。

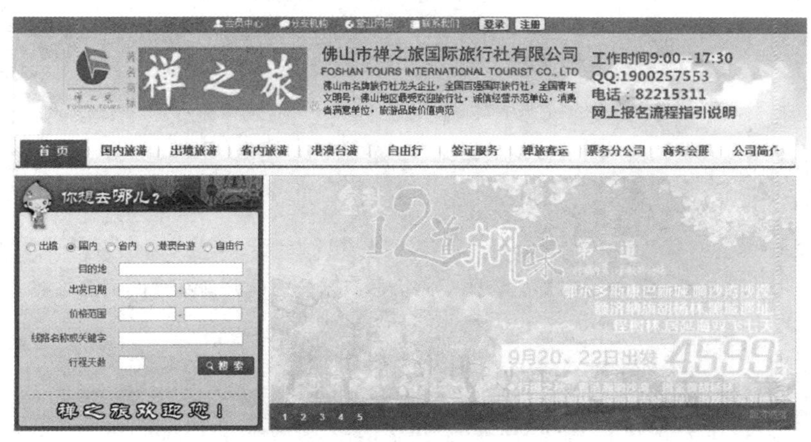

图 3–2–1　佛山市禅之旅国际旅行社有限公司网站首页

学习活动 2　运用 Alexa.cn 查询网站数据

小科听说网站 Alexa.cn 可以查询一个网站的基本信息，比如说网站的主办单位、IP 地址、服务器、网站网页类型等，于是他在浏览器中输入 http://www.alexa.cn/，进入页面，在最上面的框内输入 fstour.com.cn，就可以查询到相关信息，如图 3–2–2 所示。

图 3–2–2　佛山市禅之旅国际旅行社有限公司 Alexa.cn 网站信息查询页面

在图 3-2-2 中，点击备案查询结果右侧的【查询最新数据】进入如图 3-2-3 所示界面，就能查看备案查询的详细信息。

主办单位名称	佛山市禅之旅国际旅行社有限公司
主办单位性质	企业
网站备案/许可证号	粤ICP备12007823号-1
网站名称	佛山市禅之旅国际旅行社有限公司网站
网站首页网址	www.fstour.com.cn
审核时间	2012-02-17
快捷查询	ICP备案查询 | Whois域名信息查询 | ALEXA网站排名 | PR查询 | 域名备案查询

图 3-2-3　佛山市禅之旅国际旅行社有限公司网站备案查询页面

学习活动 3　运用站长工具查询网站数据

小科听说站长工具（http://tool.chinaz.com）可以查询某个网站的许多信息，因此他进入站长工具的首页，点击【SEO 综合查询】，输入网站地址 fstour.com.cn，点击【查询】，就能查询到该网站的一些基本信息（如图 3-2-4 所示），有一些信息与在 Alexa.cn 中查询到的结果相同，但比在 Alexa.cn 中能查询到的条目多很多。小科还根据自己的需要进行了其他类型的查询。

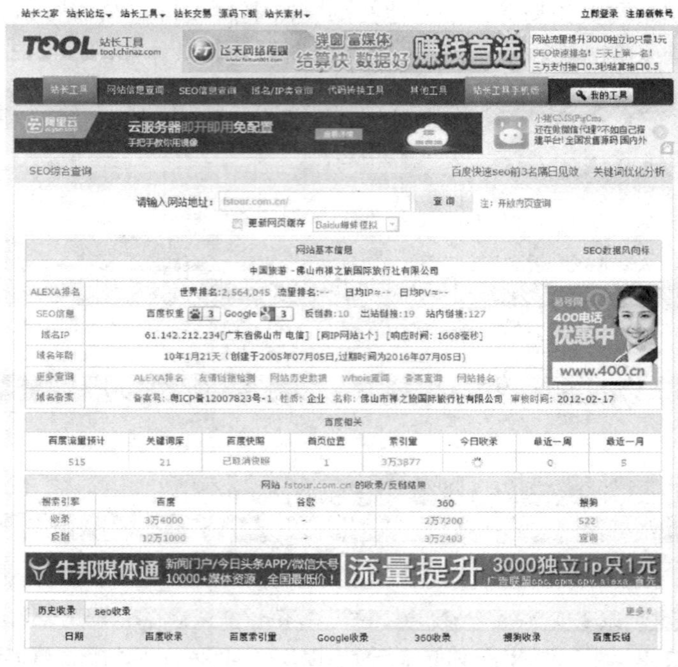

图 3-2-4　运用站长工具查询佛山市禅之旅国际旅行社有限公司网站情况

学习活动 4　撰写旅行社官方网站搜索引擎优化分析报告

小科运用 Alexa.cn 和站长工具查询到了佛山市禅之旅国际旅行社有限公司网站的一些相关信息，但这些信息比较杂乱，于是他想撰写一份搜索引擎优化分析报告，将相关的有用信息进行整理。

佛山市禅之旅国际旅行社有限公司搜索引擎优化分析报告

1. 网站基本信息

（1）网站 fstour.com.cn 的备案查询结果。

①网站名称：佛山市禅之旅国际旅行社有限公司网站。

②官方网站网址：http://www.fstour.com.cn。

③主办单位名称：佛山市禅之旅国际旅行社有限公司。

④主办单位性质：企业。

⑤网站备案 / 许可证号：粤 ICP 备 12007823 号 -1。

⑥审核时间：2012-02-17。

（2）站点 fstour.com.cn 的服务器信息。

① Google PR 值：3。

②服务器 IP：61.142.212.234。

③ IP 所在地：广东省佛山市。

④服务器类型： Apache-Coyote/1.1。

⑤协议类型：HTTP/1.1 200 OK。

⑥页面类型：Content-Type: text/html; charset。

（3）站点 fstour.com.cn 的全球网站排名查询结果。

世界排名为 2 564 045，运用 Alexa.cn 查询不到（见图 3-2-5），但运用站长工具可查到 ALEXA 排名中的世界排名为 2 564 045（见图 3-2-4）。

站点 fstour.com.cn 的全球网站排名查询结果							
当日排名	排名变化趋势	一周平均排名	排名变化趋势	一月平均排名	排名变化趋势	三月平均排名	排名变化趋势

图 3-2-5　佛山市禅之旅国际旅行社有限公司网站排名查询结果页面（Alexa.cn 查询）

（4）网站 fstour.com.cn IP & PV 值。

IP&PV 值查询：从查询结果来看，日均 IP（周平均）、日均 PV（周平均）、日均 IP（月平均）、日均 IP（三月平均）、日均 PV（三月平均）的值都查不到（见图 3-2-6）。

网站 fstour.com.cn IP & PV 值，以下数据为估算值，非精确统计，仅供参考					
日均 IP [周平均]	日均 PV [周平均]	日均 IP [月平均]	日均 PV [月平均]	日均 IP [三月平均]	日均 PV [三月平均]

图 3-2-6　佛山市禅之旅国际旅行社有限公司网站 IP&PV 值查询

（5）站点 fstour.com.cn 的下属子站点的访问比例、页面访问比例、人均页面浏览量。

站点的访问比例、页面访问比例、人均页面浏览量：从查询结果来看，各项的内容为空（见图 3–2–7）。

站点fstour.com.cn的下属子站点的访问比例、页面访问比例、人均页面浏览量			
被访问网址	近月网站访问比例	近月页面访问比例	人均页面浏览量

图 3–2–7　佛山市禅之旅国际旅行社有限公司网站下属子站点的访问比例页面

（6）网站日平均 Alexa 排名走势图。

网站日平均 Alexa 排名走势图：从查询结果来看，排名在 100 000 以上的找不到，没有相关数据，图 3–2–8 显示的是六个月平均排名曲线，还可查三个月、一个月、半个月、一星期的，查询结果都类似，只是图表区间有变化。

图 3–2–8　佛山市禅之旅国际旅行社有限公司网站六个月平均 Alexa 排名走势图

（7）域名 fstour.com.cn 的 Whois 查询信息（见图 3–2–9）。

①域名：fstour.com.cn。

②域名 ID：20050705s10011s15407030–cn。

③域名状态：clientUpdateProhibited（注册商禁止更新）。

④注册者 ID：4ty9tzwoc6k4g2。

⑤ Registrant（注册者）：佛山市禅之旅国际旅行社有限公司。

⑥ Registrant Contact Email（注册联系邮箱）：cswcxx@163.com。

⑦注册商：北京新网数码信息技术有限公司。

⑧ DNS 服务器：ns11.edong.com。

⑨ DNS 服务器：ns12.edong.com。

⑩ Registration Time（注册日期）：2005–07–05 17:20:41。

⑪ Expiration Time（过期时间）：2016–07–05 17:20:41。

⑫ DNSSEC（Domain Name System Security Extensions，域名系统安全扩展）：unsigned。

图 3-2-9　佛山市禅之旅国际旅行社有限公司网站 Whois 域名信息查询页面

（8）SEO 信息。

百度权重：3。反链数：10。出站链接：19。站内链接：127。

2. 网站 fstour.com.cn 的百度相关数据（见图 3-2-10）

百度相关							
百度流量预计	关键词库	百度快照	首页位置	索引量	今日收录	最近一周	最近一月
515	21	已取消快照	1	3万3 877		0	5

图 3-2-10　佛山市禅之旅国际旅行社有限公司网站百度相关数据页面

3. 网站 fstour.com.cn 的收录 / 反链结果（见图 3-2-11）

网站 fstour.com.cn 的收录/反链结果				
搜索引擎	百度	谷歌	360	搜狗
收录	3万4 000	-	2万7 200	522
反链	12万1 000	-	3万2 403	查询

图 3-2-11　佛山市禅之旅国际旅行社有限公司网站收录 / 反链结果页面

4. 网站 fstour.com.cn 的标题、关键词与描述情况

佛山市禅之旅国际旅行社有限公司网站的标题包含 21 个字符，为中国旅游—佛山市禅之旅国际旅行社有限公司；关键词 43 个，有安徽星之旅国际旅行社有限公司、安徽旅游、星之旅、国际旅行社、中国旅行社、旅游等；描述有 95 个字符，包含安徽星之旅国际旅行社有限公司、安徽省十强旅行社、安徽省旅行社协会会长单位等（见图 3-2-12）。

这些关键词预估带来的流量都为 0，在百度排名中这些关键词大多数都排名在 100 名以外（见图 3-2-13）。

标签	内容长度	内容	优化建议
标题（Title）	21 个字符	中国旅游 - 佛山市禅之旅国际旅行社有限公司	一般不超过80个字符
关键词（KeyWords）	43 个字符	安徽星之旅国际旅行社有限公司,安徽旅游，星之旅，国际旅行社,中国旅行社,旅游,中国旅游	一般不超过100个字符
描述（Description）	95 个字符	安徽星之旅国际旅行社有限公司（Anhui star brigades international travel service Co., LTD ）安徽省十强旅行社、安徽省旅行社协会会长单位	一般不超过200个字符

图 3-2-12　佛山市禅之旅国际旅行社有限公司网站标题、关键词与描述

关键词	PC指数	移动指数	360指数	百度排名[历史]	排名变化	预估带来流量(IP)
安徽星之旅国际旅行社有限公司	0	0	0	16	-	0
安徽旅游	518	595	232	100名以外	-	0
星之旅	0	0	0	100名以外	-	0
国际旅行社	197	240	85	36	-	0
中国旅行社	891	624	512	100名以外	-	0
旅游	13 404	7	4 499	100名以外	-	0
中国旅游	237	303	126	100名以外	-	0

图 3-2-13　佛山市禅之旅国际旅行社有限公司网站关键词排名情况

长尾关键词推荐中，列举了与所选关键词相关的大量长尾关键词，放入关键词中，充分利用标题、关键词、描述中规定的字符数，以提高网站的自然流量（见图 3-2-14）。

关键词排名　长尾词推荐　　+添加关键词

关键词	出现频率	2%≦密度≦8%	长尾相关	推荐关键词
安徽星之旅国际旅行社有限公司	2	1.1%	0	-
安徽旅游	1	0.2%	1 131	安徽旅游景点大全 安徽旅游攻略 安徽黄山旅游景点 安徽旅游景点
星之旅	3	0.4%	993	摘星之旅 北旅之星论坛 旅之星 七星之旅 摘星之旅粤语
国际旅行社	5	1.0%	8 907	中旅国际旅行社 南京国际旅行社 中国国际旅行社
中国旅行社	1	0.2%	3 489	中国青年旅行社 中国国际旅行社 中国旅行社官网
旅游	26	2.1%	406 848	途牛旅游网 青岛旅游攻略 厦门旅游攻略 同程旅游 杭州旅游攻略
中国旅游	3	0.5%	7 535	中国旅游景点排名 中国旅游地图 中国旅游网 中国旅游景点

图 3-2-14　佛山市禅之旅国际旅行社有限公司网站长尾关键词推荐

5. 总结

从统计结果来看，网站 fstour.com.cn 建站较早，域名创建于 2005 年 7 月 5 日，已经有 10 多年的时间，网站注册信息详细齐全，但网站排名不高，百度权重与 Google PR 值不高，网站流量不大，网站反链数才 10 个，网站很少与其他网站进行互换链接，开展网络营销活动。出站链接 19 个，网站上应设有多个友情链接，方便游客跳转。站内链接 127 个，网站内容还不是很丰富，页面较少。百度流量偏少，关键词库较少，最近一月才收录 5 条数据，网站更新不太及时。网站信息中没有充分利用标题、关键词、描述中的词语，以提高网站的自然流量，需要做关键词分析，选取合适的关键词。

学习评价

请根据你在本任务实施过程中的实际操作情况，完成评价表（表 3-2-1）的相关内容。

表 3-2-1　评价表

评价项目	评价依据	优秀	良好	中等	及格	继续努力
任务准备	是否了解搜索引擎优化的相关知识与站点分析工具					
学习活动 1	选取的旅行社官方网站是否具有一定的代表性					
学习活动 2	能否运用 Alexa.cn 查询网站相关数据					
学习活动 3	能否运用站长工具查询网站数据					
学习活动 4	是否掌握搜索引擎优化报告的基本框架、分析内容					
任务效果	任务实施是否达到预期目的					
问题与感想						
任务综合评价						

知识链接

1. 搜索引擎优化（SEO）

搜索引擎优化（Search Engine Optimization，SEO）是指在了解搜索引擎自然排名机制的基础上，对网站进行内部及外部的调整优化，改进网站在搜索引擎中关键词的自然排名，获得更多的展现量，吸引更多目标客户点击访问网站，从而达到网络营销及品牌建设的目的。搜索引擎检索原则是不断更改的，检索原则的更改会直接导致网站关键字在搜索引擎上排名的变化，所以搜索引擎优化并非一劳永逸。

2. Alexa

Alexa（www.alexa.com）是一家专门发布网站世界排名的网站，是当前拥有 URL 数量最庞大、排名信息发布最详尽的网站，以搜索引擎起家的 Alexa 创建于 1996 年 4 月，目的是让互联网网友在分享虚拟世界资源的同时，更多地参与互联网资源的组织。

3. Alexa 网站排名

Alexa 的网站世界排名主要分两种：综合排名和分类排名。综合排名也叫绝对排名，即特定的一个网站在所有网站中的名次。Alexa 每三个月公布一次新的网站综合排名。此排名的依据是用户链接数（users reach）和页面浏览数（page views）三个月累积的几何平均值。

4. Google PR 值

PR 值，即 PageRank，网页的级别技术，取自 Google 的创始人 Larry Page，是 Google 排名运算法则（排名公式）的一部分，是 Google 用于标识网页的等级、重要性的一种方法，是 Google 用来衡量一个网站好坏的重要标准之一。在糅合了诸如 Title 标志和 Keywords 标志等所有其他因素之后，Google 通过 PageRank 来调整结果，使那些更具“等级 / 重要性”的网页在搜索结果中令网站排名获得提升，从而提高搜索结果的相关性和质量。级别从 0 到 10，10 级为满分。PR 值越高说明该网页越受欢迎（越重要）。例如：一个 PR 值为 1 的网站表明这个网站不太具有流行度，而 PR 值为 7 ~ 10 则表明这个网站非常受欢迎（或者说极其重要）。一般 PR 值达到 4，就算是一个不错的网站了。Google 把自己的网站的 PR 值定到 9，这说明 Google 这个网站是非常受欢迎的，也可以说这个网站非常重要。

5. PV

PV（page view）即页面浏览量或点击量，通常是衡量一个网络新闻频道或网站，甚至一条网络新闻的主要指标。高手对 PV 的解释是，一个访问者在 24 小时（0 ~ 24 点）内到底看了你网站几个页面。需要注意的是：同一个人浏览你网站同一个页面，不重复计算 PV 量。PV 就是一个访问者打开了你网站的几个页面。

6. UV

UV（unique visitor），指访问某个站点或点击某条新闻的不同 IP 地址的人数。在同一天内，UV 只记录第一次进入网站的具有独立 IP 的访问者，在同一天内再次访问该网站则不计数。独立 IP 访问者提供了一定时间内不同观众数量的统计指标，而没有反映出网站的全面活动。

7. 百度权重

百度权重是爱站、站长工具等网站推出的针对网站关键词排名预计给网站带来的流量，划分等级 0 ~ 10 的第三方网站欢迎度评估数据。百度权重并不是像谷歌的 PR、搜狗的 SR、IBM hits 等那样的算法，是对网站的综合评级。百度权重只是针对关键词排名方面给网站带来的欢迎度进行评级。

8. 反链

在网站中反链就是反向链接，就是在目标文档内部进行声明。比如，假设有两个页面 A 和 B，B 页面通过一个链接指向 A 页面，那么，B 就是 A 的一个反链。一个网站的反链不仅仅包含友情链接，同时还包含本网站其他页面的链接。反链区别于友情链接的

地方在于，它是单向链向你站的文字链接或图片带有 ALT 文字的链接或其他能够让现有搜索技术搜索到的链接。

9. 反链数

反链数就是指从别的网站导入到某网站的链接数量。导入链接对于网站优化来说是非常重要的一个过程。导入链接的质量直接决定了某网站在搜索引擎中的权重。

10. 出站链接

出站链接就是向外的链接（outbound link），从你的网页链出去的超链接，链到互联网上的不同页面，可能链接到你的站点上，也可能不是。

11. 站内链接

站内链接也称内链，网站域名下的页面之间的互相链接，自己网站的内容链接到自己网站的内部页面，也称为站内链接。

12. 网站关键词

网站关键词就是一个网站给首页设定的以便用户通过搜索引擎搜到本网站的词汇，网站关键词代表了网站的市场定位。网站的关键词至关重要，如果关键词选择不当，会给网站带来灾难性的后果。

13. 长尾关键词

长尾关键词（long tail keyword）是指网站上非目标关键词但也可以带来搜索流量的关键词。长尾关键词的特征是比较长，往往由 2 ~ 3 个词组成，甚至是短语，存在于内容页面，除了内容页的标题，还存在于内容中。长尾关键词带来的客户，转化为网站产品客户的概率比目标关键词高很多，因为长尾词的目的性更强。存在大量长尾关键词的大中型网站，其带来的总流量非常大。例如，目标关键词是服装，其长尾关键词可以是男士服装、冬装、户外运动装等。长尾关键词的基本属性是：具有可延伸性，针对性强，范围广。

任务 3-3 设计旅行社官方网站规划方案

任务引入

小科分析评价了佛山市百强旅行社网站，对旅行社网站的基本功能、要求已经有所了解，佛山职业技术学院模拟旅行社（以下简称“佛职旅行社”）没有官方网站，公司正准备着手建设网站，领导希望小科与其团队能够撰写旅行社网站建设规划方案。

任务准备

撰写网站建设规划方案，首先要对网站建设规划方案应包含的内容有所了解，需要上网搜集相关资料，了解网站规划方案的基本要求。

任务实施

学习活动 1　搜集网站规划方案相关资料

小科与其团队接到新的工作任务，要求撰写旅行社网站建设规划方案，由于对这方面的内容接触得比较少，于是他赶紧组织团队搜集网站规划方案的相关资料，最好是能够找到有关旅行社网站的样本，这样至少有一个基本思路。通过阅读相关书籍、网站查阅资料，团队找到了一些可供参考的资料，如图 3–3–1 所示。

图 3–3–1　旅行社网站规划方案设计相关资料

阅读相关文章之后，团队成员理清了思路，撰写网站规划方案至少要从以下几个方面入手，主要提纲如下：

（1）旅行社的基本情况。

（2）旅行社网站的市场分析：包括旅行社建站目的、客户的需求、已有资源、要实现的主要功能、业务目标等。

（3）旅行社网站功能定位与主要内容：包括旅行社网站主要功能模块、主要页面及首页、栏目规划、导航的使用、互动性，旅行社网站的风格色调、标志与框架结构，旅行社网站网页布局（布局模式、主题、导航条、友情链接）。

（4）网页设计与制作相关的技术实现要求。

（5）网站推广。

（6）整体预算。

学习活动 2　开展企业调研活动

小科及其团队在整理好思路之后，就开始行动了，要根据所列提纲收集相应素材，必须深入公司各部门开展调研活动。他们咨询了公司主要负责人与各部门负责人，了解到佛职旅行社是隶属于旅游协会的一个机构，主要目的是给学生提供旅行社实践，与佛山市某家旅行社合作，帮忙招徕客人，也有一些学生自己策划旅游线路，交由旅行社进行业务操作，主要的服务对象为在校学生以及学校周边的乐平工业园区的部分企业员工。随着业务的不断发展，原手工操作很难满足需要，急需创建旅行社网站为客人提供更好的服务。领导对网站的要求是能通过网站展示旅游产品，游客（学生）可以通过网上下

订单进行在线交易，同时也要有游客在线互动的功能，网站要有微信平台的入口，网站以实用为主，要求尽快开通。团队组织成员开展头脑风暴等活动，逐步落实网站功能定位、栏目规划等内容。在网站规划方面有一些技术性较强的内容，团队需要咨询专门的网络公司了解市场行情，比如说服务器租赁、域名费用等。

学习活动 3　撰写旅行社网站规划方案

小科及其团队在前期开展调研、收集资料、集体讨论等一系列活动的基础上，进行旅行社网站规划方案文稿的撰写工作，经过一段时间的努力，团队完成了如下成果。

"佛职旅行社"官方网站规划方案

1. 旅行社基本情况

佛职旅行社是佛山职业技术学院（以下简称"佛职院"）旅游管理专业的校内旅行社生产性实训基地，也是一个模拟旅行社，该模拟旅行社与佛山市某旅行社合作，依托佛职院的优势资源，为在校学生与周边工业园企业员工提供各种旅游服务，包括组织旅游团队、票务、酒店预订等服务，主要业务是省内旅游。

2. 市场分析

随着互联网技术的发展以及"互联网 +"概念的提出，各行各业都在考虑如何拥抱互联网，旅游行业也不例外。旅游借助互联网，能够解决传统旅游业不能解决的适应游客行、吃、住、游、玩一体化的需求。

目前，一些实力雄厚的大型旅行社都建立了国际顶级域名的旅行社网站，如上海春秋国际旅行社通过自行研制开发电子商务网站，整合各种旅游资源，推出了多种特色旅游产品，做到了"散客天天发，一人也能游天下"，极大地提高了企业的效益。

一些中小旅行社也借助信息服务提供商的技术，建设了小型的宣传型旅游网站，开展网络营销活动，提高经济效益。

佛职旅行社是一个由一群大学生经营的年轻而又充满朝气的模拟旅行社，旅行社管理层对建设旅游电子商务网站非常重视，且公司上下对实施旅游电子商务网站充满了信心。旅行社建设网站的目的是宣传产品，实现旅游产品在线交易、游客在线交流。网站的服务对象以大学生为主，是一群相对比较活跃，对网络运用比较熟悉的用户。

佛职旅行社以学生实践为主，开通旅行社网站之后，也可以培养学生的网站运营能力与水平，在盈利方面主要是收取旅游线路、酒店、机票预订的代理费，收益中拿出部分用于旅行社网站运营。

在技术方面，学校本身就有电子商务网站开发经验非常丰富的教授、高级工程师等技术人员以及一批对网站感兴趣的电子信息系的学生。

因此，建立佛职旅行社网站在技术、管理和效益等方面都是可行的。

3. 功能定位和内容规划

（1）功能定位。

为了满足旅游市场的发展要求，探索旅游业务创新的模式，扩大销售渠道，寻求新的利润增长点，网站定位于有地方特色的、个性化的旅行社网站。

通过建立旅行社网站，旅行社将实现传统经营与现代化经营相结合，建立旅游管理信息系统；通过信息技术满足顾客对个性化产品的需要，提供优质的服务以实现旅游产品增值；通过信息化降低成本，增强模拟公司的竞争力。

（2）网站总体风格。

为方便校内外客户使用网站，网站的主页提供简体中文一个版本。网站设计风格结合网民的浏览习惯，功能上以大众化方式进行操作。

页面设计上采用以白色为主色调、以橙色为基调，突出网站的青春活泼性，可适当添加一些动态的按钮和小图标，优美协调的色彩可以给网站浏览者留下深刻的印象，以此来增加网站的访问量。网站标志、网站首页主题需表达准确，易于理解，内容明晰，分类清楚，重点突出，简明扼要。

（3）网站内容规划。

网站的主要栏目包括：国内游、省内游、自由行、酒店、门票、关于我们、内网入口等。栏目的布局如表 3-3-1 所示。

表 3-3-1　佛职旅行社网站首页布局一览表

<table>
<tr><td colspan="9">你好，请登录，加入会员</td></tr>
<tr><td>旅行社标志</td><td colspan="8">旅行社广告</td></tr>
<tr><td></td><td>首页</td><td>国内游</td><td>省内游</td><td>自由行</td><td>酒店</td><td>门票</td><td>关于我们</td><td>在线客服</td></tr>
<tr><td colspan="3">热点线路</td><td colspan="4">推荐线路（加图）</td><td colspan="2">优惠线路</td></tr>
<tr><td colspan="3">热点线路</td><td colspan="4"></td><td colspan="2">新闻资讯</td></tr>
<tr><td colspan="3"></td><td colspan="4"></td><td colspan="2"></td></tr>
<tr><td colspan="4">国内旅</td><td colspan="3">省内旅</td><td colspan="2">旅游攻略</td></tr>
<tr><td colspan="4"></td><td colspan="3"></td><td colspan="2">旅游常识</td></tr>
<tr><td colspan="9">联系我们</td></tr>
</table>

“关于我们”栏目下面包括二级栏目：公司简介、新闻中心、人才招聘、联系我们。

各栏目及时更新各种旅游信息，并将公司的特色服务信息放在首页，还有微信公众号等关注本站链接信息。

网站开设会员中心，开设在线提交订单与在线支付功能。

网站需要提供较完善的后台支持，包括网站系统管理、旅游产品维护、旅游产品订单管理、会员管理、新闻管理、友情链接、网站流量统计等功能。

4. 技术解决方案

鉴于模拟公司处在起步阶段，为节约成本，服务器采用学校提供的云平台服务器。为方便操作，服务器系统选择 Windows 系列产品。网站的开发人员主要是学校的计算机教师、工程师等技术人员，网站采用现今网络上流行的 CSS，Flash，JavaScript，WordPress，DotNet 等技术进行网站的动态页面设计。

5. 网站推广

从成本角度出发，优先考虑以下几种推广方案。

传单推广：印刷传单，在新生入校或学校开展集体活动时发放，在机场、商场等公共场所发放，在旅游时给游客发放，通过学生、学生家长、游客、市民进行推广。

网络推广：发动学生通过 QQ 群、校友录、微信等网络方式进行推广。

网站优化：优化网站代码、标题、关键字等，让页面在搜索引擎里尽量排得靠前。

竞价推广：暂时不利用百度竞价推广，公司承担不了推广费用。

6. 整体预算

实施佛职旅行社网站建设的主要开支包括：

网站开发费用：1.5 万（包括页面设计和代码开发），由于是请学校的教职人员进行开发，因此费用较低。

服务器租赁费：0 元，使用学校云服务器。

域名费用：每年 120 元。

网站维护网：包括内容和功能的更新、人员投入、网站推广等，每年 0.5 万元。

学习评价

请根据你在本任务实施过程中的实际操作情况，完成评价表（表 3-3-2）的相关内容。

表 3-3-2　评价表

评价项目	评价依据	优秀	良好	中等	及格	继续努力
任务准备	是否做好相关准备					
学习活动 1	能否顺利收集到相关的资料					
学习活动 2	企业调研活动开展是否顺利					
学习活动 3	网站规划方案撰写是否符合基本规范					
任务效果	任务实施是否达到预期目的					

续上表

评价项目	评价依据	优秀	良好	中等	及格	继续努力
问题与感想						
任务综合评价						

知识链接

1. 旅行社网站设计注意事项

建立一个旅行社网站好比写一篇关于旅行社的文章，提纲清晰，才能主题明确、层次明朗；也好比造楼，设计好框架图纸，方能使楼房结构合理。网站结构不清晰，目录庞杂，内容没有主题，会使浏览者看得糊涂，也会使得网站管理员在扩充、维护网站时遇到困难，网站或许会因此而荒废。所以，在动手制作网页前，一定要考虑好以下三个方面：①考虑旅行社网站的特征，确定栏目和板块；②确定网站的目录结构和链接结构；③确定旅行社网站的整体风格、创意设计。

2. 旅行社网站主题和名称注意事项

网站主题要有特色而且精巧，即定位要有旅行社特色，内容要精巧。如果想制作一个包含一切旅行社信息的站点，把所有你认为精彩的旅行社信息都放在网站上，结果往往会事与愿违，给人缺乏主题与特色的感觉。

3. 旅行社网站栏目安排注意事项

（1）要紧扣主题。通常的做法是将旅行社这个主题按一定的方法分类，并将分类作为主栏目。主栏目个数在总栏目中要占绝大多数，这样的旅行社网站主题突出，能给人留下深刻印象。

（2）设一个最近更新或旅行社指南栏目，这样可以方便常来的访客浏览，让网站更人性化。

（3）提供一个可以供管理员与用户交流的栏目，不需要很大，但一定要有，比如论坛、留言簿等。

（4）设一个下载的地方或常见旅行社问题栏目，特点是信息共享。当然，最后也要设好其他辅助内容，如关于本站、版权信息等，这些最好不放在主栏目里，以免冲淡旅行社这个主题。

（5）尽可能删除与旅行社无关的栏目。

（6）尽可能将网站最有价值的关于旅行社的内容列在栏目上。

（7）尽可能方便访问者的浏览和查询。

任务 3-4　设计旅行社官方网站首页

任务引入

小科与其团队在旅行社规划方案中已经全面规划好旅行社网站的栏目、导航链接结构和网站整体风格以及网站首页的示意图，接下来领导希望看到官方网站首页的效果图。

任务准备

要做出旅行社网站首页的效果图，首先要多看看优秀旅行社网站的首页，多学习，多思考，知道网站首页布局的主要形式及其案例。

任务实施

学习活动 1　了解旅游网站首页布局类型

小科团队了解到网站首页的布局大致分为“同”“匡”“回”“川”“吕”等多种字型，另外拐角型、标题正文型、左右对称型、上下框架型、综合框架型、封面型、Flash 型、变化型都是常用的网站首页布局类型。

（1）“同”字型结构。从整体布局上来看，该网页的格式像一个大的“同”字，如图 3-4-1 所示。该类型网页具有以下特点：页面的顶部为主导航条（主菜单），页面的左右两侧分别列出二级栏目或热点问题链接。采用这种页面版式时，需要注意页面色彩的整体搭配与协调。

图 3-4-1　“同”字型旅游网站首页

（2）“匡”字型结构。“匡”字型网页结构和“同”字型网页结构有些相似，其实就是将“同”字型网页结构布局逆时针旋转 90°，或者将“同”字型网页结构中右侧的布局内容取消所得到的一种结构布局，如图 3-4-2 所示。这种布局的首页最上面是标题及广告横幅，接下来的左侧是一窄列链接等，右侧是很宽的正文，下面是网站的一些辅助信息。这种布局克服了“同”字型网页结构中色彩难以搭配的缺陷，所列的信息量基本相同。

图 3-4-2 “匡”字型旅游网站首页

（3）“回”字型结构。所谓“回”字型网页结构，就是以“同”或“匡”字型网页结构为基础，在其页面的底部或右侧添加了一个内容区域（如广告名链接），使之形成一个较封闭的区间，这样设计的目的是能更充分地利用有限的页面空间，更大限度地增加主页的信息量，方便客户的访问，人为地缩短标题和正文之间的链接，使需要访问的信息比较直观。但是这种版式显得比较拥挤、四面封闭，如图 3-4-3 所示。

图 3-4-3 “回”字型旅游网站首页

（4）“川”字型结构。这种页面的结构布局比较特殊，将整个页面大致分成三列，主页的内容分布在这三列中。其优点是可以突出首页显示的内容，不足是当页面太长时，色彩不易协调，如图 3-4-4 所示。

图 3-4-4　“川”字型旅游网站首页

（5）“吕”字型结构。“吕”字型网页结构来源于上述几种结构，主要是将页面从上到下分成几个单独的模块。其实，这种结构布局也包含前几种布局风格，如图 3-4-5 所示。

图 3-4-5　“吕”字型旅游网站首页

（6）自由式结构布局。自由式结构布局相对而言就没有那么“安分守己”了，这种结构的随意性特别大，颠覆了从前以图文为主的表现形式，将图像、Flash 动画或者视频作为主体内容，其他的文字说明及栏目条均被分布到不显眼的位置，起装饰作用，如图 3-4-6 所示。

图 3-4-6 自由式结构网页布局

学习活动 2 构思旅行社网站首页

小科团队在学习参考常见旅游网站布局的基础上，开始着手思考佛职旅行社网站的布局，考虑到佛职旅行社网站针对的对象主要是大学生，旅游线路信息量并不是很丰富，因此他们团队准备参考自由式结构网页布局，设计一个相对艺术的网站。

首页的导航栏目包括首页、国内游、省内游、自由行、酒店、门票、关于我们、在线客服等。还需要有账号栏，包括账号、密码、登录、忘记密码、立即注册等。页面导航包括热门线路、优惠线路、新闻资讯、旅游攻略、旅游常识等。

学习活动 3 选择网站首页效果图制作方法

小科团队有了基本思路后，现在要着手制作首页效果图，效果图的制作有很多种方法，可以在纸上手工绘制，也可用平面图设计软件制作。

方法 1：手工绘制首页效果图

手工绘制效果图，一般效果不是很理想，但能够让领导知道网站的大概结构，如果有学艺术的同事，可能完成的效果较好，图 3-4-7 是某个手工绘制的网站首页。

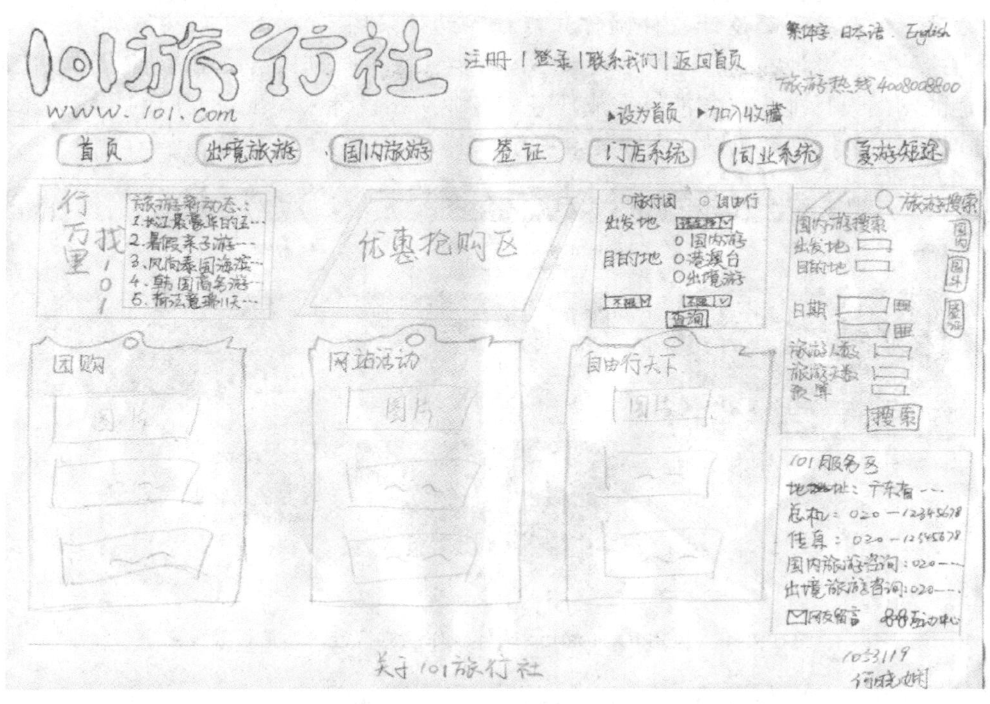

图 3-4-7　手工绘制旅行社网站效果图样例

方法 2：运用快速建站网站制作网站效果图

现在有一些建站网站比如说凡科建站网站、建站 ABC、腾讯风铃等，能够通过注册、选择网站模板，快速制作预览网站的效果图，这对于初学者来说比较容易，只要选中喜欢的模板，进行简单修改就可以完成，如图 3-4-8 所示。

图 3-4-8　运用快速建站网站设计的效果图样例

方法 3：运用平面设计软件制作旅行社网站效果图

用这种方法设计的旅行社网站效果图，需要具备较强的 Photoshop 软件操作技能以及有一定的网站设计能力，才能够完成任务。专业网站设计公司配备专门的美工，采取这种方式设计出的网站效果图如图 3-4-9 所示。

图 3-4-9　运用 Photoshop 软件制作的旅行社网站首页效果图

小科团队最终选择运用快速建站网站与 Potoshop 软件两种方法分别制作两个不同的网站首页效果图。

学习活动 4　运用快速建站网站制作旅行社网站效果图

小科团队分析凡科建站、建站 ABC、腾讯风铃以及百度云建站网站的特点，最终选择凡科快速建站网站制作网站效果图。

步骤 1：注册网站用户

小科团队通过百度，找到凡科建站网站的网址 http://jz.faisco.com，进入如图 3-4-10 所示凡科网站首页，点击【免费注册】，进入如图 3-4-11 所示注册页面。

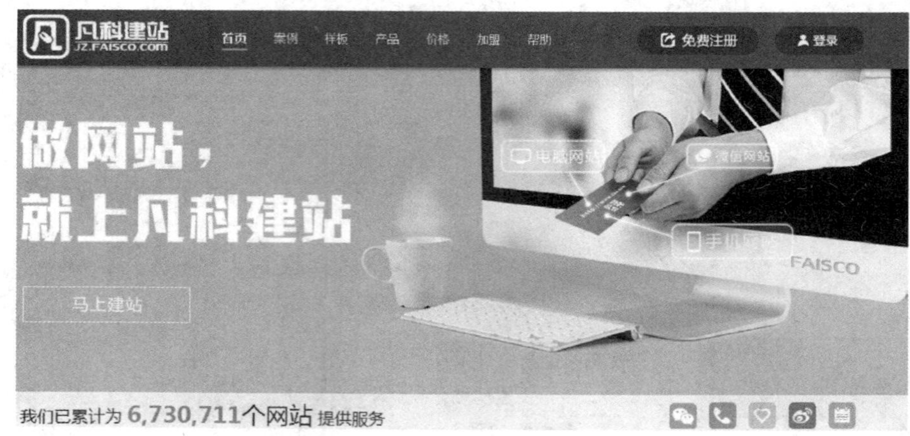

图 3-4-10　凡科建站网站首页

这一刻 重新定义网站建设

1次注册 = 电脑网站 + 手机网站 + 微信网站

凡科帐号： fzmnlxs1

您的免费网址： http://www.fzmnlxs1.icoc.cc

邮箱： 908293404@qq.com

密码： •••••••••••••

确认密码： •••••••••••••

网站用途： 企业/组织官网 推广产品 在线商城 发布信息 个人网站 其他

我同意"服务条款" 禁止私服、刷钻刷信誉、外挂、色情、QQ业务等违规网站。

免费注册　我已经注册，直接登录 »

图 3-4-11　凡科建站网站注册页面

步骤 2：选择网站模板

注册成功之后，页面会自动跳转到选取行业分类，如图 3-4-12 所示，小科团队选择【餐饮、酒店、旅游服务】，然后进入如图 3-4-13 所示页面，在该页面选择【旅游】，可看到旅游网站的常见模板。

行业分类
在线商城
猜你喜欢
最近使用

服装、饰品、个人护理
服装 饰品 鞋帽箱包 户外用品
美容护肤

五金、设备、工业制品
五金 门窗照明 汽车汽配 电子电工
机械设备 仪器器材 安防监控

化工、原材料、农畜牧
建筑建材 纺织辅料 化工涂料 橡胶塑料
环保回收 农业畜牧

数码、家具、家居百货
电脑 电器 手机数码 家私家具
家居家纺 日用百货

食品、茶饮、养生保健
蔬果 茶叶 酒类 食品饮料

礼品、玩具、小商品
礼品 文具 玩具乐器

婚庆、摄影、生活服务
鲜花 婚庆 摄影 宠物 装修

餐饮、酒店、旅游服务
餐饮 酒店 旅游

图 3-4-12　凡科建站行业分类页面

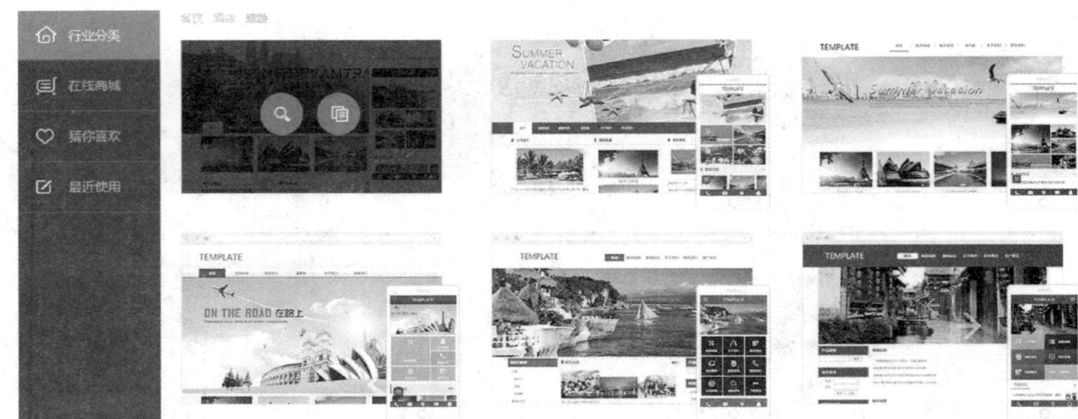

图 3-4-13　凡科建站具体行业类型页面

在图 3-4-13 所示界面，选择一个模板，点击该模板，然后点击【查看样板】，可以看到如图 3-4-14 所示样板。如果觉得可以，点击【复制样板】，就可初步搭建起网站。进入如图 3-4-15 所示页面后，可以在此页面对网站的基本内容进行修改。

图 3-4-14　凡科建站旅游网站样板

图 3-4-15　凡科建站旅游网站初始页面

步骤 3：修改网站标题、LOGO

在图 3-4-15 所示页面中点击【请编辑网站标题】，就会出现如图 3-4-16 所示界面，上面有【编辑标题】、【隐藏】，选择【编辑标题】，进入如图 3-4-17 所示界面，在页面中输入“佛职模拟旅行社”，网站会自动更新相关内容，用同样方法可以修改“副标题”。

图 3-4-16　网站标题页面

图 3-4-17　修改网站标题

在图 3-4-17 所示页面中点击【LOGO】进入如图 3-4-18 所示页面中，点击【添加图片】，选中准备好的图片，在本地添加图片之后，又跳回该页面，然后点击【确定】，网站添加好标题与 LOGO，最终效果如图 3-4-19 所示。

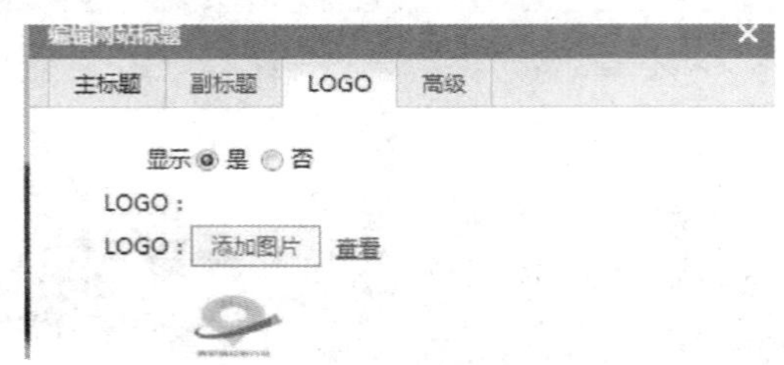

图 3-4-18　添加网站 LOGO 页面

图 3-4-19　修改网站标题与 LOGO 后的效果图

步骤 4：修改网站导航栏

把鼠标移动到首页、旅游线路等上面，就会出现如图 3-4-20 所示栏目，点击【管理栏目】，进入如图 3-4-21 所示页面。

图 3-4-20　网站导航栏编辑状态页面

管理栏目

添加栏目

栏目名称	栏目类型	开启栏目	操作
首页	系统栏目(首页)	✔	[编辑] [设计]
旅游线路	系统栏目(产品列表)	✔	[编辑] [设计]
新闻动态	系统栏目(文章列表)	✔	[编辑] [设计]
关于我们	系统栏目(关于我们)	✔	[编辑] [设计]
联系我们	系统栏目(联系我们)	✔	[编辑] [设计]
客户留言	系统栏目(留言板)	✔	[编辑] [设计]
人才招聘	自定义栏目	✖	[编辑] [设计] [删除]
购物车	系统栏目(购物车)	✖	[编辑] [设计]
会员注册	系统栏目(会员注册)	✖	[编辑] [设计]

共10个

保存　取消

图 3-4-21　管理导航栏目页面

在图 3–4–21 管理导航栏目页面中可以增加、修改、删除、排除导航栏目，根据团队前期讨论结果，将导航栏目的具体栏目名称修改为如图 3–4–22 所示状态。

首页　国内游　省内游　自由行　酒店　门票　关于我们　在线客服

图 3–4–22　修改导航栏目后效果

还可设置导航栏样式，在图 3–4–23 所示页面中选择 N053，最后网站导航效果会自动调为相应样式。

图 3–4–23　修改导航栏样式页面

步骤 5：修改网站横幅

在网站首页，将鼠标移动到横幅位置，就会出现编辑横幅、切换动画、横幅特效等栏目，如图 3–4–24 所示，点击【编辑横幅】就会进入如图 3–4–25 所示页面，可以在此页面选择想要的图片或者从准备的素材中上传横幅图片。

图 3-4-24　编辑网站横幅

图 3-4-25　网站横幅修改页面

步骤 6：更换网站版式

在图 3-4-25 的上方，点击【页面版式】，进入如图 3-4-26 所示页面，选中标准版式中的第 4 种。

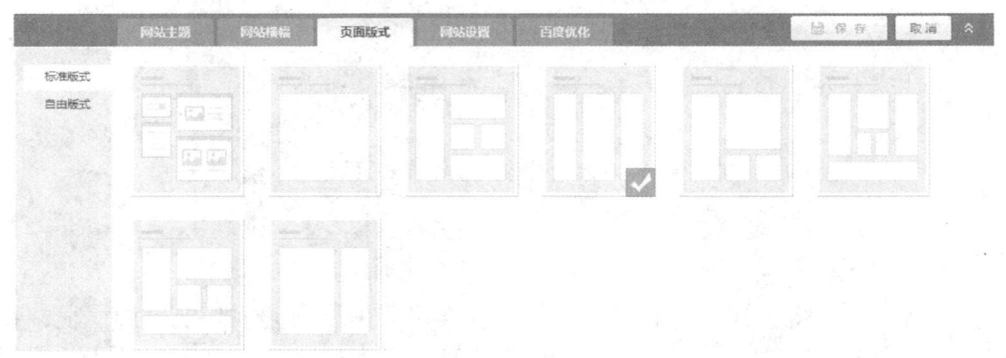

图 3-4-26　网站页面版式选择页面

步骤 7：完成网站页面效果

通过以上各项操作，最终完成网站的效果图如图 3-4-27 所示。

图 3-4-27　运用凡科建站网站制成佛职旅行社网站效果图

学习活动 5　运用 Photoshop 软件制作网站效果图

步骤 1：准备网站首页素材

小科团队在找相关素材时，想要找有关旅游的图片，给人一目了然的感觉，一看就知道是旅游，所以他们想到了主题为巴黎艺术节，思考什么东西能使人联想到法国巴黎（埃菲尔铁塔、卢浮宫、凯旋门、香榭丽舍、凡尔赛宫、枫丹白露等），这里选择了卢浮宫作为首页的背景图。然后他们查找了上海春秋、禅之旅、顺之旅等旅行社的首页，收集了网站设计过程中可能会用到的字体，如图 3-4-28 所示。

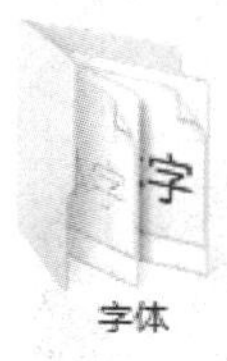

字体

禅之旅网站首页.png

佛职旅行社logo.png

旅行社网站背景图.jpg

上海春秋网站首页.png

顺之旅网站首页.png

图 3-4-28　旅行社网站设计素材

步骤 2：创建 psd 文档

小科团队经过讨论，考虑到方便不同浏览器访问，最终确定网页尺寸为 780 像素 × 600 像素。操作方法如下：打开 Photoshop 软件，点击【文件】—【新建】，如图 3-4-29 所示，在此页面点击【确定】就进入如图 3-4-30 所示页面。

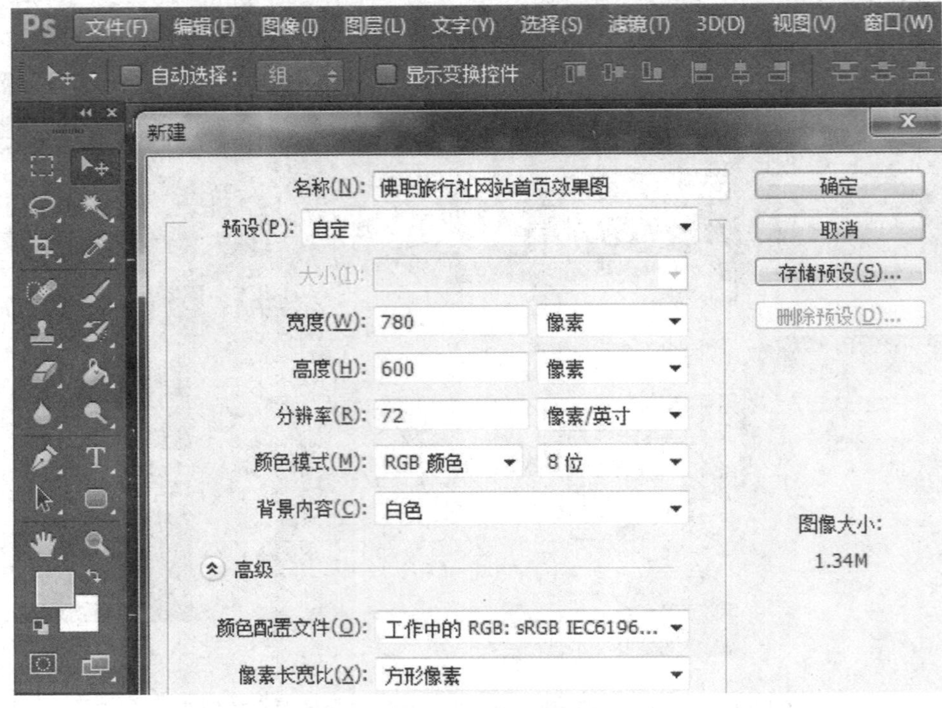

图 3-4-29 新建佛职旅行社网站效果图 psd 文档

图 3-4-30 新建文档建成页面

步骤 3：导入背景图

在图 3-4-30 界面中，点击【文件】—【置入】，将素材库中的背景图导入到文档中，点击【确定】，背景图就会导入到图像中，效果如图 3-4-31 所示。然后点击【编辑】—【自由变换】或者用快捷键【Ctrl+T】，进入“自由变换”将图像拉伸（注意避免图像拉伸变形，拉伸时应按住 Shift 键），最后自由变换为图 3-4-32 所示。

图 3-4-31　置入背景图后页面

图 3-4-32　背景图自由变换后页面

在图 3-4-32 所示页面中，背景图没有全部覆盖，小科团队希望上半部为蓝色云朵，于是点击【矩形选择框】，选择上半部分云朵，然后点击【复制】，粘贴为新的图层，放在图层 1 上面，背景图制作完毕后效果如图 3-4-33 所示。

图 3-4-33　旅行社网站首页背景图设置

步骤 4：设置参考线对文档布局设置

小科团队成员有了初步的设计思路，于是点击【视图】—【新建参考线】拉出参考线，整个页面布局如图 3-4-34 所示。

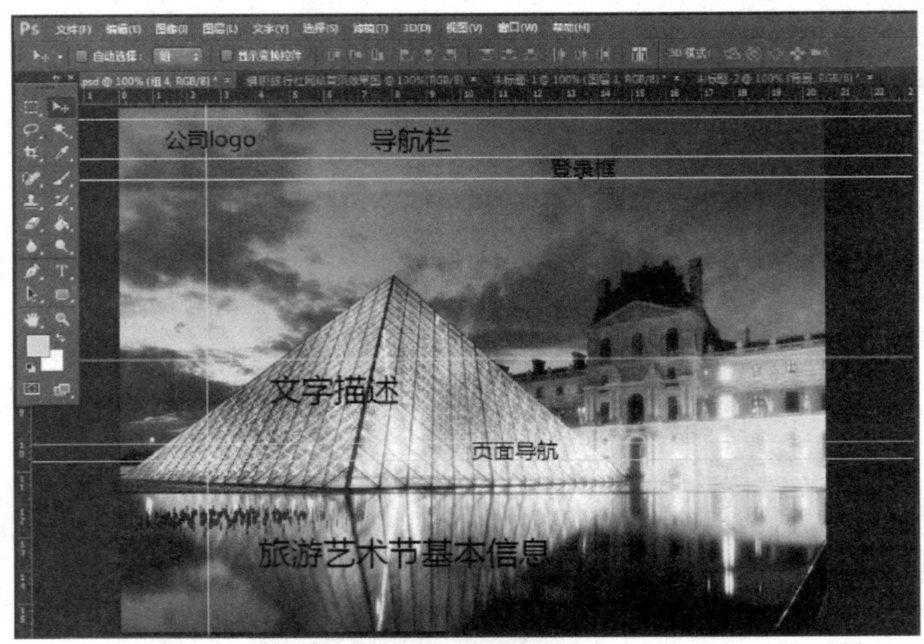

图 3-4-34　旅行社网站基本布局

步骤 5：设置导航栏

在图 3-4-34 所示页面中，点击工具栏中的【T】，输入导航栏中的相关内容，包括首页、国内游、省内游、自由行、酒店、门票、关于我们、在线客服等，并将它们平均分布，效果如图 3-4-35 所示。

图 3-4-35　录入导航栏的文本信息

然后在图 3-4-35 所示页面中，点击工具栏中的【直线工具】，拉出直线，宽度设为 1 像素、高度设为 13 像素，效果如图 3-4-36 所示。

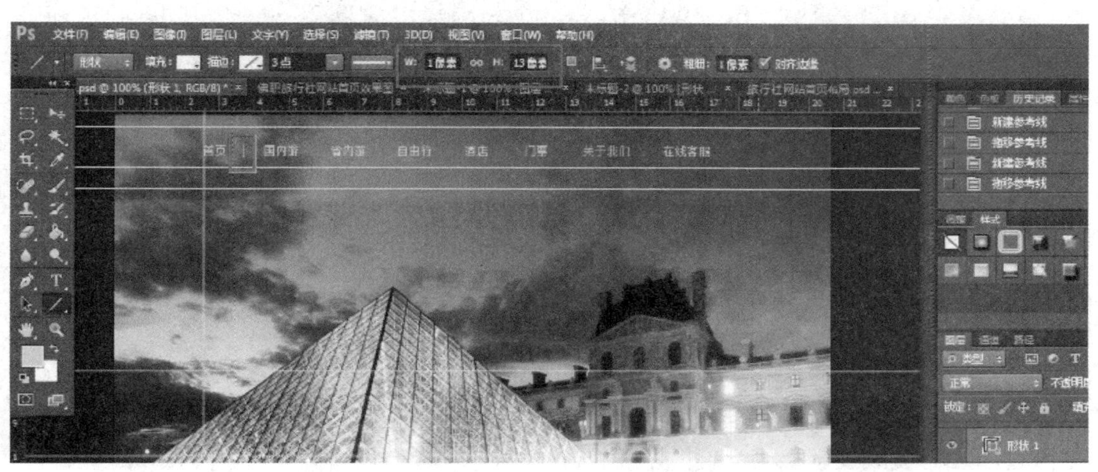

图 3-4-36　用直线工具画出网站导航栏分隔线

点击【形状 1】，然后选【复制图层】，复制 6 份，把直线拉到导航栏各栏目分隔的中间位置，最终效果如图 3-4-37 所示。

图 3-4-37　导航栏分隔线制作效果页面

图 3-4-37 导航栏的效果不是很好，白色与蓝色底色区分度不大，他们希望能够让它更明显，于是准备插入矩形框，点击【矩形工具】，在图上拖出矩形框（矩形图层在文字之下），效果如图 3-4-38 所示。

图 3-4-38　导航栏添加矩形效果

小科团队成员觉得效果还是不太理想，打算将矩形框变形，于是选中矩形框图层，点击【编辑】—【变换路径】—【斜切】，最后拉出如图 3-4-39 所示效果。

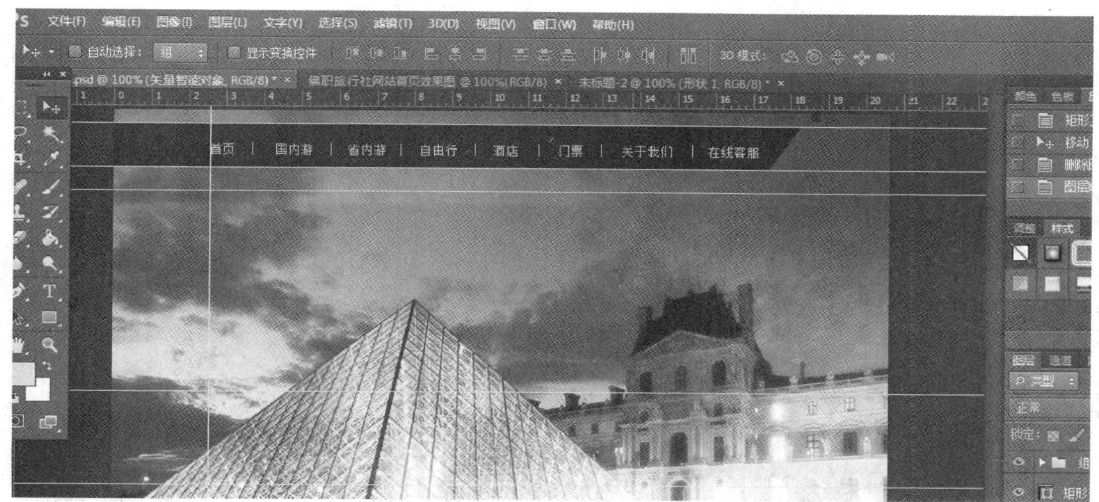

图 3-4-39　斜切型导航栏效果

步骤 6：插入公司标志

在图 3-4-39 所示页面中，点击【文件】—【置入】，点击【确定】，将佛职旅行社标志置入，效果如图 3-4-40 所示。

图 3-4-40　旅行社标志置入

然后点击【编辑】—【变换】—【自由变换】，将旅行社标志拉到合适位置，最后效果如图 3-4-41 所示。

图 3-4-41　旅行社标志设置完成效果

步骤 7：设置登录信息

用与设置导航栏类似的方法，将网站的登录信息设置完成，效果如图 3-4-42 所示。

图 3-4-42　旅行社网站登录信息设置效果

步骤 8：设置文字描述、导航页面等内容

再次用类似的方法，将网站首页的其他内容设计完成，最后的效果如图 3-4-43 所示。

图 3-4-43　设置完成的旅行社网站页面

步骤 9：保存旅行社网站效果图文件

在图 3-4-43 所示页面中，点击【文件】—【存储为】，将效果图保存为 psd 文件，如图 3-4-44 所示。再用同样的方法保存一份 jpg 格式的文件，最终保存的效果如图 3-4-45 所示。

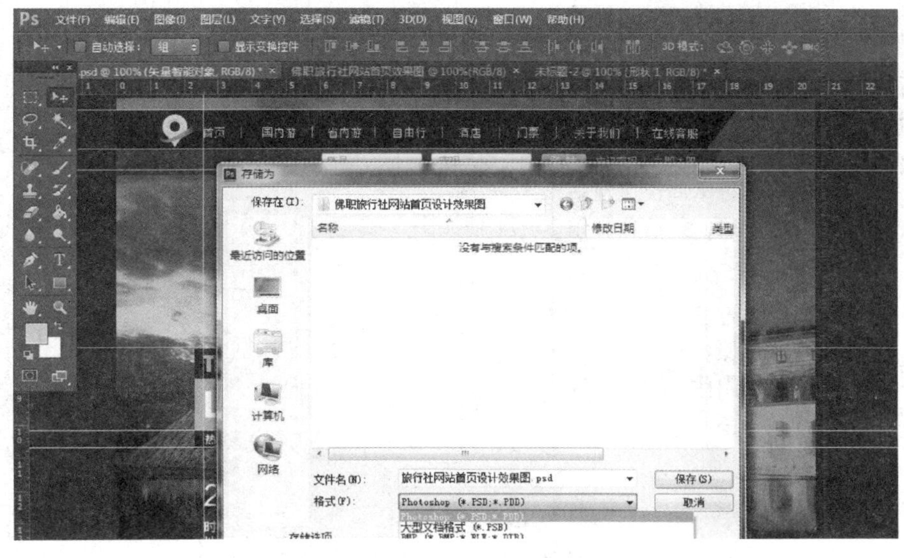

图 3-4-44　保存佛职旅行社网站设计效果图页面

图 3-4-45　佛职旅行社网站首页设计效果图最终文件

学习评价

请根据你在本任务实施过程中的实际操作情况，完成评价表（表 3-4-1）的相关内容。

表 3-4-1　评价表

评价项目	评价依据	优秀	良好	中等	及格	继续努力
任务准备	是否了解网站首页的基本布局，是否熟悉制图软件 Photoshop 的基本操作					
学习活动 1	是否能够分析旅行社网站布局的主要类型					
学习活动 2	是否能够独立思考网站首页设计					
学习活动 3	是否了解常见网站首页设计的方法					
学习活动 4	是否掌握快速建站的方法，并迅速制作出网站的效果图					
学习活动 5	是否了解 Photoshop 软件操作基本方法，能否制作出网站的效果图					
任务效果						

续上表

评价项目	评价依据	优秀	良好	中等	及格	继续努力
问题与感想						
任务综合评价						

知识链接

1. 旅行社网站首页版面布局

一个成功的网站版面构成，必须首先明确客户的目的，并深入地了解、观察、研究与设计有关的方方面面。简要的咨询是设计良好的开端，版面离不开内容，更要体现内容的主题思想，用以增强读者的注意力与理解力。只有做到主题鲜明、一目了然，才能达到版面构成的最终目标。

2. 旅行社网站首页的色彩搭配

设计旅行社网站的标准色，也称为主题色。网站给人的视觉冲击首先来自主题色的视觉刺激，标准色彩的确定是旅行社网站建设重要的一步。不同的色彩搭配会产生不同的效果，并影响到访问者的情绪。通常来说，“标准色彩”必须选择能体现旅行社网站主题形象和内涵的色彩。例如：IBM 采用深蓝色，肯德基采用红色条形，Windows 视窗采用红、蓝、黄、绿色块，这些好的设计使我们觉得很贴切、和谐。标准色彩一般采用旅行社网站的标志、标题、主菜单的主色块，其目的是给人以整体统一的感觉。其他色彩也可以用，但只能作为点缀和衬托，绝不能喧宾夺主。另外，在进行网站色彩搭配时要注意以下问题：

（1）使用单色。尽管网站设计要采用单一色彩，但为避免产生单调的感觉，可通过调整色彩的饱和度和透明度来使之产生变化，使网站不再单调。

（2）使用邻近色。所谓邻近色，就是在色带上相邻近的颜色，例如绿色和蓝色、红色和黄色就互为邻近色，采用邻近色设计网页可以使网页色彩免于杂乱，易于达到页面的和谐统一。

（3）使用对比色。对比色可以突出重点，产生强烈的视觉效果，合理使用对比色能够使网站特色鲜明、重点突出。在设计时一般以一种颜色为主色调，对比色作为点缀，可以起到画龙点睛的作用。

（4）黑色的使用。黑色是一种特殊的颜色，如果使用恰当，设计合理，往往能产生很强烈的艺术效果。黑色一般用作背景色，与其他纯度色彩搭配使用。

（5）背景色的使用。背景色一般采用清雅的色彩，可以使用花纹复杂的图片和纯度很高的色彩作为背景色，同时背景色要与文字的色彩对比强烈一些。

（6）色彩的数量。一般初学者在设计网页时往往使用多种颜色，使网页变得很“花”，缺乏统一和协调，表面上看起来很花哨，但缺乏内在的美感。实际上，网站用色并不是越多越好，一般控制在三种色彩以内，通过调整色彩的各种属性来产生变化。

3. 旅行社网站首页字体的设置

关于旅行社网站首页标准字体的设置，和标准色彩类似，标准字体通常用于标志、标题、主菜单。一般网页默认的字体是宋体。有时候为了体现站点的“与众不同”和旅行社网站的特有风格，可以根据需要选择一些特别的字体。

4. Photoshop CS6 中文版工作界面介绍

Photoshop CS6 中文版工作界面（如图 3-4-46 所示），包括菜单栏、工具选项栏、选项卡、工具箱、状态栏、控制区、文档窗口、控制面板等几个部分。

图 3-4-46　Photoshop CS6 工作界面

5. Photoshop 工具箱介绍

工具箱中集合了图像处理过程中使用最频繁的工具，是 Photoshop CS6 中文版中比较重要的功能。执行【窗口】—【工具】命令可以隐藏和打开工具箱；单击工具箱上方的双箭头 ▸▸ 可以双排显示工具箱；再点击一次 ◂◂ 按钮，恢复工具箱单行显示；在工具箱中可以单击选择需要的工具；单击并长按工具按钮，可以打开该工具对应的隐藏工具；工具箱中各个工具的名称及其对应的快捷键如图 3-4-47 所示，菜单的左侧为工具的图标和名称，如 ▪ 裁剪工具 ，右侧的英文字母为快捷键，如 C 。

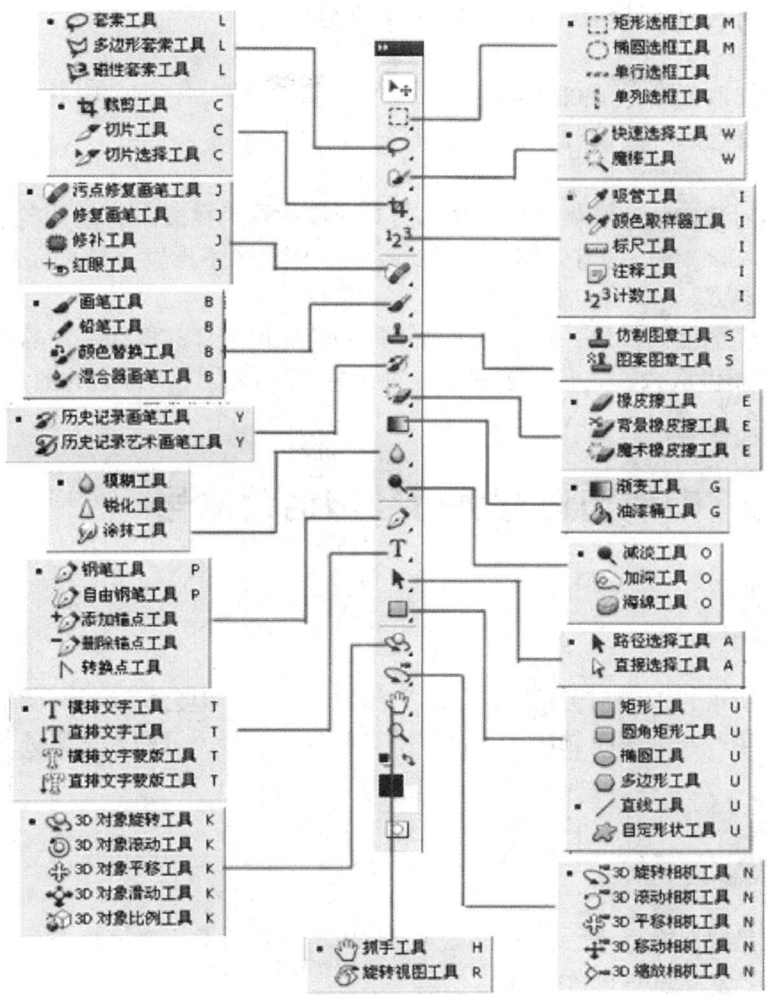

图 3–4–47　Photoshop 工具箱图示

6. 像素

像素是构成图像的最基本元素，它实际上是一个个独立的小方格，每个像素都能记录它所在的位置和颜色信息。

7. 分辨率

分辨率是指单位长度内（通常是 1 英寸）像素点的数量多少。针对不同的输出要求对分辨率的大小也不一样，如常用的屏幕分辨率为 72 像素 / 英寸，而普通印刷的分辨率为 300 像素 / 英寸。

8. 图层

Photoshop 软件中，图层就像透明的玻璃纸，将一幅图像的不同部分分别放置在不同的图层上。其中图层上没有图像的地方会透出下面图层的内容，有图像的地方会盖住下面图层的内容。这样图像中的各个部分独立起来，对任何一部分的编辑操作对其他部分不起作用，所有的图层堆叠在一起就构成一幅完整的图画。

9. 选区

选区也叫选取范围，是 Photoshop 对图像做编辑的范围，任何编辑对选区外无效。当图像上没有建立选区时，相当于全部选择。

10. 羽化

羽化是指对选区的边缘做软化处理，其对图像的编辑在选区的边界产生过渡。其范围为 0 ~ 250，当选区内的有效像素小于 50% 时，图像上不再显示选区的边界线。

11. 文件格式

为满足不同的输出要求，对文件采取不同的存储模式，并根据一定的规格对图像的各种信息和品质做取舍，它相当于图像各种信息的实体描述，常见的图片格式有 jpg、tiff、psd、png、jp2 等。

任务 3-5　申请与运营旅行社微信公众号

任务引入

公司领导听说目前微信营销很热门，营销效果不错，但公司还没有微信公众号，于是公司领导希望小科能够带领团队为公司申请微信公众号（订阅号或服务号），在网上开展营销活动。

任务准备

小科要申请微信公众号，首先他必须了解申请微信公众号需要提交什么材料、操作程序以及微信公众号基本运营技巧。

任务实施

学习活动 1　搜集微信公众平台相关资料

小科与团队成员接到领导下达的任务之后，上网搜集有关微信公众号的资料，经过一段时间的努力，他们已经收集到如图 3-5-1 所示资料。

公众平台各个功能操作的详细步骤.p...
旅行社微信公众号申请截图.docx
如何注册微信公众号.ppt
微信公众平台各个功能简介.ppt
微信营销培训相关材料.ppt
旅行社旅游行业如何做微信营销？-
企业服务号申请和注册的流程.doc
微信公众号操作说明.ppt
微信营销策划案案例.ppt
微信运营方案案例.ppt

图 3-5-1　微信公众号相关资料

团队在阅读相关资料之后，开始着手准备申请微信公众号的相关材料，用于申请旅行社的微信公众号。

学习活动 2　申请旅行社微信公众号

小科与团队成员在前期准备的基础上，准备申请微信公众号。

步骤 1：登录申请平台

小科通过百度搜索“微信公众平台”，或者直接在浏览器输入网址 https://mp.weixin.qq.com，进入如图 3–5–2 所示页面。

图 3–5–2　微信公众号申请页面

步骤 2：输入注册基本信息

在图 3–5–2 所示界面右上角点击【立即注册】，然后进入如图 3–5–3 所示界面，按要求输入基本信息，特别要注意，作为登录账号，要填写未被微信公众平台注册、未被微信开放平台注册、未被个人微信号绑定的邮箱。

图 3–5–3　微信公众号注册基本信息窗口

步骤 3：邮箱激活

在完成上述基本信息之后，系统会自动为邮箱发送一封邮件，然后进入注册邮箱，

点击链接激活，如图 3-5-4 所示。

你好!

感谢你注册微信公众平台。
你的登录邮箱为：y　　　　　　ɹa@21cn.com。请点击以下链接激活帐号：

https://mp.weixin.qq.com/cgi-bin/activateemail?email=eWFuZ3hpYW5naHVhQDIxY24uY29t&ticket=1 309d81cfcc91544daed27615a633ea67

如果以上链接无法点击，请将上面的地址复制到你的浏览器(如IE)的地址栏进入微信公众平台。（该链接在48小时内有效，48小时后需要重新注册）

图 3-5-4　微信注册邮箱激活界面（部分）

步骤 4：选择微信公众号类型

邮箱激活之后，页面就会自动跳转到如图 3-5-5 所示界面，选择类型，目前可供选择的类型有订阅号、服务号、企业号三种类型。其中有各种类型的差别与适应人群的说明，由于佛职旅行社不属于独立运营机构，小科团队选择申请订阅号（如果是真正的旅行社可选择三种中的任何一种，一般在初期要用订阅号，逐步开通服务号与企业号）。

图 3-5-5　选择微信公众号类型页面

步骤 5：信息登记

选好订阅号类型之后，接下来选择主体类型，可选政府、媒体、企业、其他组织、个人，小科团队选择个人，进入个人信息页面填写相关信息，需要填写身份证姓名与身份证号码，还需运营者身份验证及手机验证，如图 3–5–6 所示。

主体类型　如何选择主体类型？

政府	媒体	企业	其他组织	个人

个人类型包括：由自然人注册和运营的公众帐号。暂不支持个人进行微信认证。

主体信息登记

身份证姓名　杨

信息审核成功后身份证姓名不可修改；如果名字包含分隔号“·”，请勿省略。

身份证号码　4.　　25

请输入您的身份证号码。一个身份证号码只能注册5个公众帐号。

运营者身份验证

为了验证你的身份，请用绑定了运营者本人银行卡的微信扫描二维码。本验证方式不扣除任何费用。

注册后，扫码的微信号将成为该账号的管理员微信号。若微信没有绑定银行卡，请先绑定。如何绑定

图 3–5–6　信息登记页面

步骤 6：填写公众号信息

小科团队按要求输入相关信息，进行运营者身份验证、短信验证之后，进入如图 3–5–7 所示界面，登记界面要求填写账号名称、功能介绍、运营地区等，要特别注意账号名称一经设置就无法更改，因此要事先思考好。小科将账号名称命名为“佛职模拟旅行社”，功能介绍写得比较简单——主要用于模拟旅行社相关信息发布。

图 3–5–7　公众号信息登记页面

步骤 7：注册成功

填写完上述相关信息之后，页面会自动弹出如图 3–5–8 所示窗口，祝贺注册成功，可以登录微信公众号。

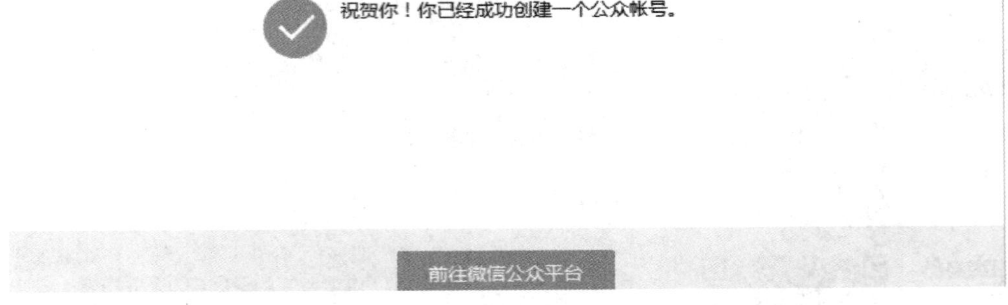

图 3–5–8　微信公众号注册成功页面

步骤 8：进入微信公众号平台管理

注册成功之后，回到图 3–5–2 所示微信公众号登录页面，输入用户名与密码之后，登录进入微信公众平台，在此可以管理平台，平台的右上角显示微信公众号的名称（如图 3–5–9 所示）。

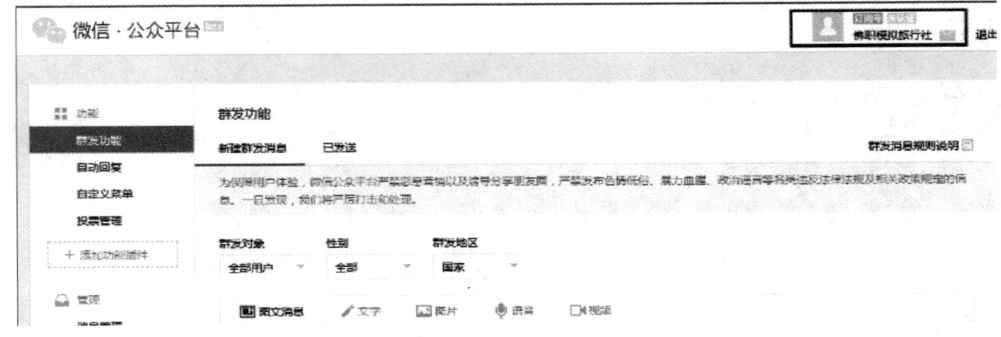

图 3–5–9　微信公众号管理页面

步骤 9：设置微信公众号

将微信公众号的管理页面往下拉，点击【设置】—【公众号设置】，进入如图 3-5-10 所示页面，在这里可修改微信公众号的头像，一个月只能修改 5 次。还可以看到二维码，点击二维码可以下载，但尺寸比较小，可以点击【下载更多尺寸】，进入如图 3-5-11 所示界面，选中边长为 30 cm 下载，然后插入文档中，如图 3-5-12 所示。这就是佛职模拟旅行社的二维码，可以扫描关注，可以把这个图片发给亲朋好友，或者印制到一些礼品盒上发给其他游客，增加关注客户的数量。

投票管理
+ 添加功能插件
管理
消息管理
用户管理
素材管理
推广
广告主
流量主
统计
用户分析
图文分析
消息分析
接口分析
设置
公众号设置

公开信息

头像		修改头像（一个月头像只能申请修改5次）
二维码		下载更多尺寸
名称	佛职模拟旅行社	
微信号		设置微信号
类型	订阅号（类型不可变更）	你目前的公众号主体类型为个人，无法升级为服务号
介绍	主要用于模拟旅行社相关信息发布	修改（一个月内功能介绍只能申请修改5次）
认证情况	未认证	申请微信认证
所在地址		设置

图 3-5-10　微信公众号设置页面

二维码边长(cm)	建议扫描距离(米)	下载链接
8cm	0.5m	
12cm	0.8m	
15cm	1m	
30cm	1.5m	
50cm	2.5m	

二维码尺寸请按照43像素的整数倍缩放，以保持最佳效果

图 3-5-11　微信公众号更多尺寸下载页面

图 3-5-12 佛职模拟旅行社微信公众号二维码

点击【设置微信号】蓝色字，进入如图 3-5-13 所示界面，设置微信号，小科团队设置为佛职模拟旅行社的中文拼音第一个字母组合，即 fzmnlxs，检测可用，然后点击【下一步】进入如图 3-5-14 所示界面，设置成功，将来其他微信用户可以通过搜索 fzmnlxs 找到佛职模拟旅行社的微信公众号。

图 3-5-13 设置微信号页面

图 3-5-14 微信号设置成功界面

步骤 10：关注微信公众号

注册成功之后，小科团队成员用自己的微信号关注佛职模拟旅行社，进入公众号能够看到发布的最新一个群发消息。

图 3-5-15　佛职模拟旅行社微信公众号页面

学习活动 3　运营旅行社微信公众号

小科创建了微信公众号之后，接下来的工作就是运营管理好这个微信公众号，其中涉及微信公众号的形象维护、日常信息发布与吸粉关注。

步骤 1：群发图文消息

小科建好公众号之后想发送一条信息出去，体验一下微信公众号的魅力，因此他根据公司的业务，将最新的一条旅游线路发布到微信平台上。

小科在微信管理平台中点击【群发功能】—【新建图文消息】，进入如图 3-5-16 所示页面，在标题中输入消息标题，选择封面图片，往下拉进入正文编辑栏，在这里可以输入线路的基本信息，但这个类似于 Word 文档编辑框，如果没有较好的文字处理能力，录入的信息就可能不够美观。小科上网查询到一些微信编辑器，可以设计出图文并茂的微信信息，小科最终选择了 135 编辑器。

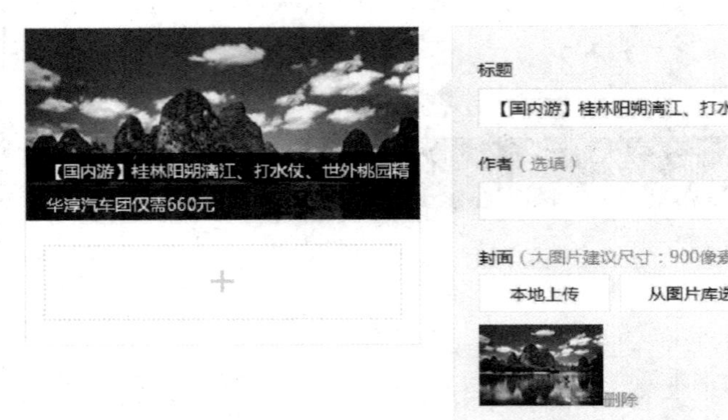

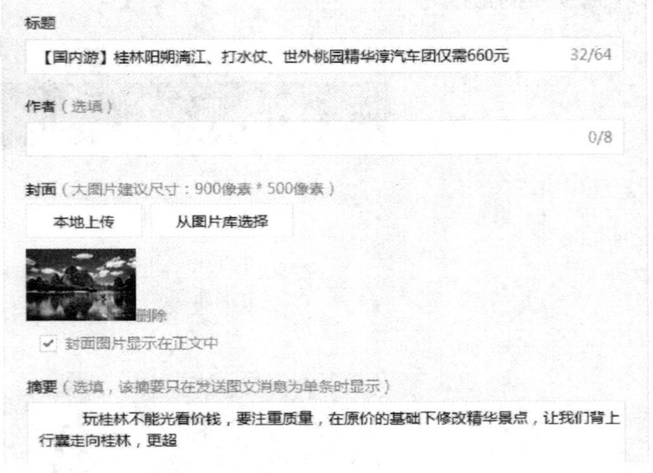

图 3–5–16　新建图文消息页面

在 135 编辑器中将线路的基本信息进行了排版（建议在 135 编辑器中注册成为用户，这样可以保存一些消息），如图 3–5–17 所示，然后把编辑好的内容复制到微信平台中，最后结果如图 3–5–18 所示。

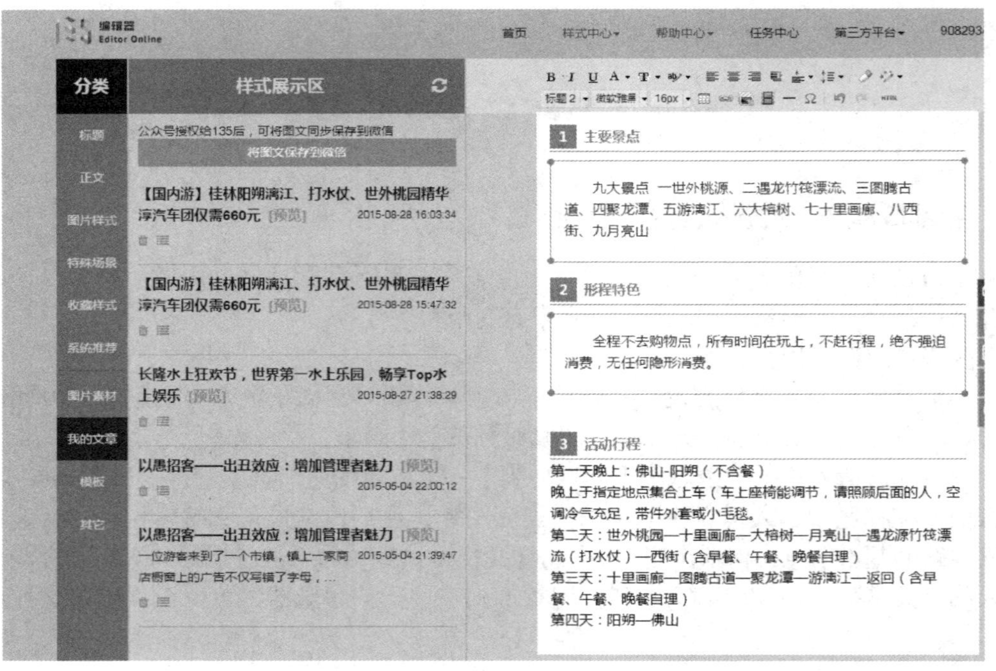

图 3–5–17　135 微信编辑器栏目页面

在微信公众平台中，点击【保存并群发】，经过微信管理者认证之后，就可以将该图文消息群发出去了，其他关注该微信号的粉丝可以查看发布的最新消息，图 3-5-19 即是佛职模拟旅行社微信公众号发布成功的图文消息。

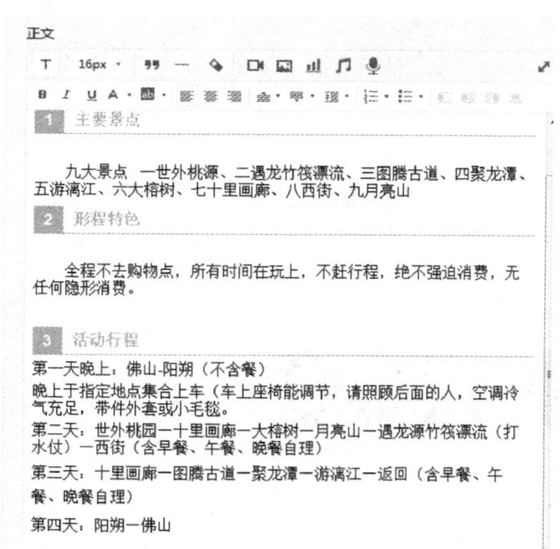

图 3-5-18　微信公众平台中图文消息的正文页面

图 3-5-19　微信群发消息浏览页面

步骤 2：上传公司的微信标志图片

小科团队发现旅行社的微信公众号上面没有图标，因此团队回到微信管理界面，在图 3-5-10 所示页面中点击【修改头像】，进入如图 3-5-20 所示页面，选择公司的标志图片，然后点击【下一步】进入如图 3-5-21 所示界面，该界面显示刚上传的头像。修改成功之后，在关注该微信公众号的微信上打开，即可看到修改后的头像，如图 3-5-22 所示。

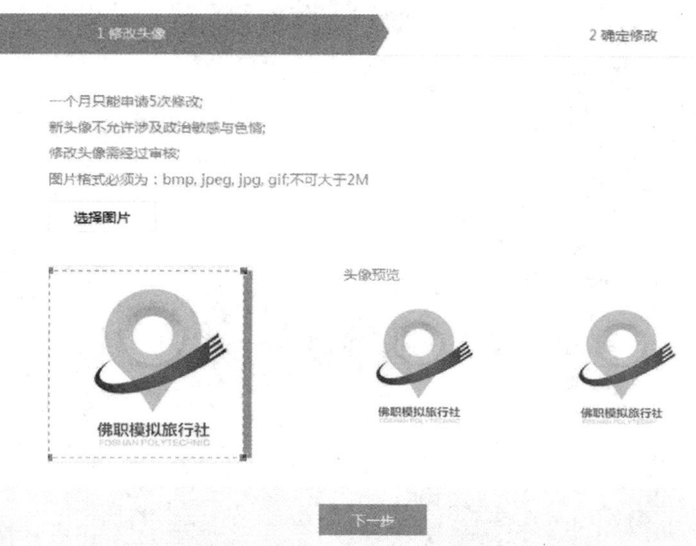

图 3-5-20　上传微信头像页面

图 3-5-21　微信公众号头像设置成功页面

图 3-5-22　头像设置成功之后关注该公众号在手机上的效果

步骤 3：设置微信自定义菜单

小科团队以前关注的其他微信公众号都有菜单，他希望本旅行社的微信公众号也有菜单。于是他们进入微信管理界面，点击【自定义菜单】，进入如图 3-5-23 所示界面，点击菜单管理后面的加号添加菜单，共可添加三个子菜单，每个子菜单下可添加五个二级菜单，添加完成之后点击下面 保存并发布 按钮，也可点击查看预览效果，如图 3-5-24 所示。关注微信公众号的粉丝可以很快（微信提示是 24 小时之内，特别注意，这里要求每个菜单的链接设置好才会显示）就可以在手机上看到，效果如图 3-5-25 所示。

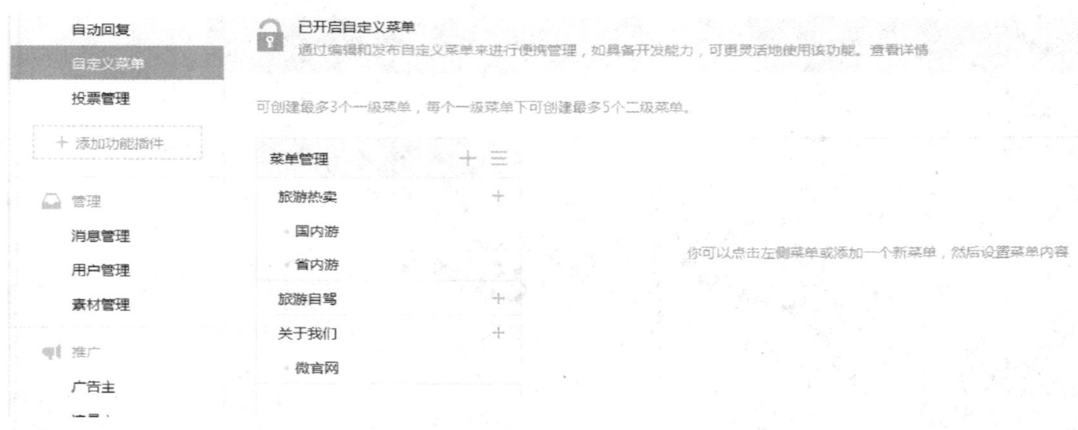

图 3-5-23　微信公众号自定义菜单设置页面

图 3-5-24　菜单设置预览效果

图 3-5-25　菜单设置实际效果

步骤 4：设置自动回复

小科团队发现很多微信公众号在粉丝输入某个文字或数字之后可以进行自动回复，他希望佛职旅行社公众号也能实现此功能。于是他进入微信管理平台，点击【功能】—【自动回复】，进入如图 3-5-26 所示界面，有“被添加自动回复”“消息自动回复”与“关键词自动回复”等选项。小科选择了“关键词自动回复”，下面设置规则名为“佛职旅行社”，关键字为“佛职”“旅行社”，自动回复信息为：“欢迎关注佛职旅行社，这里线路多，希望有适合你的线路，世界那么大，咱也去看看！”自动回复测试效果如图 3-5-27 所示。

图 3-5-26　微信公众号自动回复设置

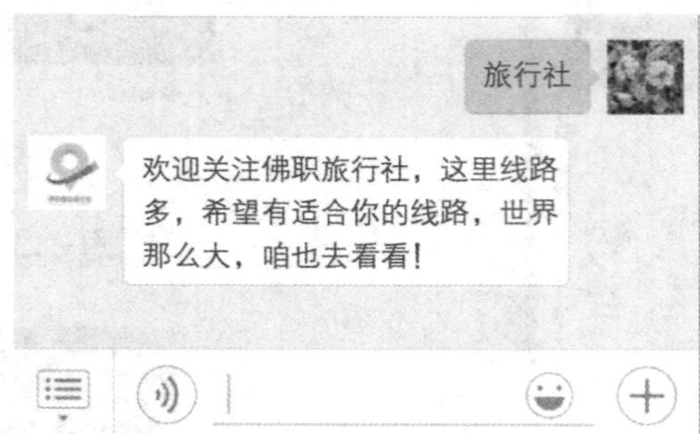

图 3-5-27　微信公众号设置自动回复测试

学习评价

请根据你在本任务实施过程中的实际操作情况，完成评价表（表 3-5-1）的相关内容。

表 3-5-1　评价表

评价项目	评价依据	优秀	良好	中等	及格	继续努力
任务准备	是否了解微信的相关功能、微信公众号的特点					
学习活动 1	是否能够找到微信公众平台相关的资料					
学习活动 2	能否成功申请微信公众号					
学习活动 3	能否发送群发消息、设置自动回复、设置菜单					
任务效果	任务实施是否达到预期目的					
问题与感想						
任务综合评价						

知识链接

1. 微信

微信是腾讯公司于 2011 年初推出的一款通过网络快速发送语音短信、视频、图片和文字，支持多人群聊的手机聊天软件。它是一款可以在任何手机、电脑上使用的工具，目前约有 3 亿中国人使用它。借助微信的平台，任何人在条件允许的情况下，都可以同时向所有微信用户（约 3 亿人）发送消息。

2. 微信营销

微信营销是伴随着微信的火热产生的一种网络营销方式。微信不存在距离的限制，用户注册微信后，可与周围同样注册了微信的“朋友”形成一种联系。用户订阅自己所需的信息，商家通过提供用户需要的信息，点对点地推广自己的产品。

3. 微信公众平台功能

微信公众平台主要有实时交流、消息发送和素材管理。用户对自己的粉丝分组管理、与粉丝实时交流都可以在这个界面完成。

4. 微信公众号功能

微信公众号是微信主要面向名人、政府、媒体、企业等个人或机构推出的合作推广业务。在这里，个人或机构可以通过微信渠道将品牌推广给上亿的微信用户，减少宣传成本，提高品牌知名度，打造更具影响力的品牌形象，如图 3–5–28 所示。

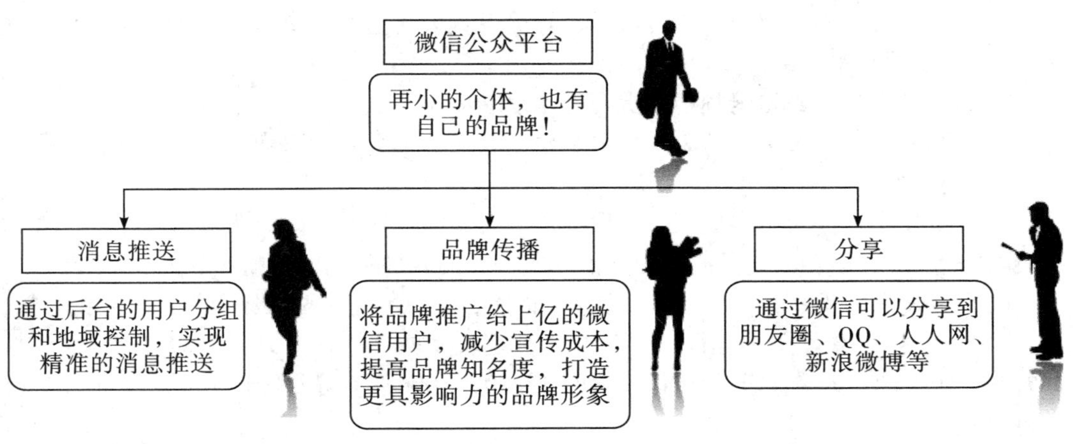

图 3–5–28　微信公众平台功能

（资料来源：百度文库）

5. 微信对于传统企业的八大优势

（1）轻松维护老客户、锁定老客户，拉近商家与客户的距离。

（2）建立自己的广告平台，节省庞大的广告开支。

（3）节省人力成本。

（4）让老客户转发非常方便，形成爆炸式传播。

（5）建立企业自己的客户群，形成自己的“鱼塘”。

（6）提升品牌形象的影响力。

（7）能把产品和店铺做到手机里面去，让每位手机用户都能看到。

（8）高到达率、高曝光率、高接受率、高精准度、高便利性。

6. 微信公众号推广方式

（1）网络媒体推广，包括合作网络媒体推广、各大微博推广、知名BBS论坛推广、百度推广、区域内QQ推广、微信群发助手推广、微信群聊推广、微信朋友圈推广等。

（2）平面媒体推广，包括与合作发光二极管广告（LED）在播放宣传片时加上二维码、印制宣传直接邮寄广告（DM）单展架、报纸、景区门票、优惠券等。

7. 微信平台如何吸引新客户（增粉）

微信平台如要吸引新客户，就要进行功能开发、活动策划，可通过以下方式吸引新客户。

（1）微相册：微信为用户提供图片的存储和展示服务，是基于图片兴趣分享的社区型产品。在微相册里，顾客可以方便地创建相册，轻松地发布顾客需要展示的照片，还可以拓展为商家开展活动的一种展现方式。

（2）地图定位：地图定位导航，可以在手机上直接获得店铺的地图位置，还可以查询导航线路，方便顾客到现场参观。

（3）周边街景：3D街景展示，通过手机即可看到店铺的周边街景，顾客足不出户就可以看到店铺门面以及周边情况，加深顾客印象。

（4）微游戏：如刮刮乐、大转盘等，轻松设置大转盘游戏参数、活动期限、中奖概率、中奖码发放与跟踪统计。

8. 微信平台如何维护老顾客（提升粉丝活跃度）

（1）图文推送：多推送精美图片以及原创软文，不只是商家商品信息，并结合顾客需求，多角度推送。

（2）微投票：分为文本投票、图片投票，商家通过发起产品或服务的投票活动获取用户想法，并通过活动数据了解企业产品或服务方向，加强商家与粉丝间的互动交流。

（3）微娱乐（开关可选）：包括经典笑话库，客户可随机调取经典笑话，放松心情，开心一笑；微信翻译，中英互译，中日互译，是随身携带的好字典；快递查询，主流快递单号查询；趣味问答，通过趣味问答增强互动，在问答中普及知识或宣传；可作为优惠券的发放方式。

（4）信息管理（开关可选）：包括天气查询，帮助客户实时了解天气状况，方便出行；智能提取关键字，对客户的提问进行智能分析，提取问题关键字供匹配；知识库匹配，分析关键字及其衍生出的各类同含义词汇，从知识库匹配最贴切的回答；转人工回复，无匹配内容转人工回复；知识库自动学习，知识库自动学习人工回复，无匹配内容将逐渐减少，人工得到解放；知识库整理，通过知识库专用管理界面，可以查询、修改、增加、删除知识库内容，让知识库内容更加精确。

（5）语音互动：语音说出关键字，直接说出关键字即可实现关键字查询，告别输入关键字字符，提高互动效率（此功能仅限认证服务号）。

9. 微信平台如何提升订单量（微信线上销售）

可通过设置电子优惠券与会员卡的方式提升订单量。

（1）电子优惠券：平台内置多种优惠券模板，多种风格优惠券样式可供选择，当内置模板不满足要求时，可选择自定义符合风格的新模板；可设置激活关键字，参与活动的顾客通过输入关键字即可获得相应活动的优惠券；可设置优惠券相关活动范畴，根据发起活动的不同，设置优惠券的使用范围与受惠人群。优惠券是指定期限内一次性消费的产品，活动发起时即可设置优惠券的有效期限，顾客的所有优惠券均保存在优惠券钱包里面，顾客通过钱包内的提示选择优先使用哪张券。可以根据需要设置优惠券使用账号权限，实现设计和使用两权分离，兼容传统录入优惠码使用方式，独创扫描二维码使用优惠券功能，大幅提高使用效率。

（2）会员卡：可设置会员卡模板，有多种风格会员卡模板待选，还可根据企业的业务需求，定制会员卡模板，可以导入商家传统的会员卡信息、手机号、卡号、姓名等信息，实现与传统卡无缝对接，顾客可通过输入自己的手机号方便地调出自己的传统会员卡电子版，避免忘带会员卡的尴尬。

10. 微信平台组织订单管理方式

（1）微会议：具有在线会议通知、自定义会议设置、定点查看会议地图、二维码签到等功能，方便商家会议考勤，给用户带来了极大的便利。

（2）微票务：为用户提供实时的演出信息、场次信息、门票价格以及购买渠道，包括演唱会、歌剧话剧、音乐会等。便捷的购票方式，优惠的价格，丰富的票务资源，将会吸引更多用户使用微信购票。

（3）微商圈：通过设置商家建立商圈，吃喝玩乐应有尽有，为用户提供方便，为商家开发高端的消费群体，与各大商家建立互助、共赢的合作模式。

（4）微邀请：是传统邀请函、请帖的一次大变革，面向所有行业，直接通过微信送达，免去纸质请帖找人传递的烦恼，还可以展现更多内容，一页请帖包括图片、视频、导航、日程安排、人物介绍……受邀者也可发送回函，互动形式更多。

（5）流量统计：商家选择时间查询微官网流量情况，通过流量统计来分析相关的数据，综合推广力度，从而改变营销策略。

任务 3-6　制作旅行社产品营销广告图片

任务引入

在小科团队的努力下，微信平台已经开通运营，现在他们每天的工作就是根据旅行社的营销需求设计好图文消息，宣传旅行社的产品。国庆马上来临，旅行社领导要求制作国庆节旅游线路的宣传单页，可打印出来也可挂到公司网站宣传旅游产品，要求尺寸大小为 A4，分辨率为 300 像素 / 英寸，并要求加上公司的微信公众号宣传公司微信。

任务准备

设计国庆旅游线路推广宣传图片，小科首先要对公司近期的旅游线路、主打产品进行了解，同时也要掌握产品宣传设计的基本技巧，以及常用的图片制作工具。

任务实施

学习活动 1　查找旅行社营销图片案例资料

小科与其团队需要制作旅行社的宣传单页，他们原来对此没有多少概念，也不知道宣传单页的基本要求，因此他们团队上网查找了一些资料，如图 3–6–1 所示，可供参考与模仿。

图 3–6–1　旅行社产品宣传单参考资料

学习活动 2　搜集图片宣传单素材

小科与其团队查阅资料学习完之后，了解到要制作旅行社产品的宣传单需要搜集相关资料，包括旅行社近期主推线路、旅行社的标志图片、旅行社的微信图片以及与近期线路相关的旅游图片等，素材搜集情况如图 3–6–2 所示。

图 3–6–2　佛职旅行社产品宣传单素材

学习活动 3　运用 Photoshop 软件制作旅行社产品营销广告图片

步骤 1：制作宣传单背景

搜集好旅游产品宣传单相关素材之后，小科团队成员开始着手设计旅游产品宣传单，首先打开 Photoshop 应用软件，点击【文件】—【新建】进入新建窗口，如图 3–6–3 所示，新建一个 A4 大小的图像，分辨率为 300 像素 / 英寸（因为考虑要打印，而这样的分辨率打印效果较好）。点击确定之后，进入如图 3–6–4 所示页面。

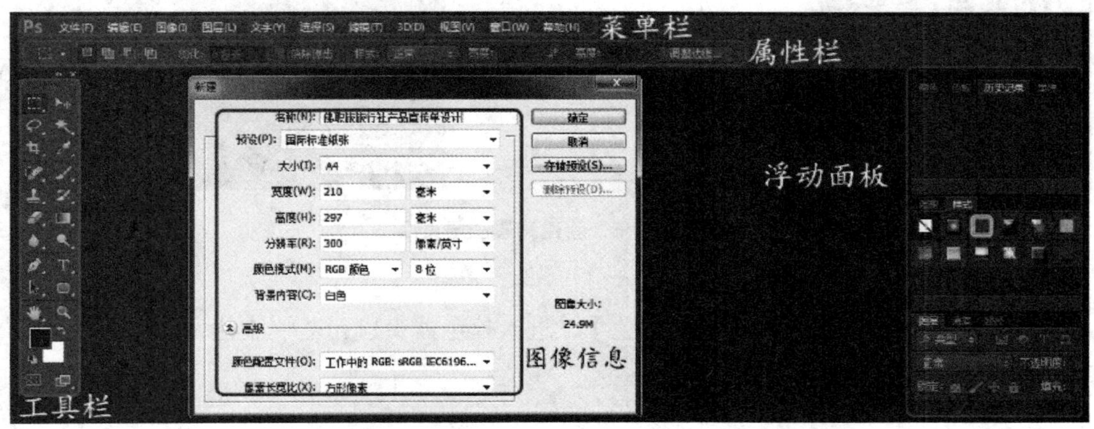

图 3–6–3　新建佛职旅行社旅游产品宣传单窗口

图 3–6–4 建成的佛职旅行社旅游产品宣传单窗口

在图 3–6–4 所示界面中点击【新建】—【新建图层】，点击确定，选中当前图层，修改图层名字为“新建背景图层”，如图 3–6–5 所示。

图 3–6–5 新建背景图层页面

然后选中当前图层，双击【前景色】，进入拾色器窗口，选中蓝色为前景色，颜色代码为 #66ccff，如图 3–6–6 所示。

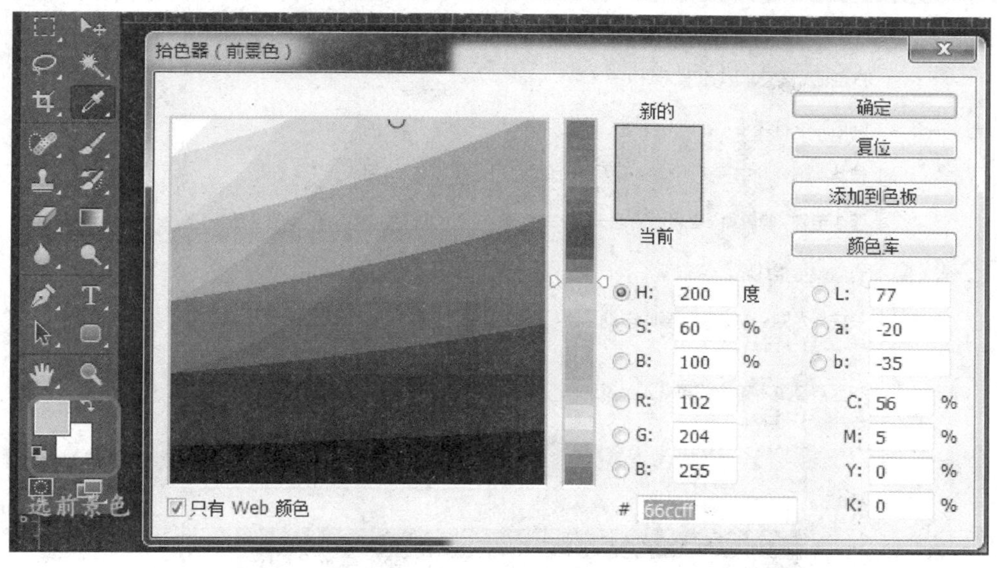

图 3-6-6　选取前景色窗口

然后在工具栏中选取渐变工具，再在当前图层中从上到下拉鼠标，图层背景填充完毕，效果如图 3-6-7 所示。

图 3-6-7　渐变工具填充背景

步骤 2：设计宣传单基本布局

根据图 3-6-8 所示的旅游产品宣传单的文字素材，在 Photoshop 界面点击【视图】—【新建参考线】，设置整个界面的参考线，将整个宣传页分为几大区域，大概布局如图 3-6-9 所示。

佛职模拟旅行社 2015年国庆旅游线路精选

广告语：欢乐国庆出游无限

国内游主推线路

桂林、阳朔动车三天　1790元　（出团时间：2015年10月1日）

西江苗寨、黄果树、青岩古镇四天　2599元　（出团时间 2015年10月2日）

省内游主推线路

肇庆九龙湖、包公祠、豪叹自助早晚餐肇庆二天　499 元　（出团时间 2015年10月3日）

阳西月亮湾、果园摘果、入住维纳斯皇家酒店二天 399 元　（出团时间：2015年10月4日）

图 3–6–8　旅游产品宣传单制作文字素材

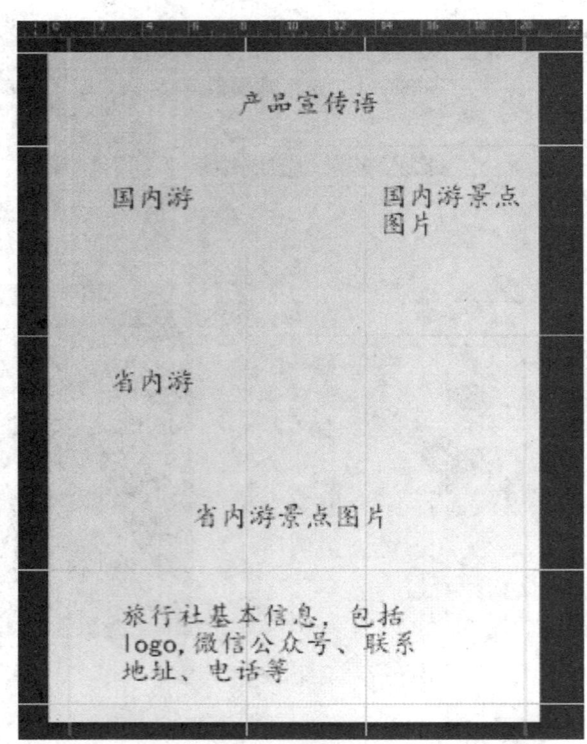

图 3–6–9　旅游产品宣传页面布局

步骤 3：设计旅游产品宣传语

点击工具栏中的文本【T】，在最上侧输入“欢乐国庆出游无限”，默认字体为宋体（如图 3–6–10 所示），为了让文字更具有艺术效果，需要变换字体，小科团队将其更改为 Hope Made 字体，该字体的中文名为“花里胡哨”（如果没有相关字体，可以到素材库下载安装相关字体），最终效果如图 3–6–11 所示。

图 3-6-10　输入文字窗口

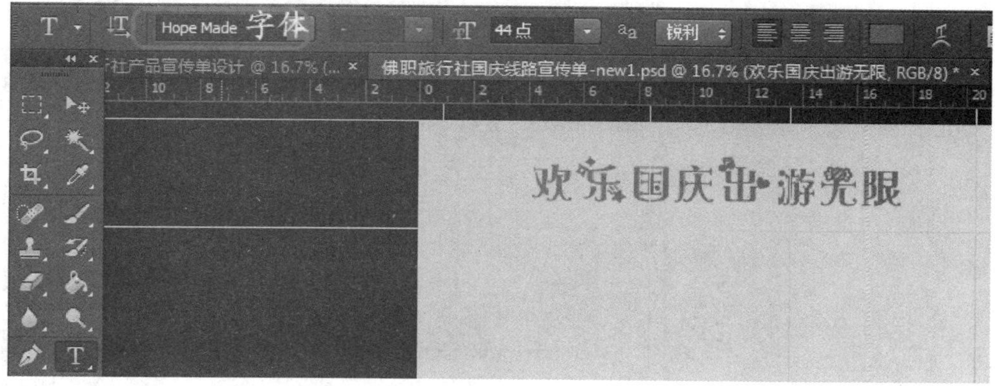

图 3-6-11　更改文字字体

步骤 4：设计国内游线路相关信息

首先在素材中将国内游的部分文字粘贴到 Photoshop 中，效果如图 3-6-12 所示。为了让画面更美观，需要插入一些图标，在收集的素材中有一个图标可以用，如图 3-6-13 所示。小科团队希望加入一些图标美化界面，于是在图层中找到左边的 RIBBON 1 图层，点击【复制组】，出现如图 3-6-14 所示弹窗，点击【确定】，进入如图 3-6-15 所示界面，图标添加成功。

图 3-6-12　国内游精选线路文字录入效果

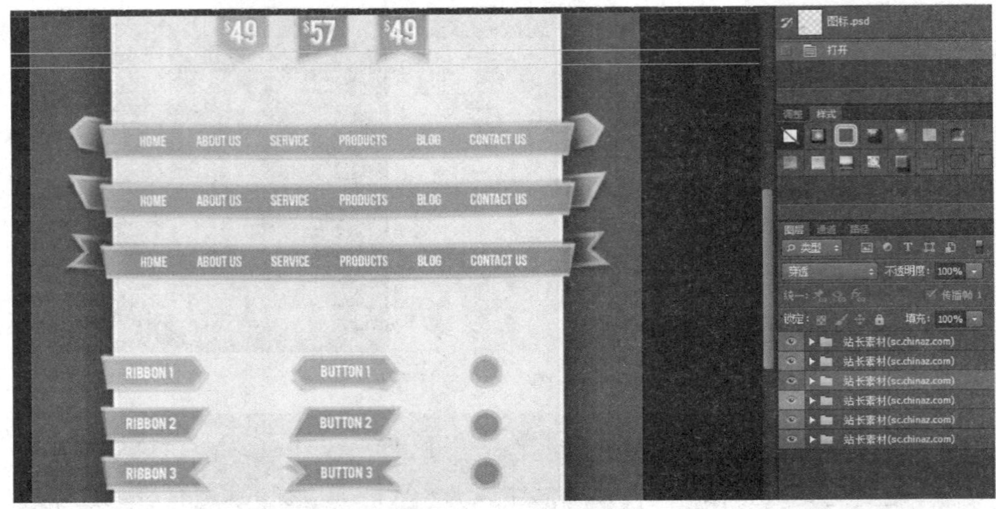

图 3-6-13　素材中的图标

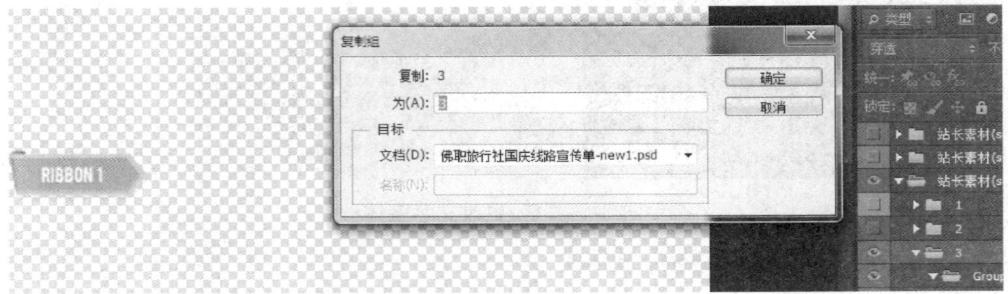

图 3-6-14　复制图标组

图 3-6-15　增加图标效果

在图 3-6-15 的基础上，将文字素材中有关国内游的信息粘贴到 Photoshop 中，设置文字颜色、字体、字号以及设置图层混合选项将字体描边等，效果如图 3-6-16 所示。接下来，在 Photoshop 界面点击【文件】—【置入】，选中桂林山水的图片，确定后图片置入到窗口中，然后选中当前图层，按【Ctrl】+【T】或者点击【编辑】—【变换】，将图片移到合适位置，效果如图 3-6-17 所示。

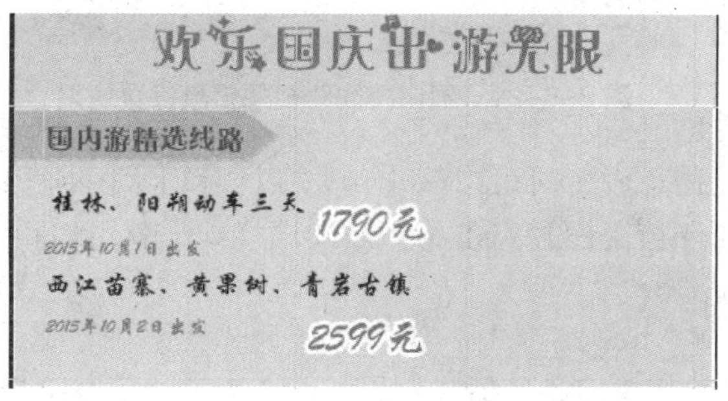

图 3-6-16　国内游线路信息录入效果

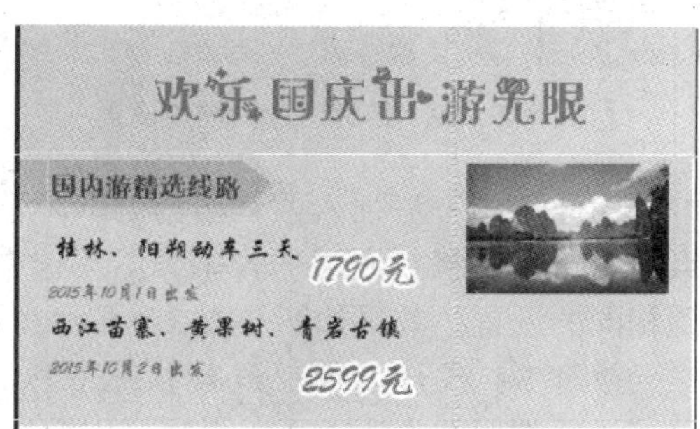

图 3-6-17　插入国内游图片效果

在图 3-6-17 的基础上，点击桂林山水图片所在图层，点击右键再点击【混合选项】进入如图 3-6-18 所示界面，将桂林山水图片进行描边设置，参数如图所示，点击确定后效果如图 3-6-19 所示。

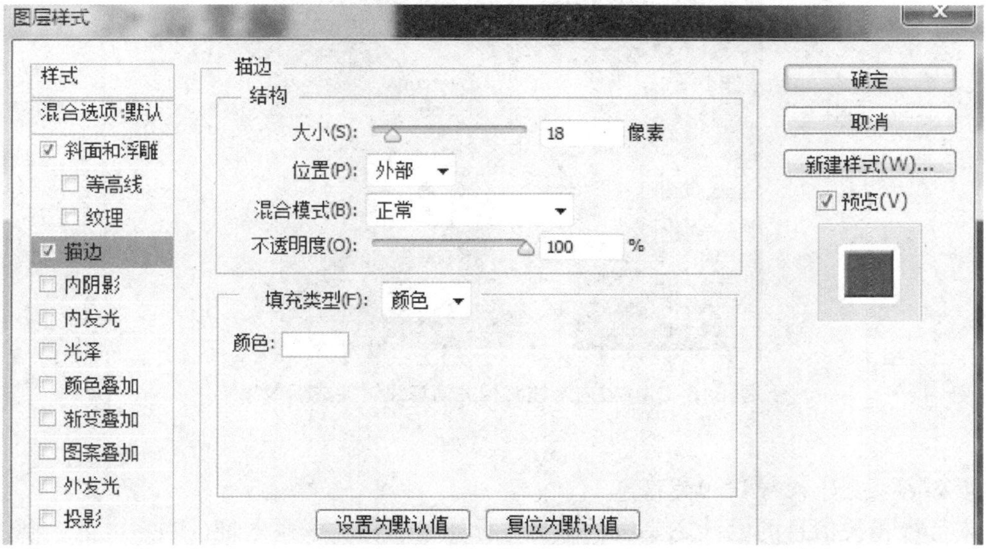

图 3-6-18　图层混合属性设置

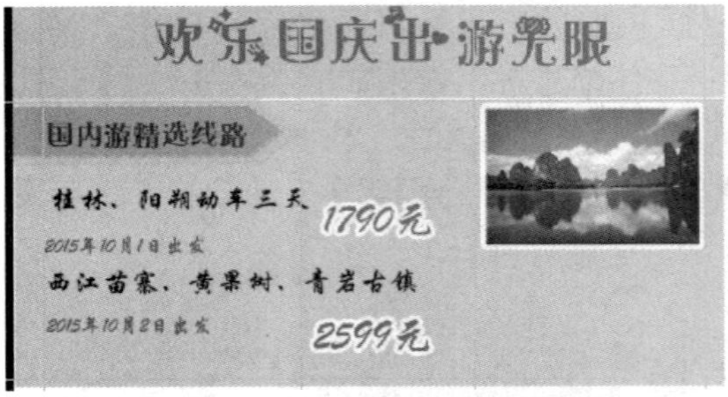

图 3-6-19　桂林图片的描边设置

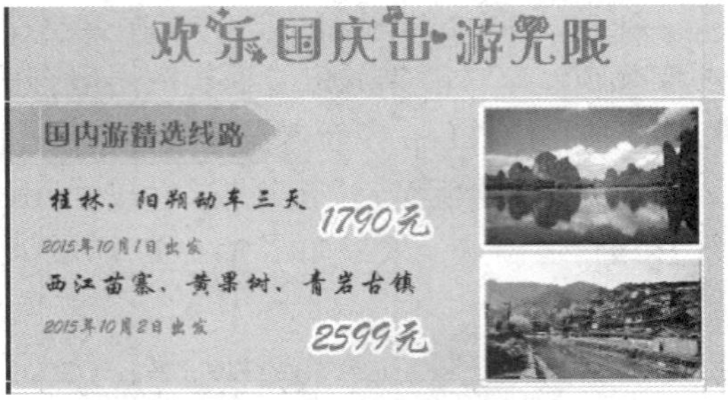

图 3-6-20　国内游线路相关信息设置效果

用同样的方法插入西江苗寨的图片，在描边设置时可以简化，先在桂林山水图片上点击右键选【拷贝图层样式】，然后选中西江苗寨图片点击【粘贴图层样式】就可以得到相同的设置，效果如图 3-6-20 所示。

步骤 5：设计省内游线路相关信息

运用类似的方法，可以设置省内游线路的相关信息，最终效果如图 3-6-21 所示。

图 3-6-21　省内游线路相关信息设置完成后效果

步骤 6：设计旅行社相关信息

旅行社相关信息的设计主要包括旅行社标志、名称、联系地址、联系电话、微信公众号图片等的设计，按照前面的格式将相关信息设计好后，效果如图 3-6-22 所示。然而团队成员觉得旅行社的标志下面似乎还缺少点什么，需要增加点东西，于是他们把旅行社的运营理念“开心之旅”这几个字输入到下面，效果如图 3-6-23 所示。

图 3-6-22　旅行社部分信息设置完成后效果

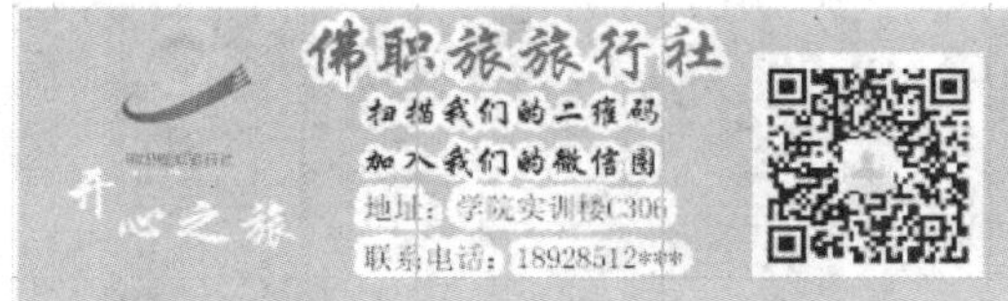

图 3-6-23　旅行社部分信息完善之后效果

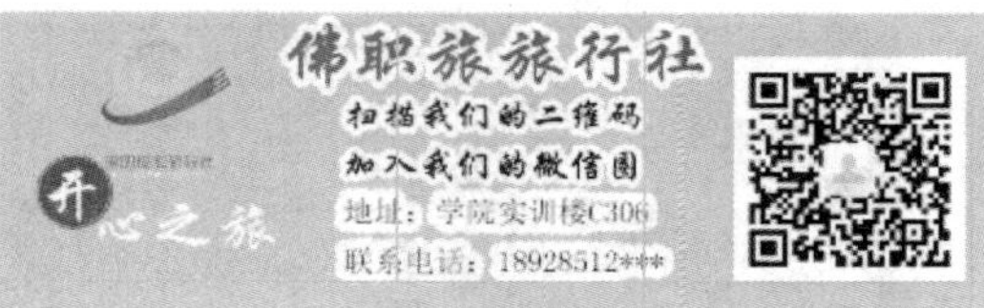

图 3-6-24　增加圆形之后效果

为了让效果更突出，小科团队在 PS 界面点击【椭圆工具】，按住【Shift】键，插入圆形图案，设置圆的填充色为 #006600，最后效果如图 3-6-24 所示（注意圆形图层在文字图层之下）。

将刚才的圆形图层复制 3 个图层，然后移动到相应位置更改填充颜色，最后整个宣传单的效果如图 3-6-25 所示。

图 3-6-25　佛职旅行社产品宣传单设计最终效果图

步骤 7：保存旅游产品宣传单

制作好旅游产品宣传单之后，点击【文件】—【储存为】，分别保存为 psd 与 jpg 两种格式，如图 3-6-26 与图 3-6-27 所示。

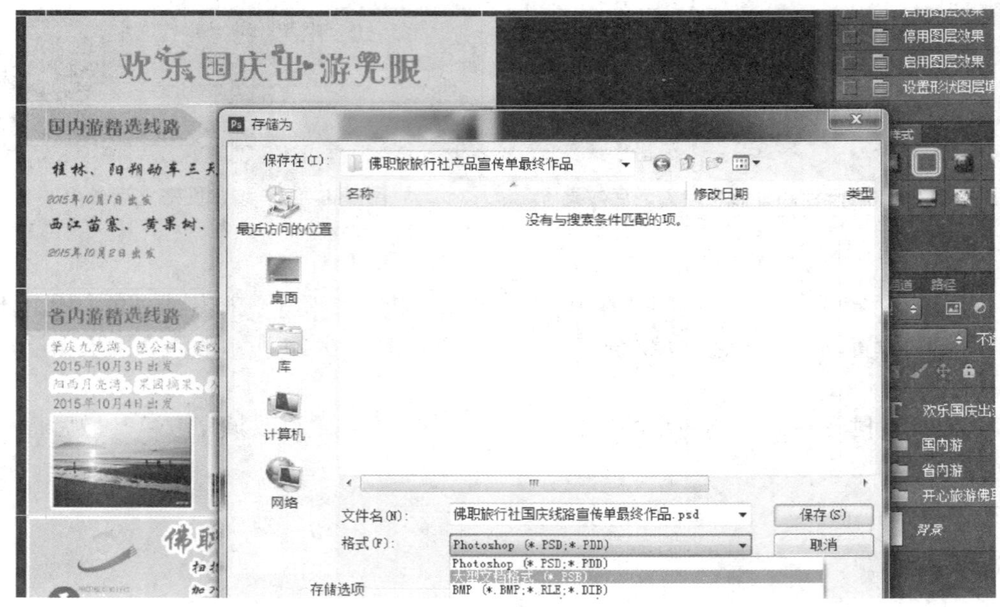

图 3-6-26　保存佛职旅行社旅游产品宣传单为 psd 格式

图 3-6-27　保存佛职旅行社旅游产品宣传单为 jpg 格式

佛职旅行社旅游产品宣传单最终作品文件如图 3-6-28 所示，共 2 个文件，一个是 jpg 格式的文件，一个是 Photoshop 格式的 psd 文件，可以拿去印刷或上传到网站。

佛职旅行社国庆线路宣传单最终作品.jpg

佛职旅行社国庆线路宣传单最终作品.psd

图 3-6-28　佛职旅行社旅游产品宣传单最终作品文件

学习评价

请根据你在本任务实施过程中的实际操作情况，完成评价表（表3-6-1）的相关内容。

表3-6-1　评价表

评价项目	评价依据	优秀	良好	中等	及格	继续努力
任务准备	是否熟悉Photoshop软件的工具应用，是否熟悉旅游产品宣传单的基本要求					
学习活动1	能否找到合适的案例资料					
学习活动2	能否搜集到高质量的案例素材					
学习活动3	能否制作出旅行社旅游线路产品宣传单图片					
任务效果	任务实施是否达到预期目的					
问题与感想						
任务综合评价						

知识链接

1. 旅游宣传单页

旅游宣传单页是旅游促销中宣传性印刷品中的基础品类，是吸引旅游消费者注意和了解旅游产品，激发消费者购买兴趣的有效媒介，通过优美的景点图片、协调美观的页面影响旅游者的决策过程，来发挥旅游促销的功能。同时，旅游宣传单页也是一种全面、权威的旅游信息传递载体，其能够对游客的满意度产生重要影响。

2. 旅游产品宣传单设计要求

旅游产品宣传单的设计要求如下：①要求整体界面协调美观，注意色彩的选择，形成强烈的视觉冲击；②内容简单，重点突出，体现旅游宣传主题，比如说突出线路优势；③体现所宣传旅行社的名称、标志、地址、电话等信息。

3. 旅游产品宣传单评价标准

要评价旅游产品宣传单设计效果，主要从以下几个方面着手：①选题，宣传单的主题选取是否合适，是以介绍旅游线路产品为主，还是以宣传旅行社形象为主；②页面，整个宣传单页面色彩搭配是否协调、美观，整体布局是否合理，整体是否给客人一种舒服愉悦的视觉效果；③宣传内容是否重点突出，是否达到宣传效果；④旅行社企业的名称、标志、地点、电话等信息是否全面。

任务 3-7 制作旅行社宣传微视频

任务引入

最近旅行社的领导听说微视频比较火爆，可以快速通过网络宣传旅行社的形象，领导们也希望制作本旅行社的微视频，以提升旅行社的形象，加强旅行社的宣传力度。制作微视频的工作由小科负责，因此小科团队又有了新的任务——制作旅行社宣传微视频。

任务准备

微视频的制作是一项艰巨的任务，涉及的内容非常广泛，需要深入企业调研，了解视频制作的目的与意义，要拍摄影像素材，最后制作出影像文件。要做到这些，需要了解影像图像制作的基本方法，所需的知识储备非常多。

任务实施

学习活动 1 学习旅行社优秀宣传微视频与企业调研

小科团队要制作旅行社的微视频，就得先学习网络上其他旅行社的优秀微视频，目前团队成员共下载了几个微视频进行学习，如图 3-7-1 所示，这些微视频的制作各有特色。

图 3-7-1 旅行社宣传微视频案例

小科团队成员深入佛职旅行社开展调研活动，了解到佛职旅行社目前是佛职院旅游管理专业的一个校内实训基地，由佛职旅游协会负责管理，与佛山市某大型旅行社合作，

负责旅行社旅游线路的推广与销售，主要的服务对象为佛职院的在校师生以及乐平镇工业园区周边企业的员工，旅游微视频制作的主要目的是宣传推广佛职旅行社，提升企业形象，吸引游客。

学习活动 2　撰写旅行社微视频策划方案

小科团队在前期调研的基础上，开始着手设计旅行社微视频策划方案，以下是微视频策划方案的文本。

佛职旅行社微视频策划方案

1. 制作时长

总时间长度为 3 ~ 5 分钟。

2. 制作表现形式

将自然、唯美意境的画面与清新、质朴写实性的画面相结合，并配以精辟扎实的文字旁白和深情、激昂的音乐，构造出一部极具高品质、高水准、深层次、高端形象的旅行社宣传片。

3. 表现手法

以旅行社清新质朴的画面感动人，以大气的风范震撼人，实景影像运用意境唯美和大气动感、简洁的镜头，选取激情昂扬、节奏优美的音乐。

4. 制作形式

采用实拍、素材剪辑相结合的手法进行制作。

具体表现内容包括以下几个方面：

（1）片头开场——以大学生旅游的图片作为片头。

（2）展现九寨沟、西樵山的优美景点。

（3）展现军训大学生拿着旅游宣传册的场景。

（4）介绍佛职旅行社。

（5）展现佛职旅行社曾经组织的旅游活动。

（6）影片片尾——佛职旅行社的联系方式、致谢。

学习活动 3　撰写旅行社微视频分镜头脚本

小科团队成员在策划方案的基础上进一步讨论，确定每个画面的图片、视频与画外音 / 旁白或者字幕，最终定稿如表 3-7-1 所示。

表 3-7-1　佛职旅行社微视频分镜头脚本一览表

组镜	画面	画外音 / 旁白
1	大学生旅游图片	读万卷书，行万里路 爱学习爱旅游
2	九寨沟、西樵山旅游视频	钟情旅行；钟爱自由；梦想看似遥远，其实触手可及；生活的决定权，一直在你手上

续上表

组镜	画面	画外音 / 旁白
3	大学生旅游跳起照片	大学生旅游，旅游改变生活
4	军训学生手拿旅游宣传资料	更多体验、更多故事现在开始
5	佛职旅行社门市照片	佛职旅行社竭诚为你服务
6	在佛职旅行社门市内部，有禅之旅标志，佛职旅行社员工与游客互动照片	佛职旅行社与佛山市禅之旅合作 是佛职院旅游管理专业实训基地 我们专注大学生旅游
7	旅行社宣传资料展览图片	这里有优质的旅游产品供你选择
8	展示佛职旅行社组团活动照片	当你决定出发时，旅行中最困难的部分已经跨越了 我们将带给你不一样的大学生活
9	佛职旅行社参与旅游日活动	我们团队参与各种旅游活动
10	旅游活动照片	佛职人不懈的努力 是为了给你提供专业的服务 与你一起探寻旅行的意义
11	佛职旅行社的电话、地址、微信	专注大学生品质游 你身边的旅游专家
12	片尾	谢谢欣赏，小科团队制作

学习活动 4　拍摄微视频与搜集素材

小科团队为了完成上述分镜头脚本的内容，通过网络查询、现场拍摄等方式搜集到文字、图片、视频等相关资料，各类素材如图 3-7-2 所示。

图 3-7-2　佛职旅行社宣传微视频相关素材

学习活动 5　后期制作旅行社宣传微视频作品

小科团队成员完成了上述准备工作之后，开始进入紧张的微视频后期制作阶段，微视频后期制作的软件有 Adobe Premiere、会声会影、爱剪辑等，团队最终决定使用相对专业且容易上手的会声会影，这次使用的版本是 Corel VideoStudio Pro X8。下面是小科团队制作微视频的整个过程。

步骤 1：新建佛职旅行社宣传微视频项目

点击【文件】—【新建项目】，就可以自动新建一个空白的项目文件，为了制作过程中能够及时保存，小科团队建好之后就点击【文件】—【保存】，文件名为“佛职旅行社宣传微视频”，保存之后，该项目名称就会出现在主界面中，如图 3-7-3 所示。

图 3-7-3　新建的佛职旅行社宣传微视频项目

步骤 2：设置大学生旅游效果

在会声会影中，有一些即时的模板可以使用，本次选中如图 3-7-4 所示中的 IP-04 模板，将它拉到时间轴上，然后点击覆叠轨上的图片，点击右键，点击【替换素材】—【替换照片】，把素材中的旅游图片替换进去，就得到如图 3-7-5 所示效果。

图 3-7-4　插入即时项目中的模板

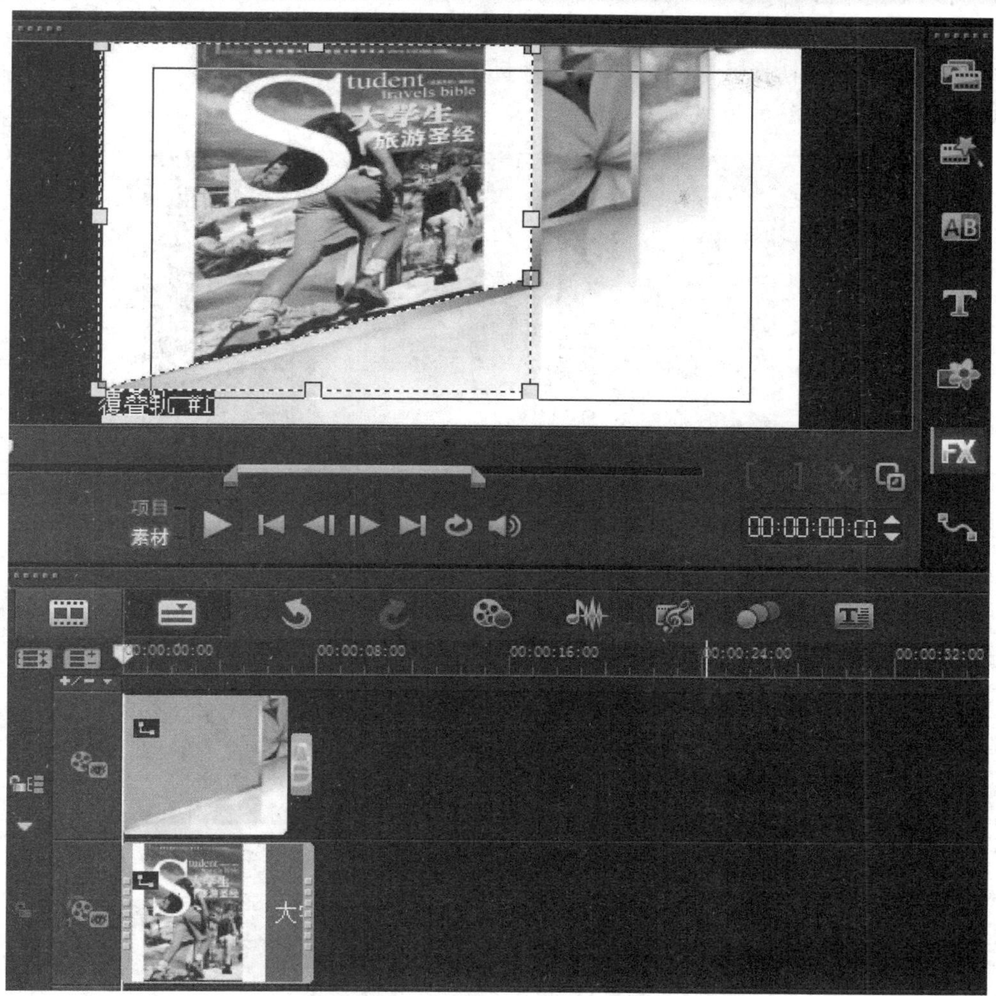

图 3-7-5　替换照片后的开头模板

小科团队发现现有轨道不够用，于是点击【轨道管理器】，进入如图 3-7-6 所示页面，增加覆叠轨 5、标题轨 1、声音轨 1、音乐轨 2。

轨道管理器
显示/隐藏轨：
视频轨 1
覆叠轨 5
标题轨 1
声音轨 1
音乐轨 2
设置为默认(S)　确定　取消

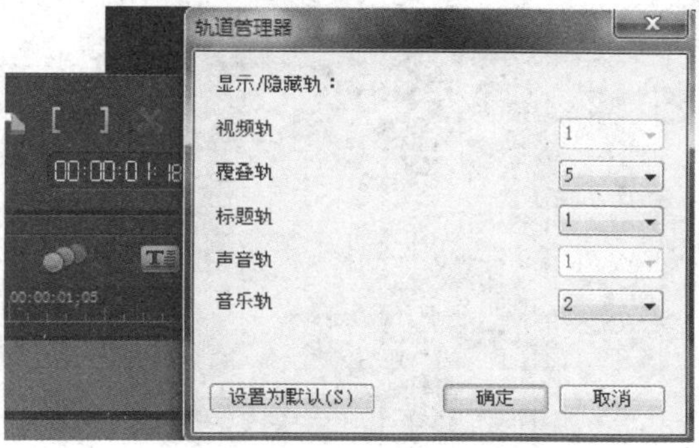

图 3-7-6　增加轨道窗口

接下来是添加佛职旅行社标志，点击【文件】—【将媒体文件插入到素材库】—【插入图片】，选中素材中的佛职旅行社标志，将它拖入到覆叠轨 3 上，照片区间为 0:02:43:02，效果如图 3–7–7 所示。

图 3–7–7　插入佛职旅行社标志

接着在标题轨道上添加文本“读万卷书，行万里路”，照片区间为 0:00:06:17，并在原版本上修改文本为“爱学习　爱旅游”，照片区间为 0:00:05:17，效果如图 3–7–8 所示。

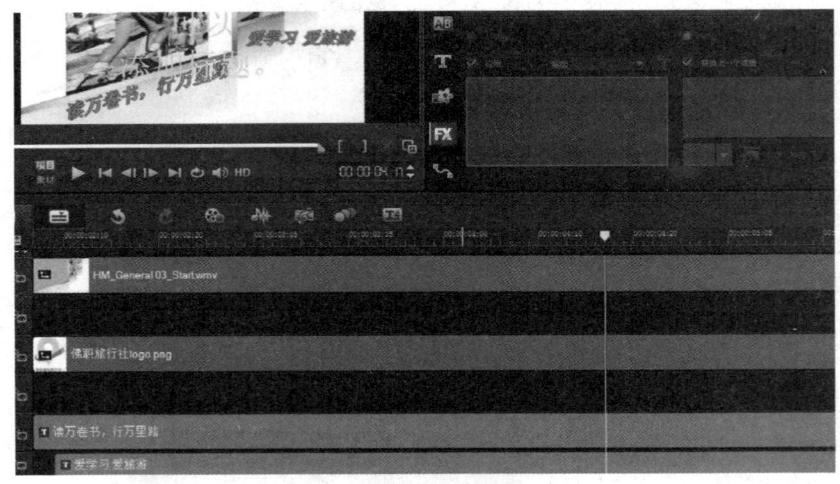

图 3–7–8　在标题轨与覆叠轨上添加文本

步骤 9：设置旅行社相关信息

最后进入总结部分，为了让游客能够参加旅行社团队而留下旅行社的联系方式等信息，将佛职旅行社描述为“专注大学生品质旅游，你身边的旅游专家”。

将相关素材拖入到时间轴中，设置时间长度为0:00:10:13，利用覆叠轨 5 与标题轨，将相关文本信息录入，效果如图 3–7–16 所示。

图 3–7–16　佛职旅行社相关信息设置效果

步骤 10：设置片尾信息

在视频的片尾设置视频的制作相关信息，填写有关谢谢欣赏、小科团队制作以及制作时间等信息，最终效果如图 3–7–17 所示。

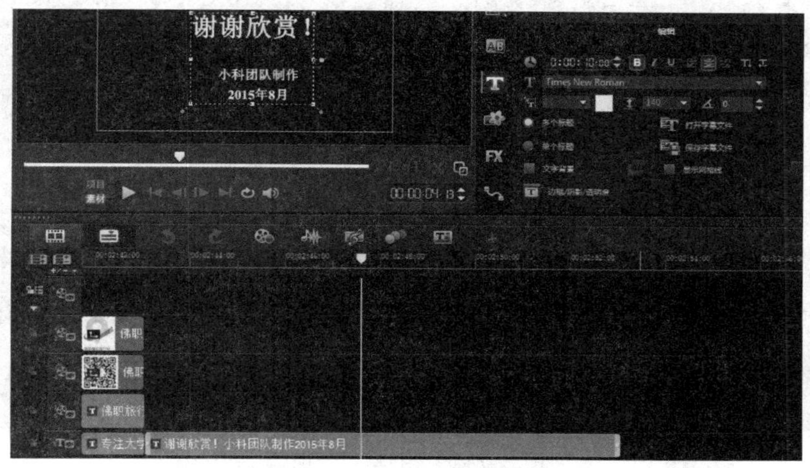

图 3–7–17　片尾设置信息效果

步骤 11：设置背景音乐

点击【文件】—【将媒体文件插入到时间轴】—【插入音频】—【插入到音乐轨#2】，选中准备好的音乐“ST6 节奏王道 320kps.mp3”，最终效果如图 3-7-18 所示。用剪切工具将音频文件分为两个部分，多余部分删除，并设置音频为淡出效果。

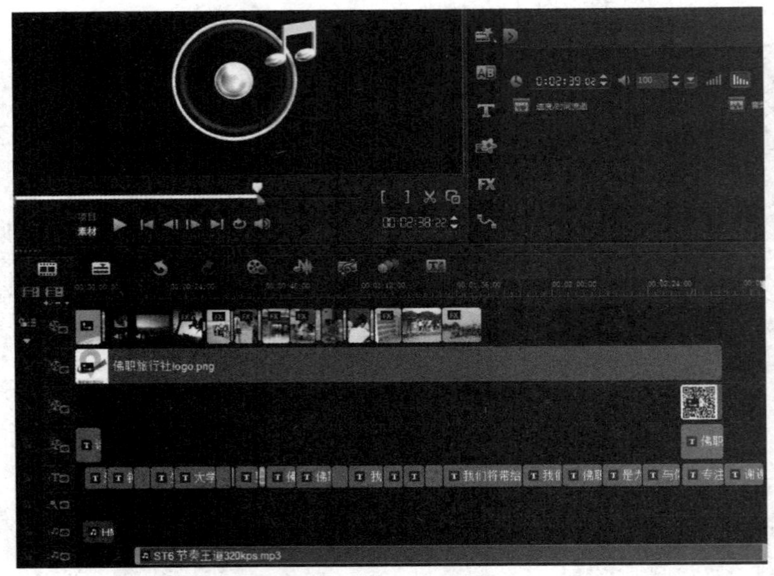

图 3-7-18　设置背景音乐效果

步骤 12：共享视频（导出视频）

全部完成之后，点击【共享】，就进入如图 3-7-19 所示页面，在页面右侧可以选择导出文件的格式。本次小科选择【与项目设置相同】，然后点击【开始】，就开始渲染视频，过一段时间就会出现如图 3-7-20 所示弹窗，显示已成功渲染。

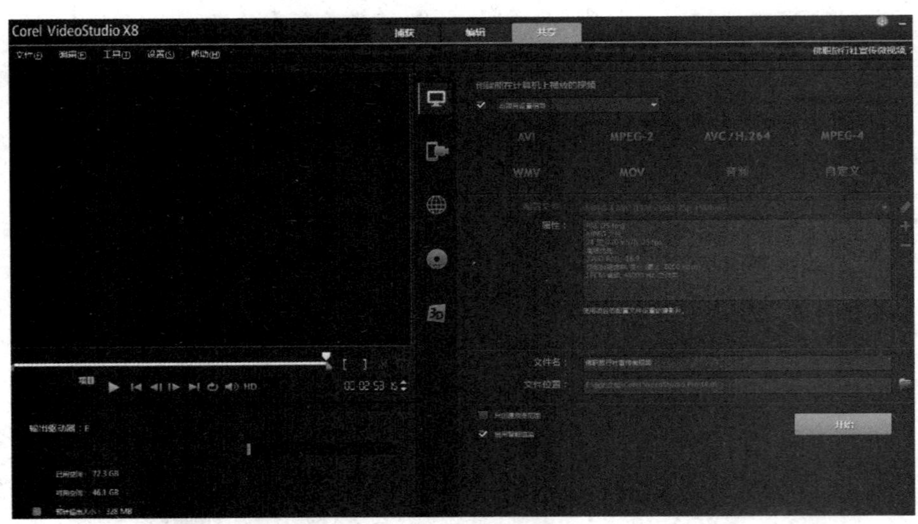

图 3-7-19　共享视频窗口

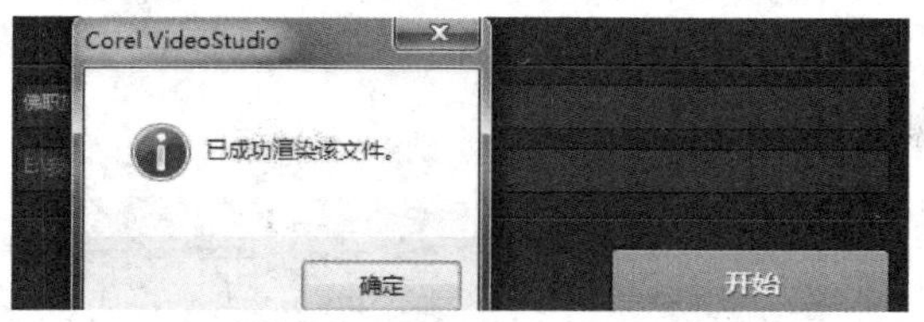

图 3-7-20　已成功渲染文件窗口

成功渲染之后，视频文件保存在默认文件夹内。如图 3-7-21 所示，文件名为“佛职旅行社宣传微视频 .mpg”。

图 3-7-21　已成功保存的佛职旅行社宣传微视频文件

打开图 3-7-21 中文件名为“佛职旅行社宣传微视频 .mpg”的文件，即开始播放，图 3-7-22 所示界面是该视频文件播放的第一屏。

图 3-7-22　佛职旅行社宣传微视频第一屏

步骤 13：保存模板

为了将制作的效果保存下来与其他人分享学习，可将制作的项目保存为模板的形式，以后只要点击保存的 vsp 文件即可打开。

点击【文件】—【导出为模板】，就会出现如图 3-7-23 所示的保存模板确认窗口，点击【是】就完成模板保存了。

图 3-7-23　保存模板确认窗口

然后就会弹出如图 3-7-24 所示窗口，选中某一个帧作为模板缩略图，设置路径与类别，点击【确定】，最后出现项目成功导出为模板窗口，如图 3-7-25 所示。

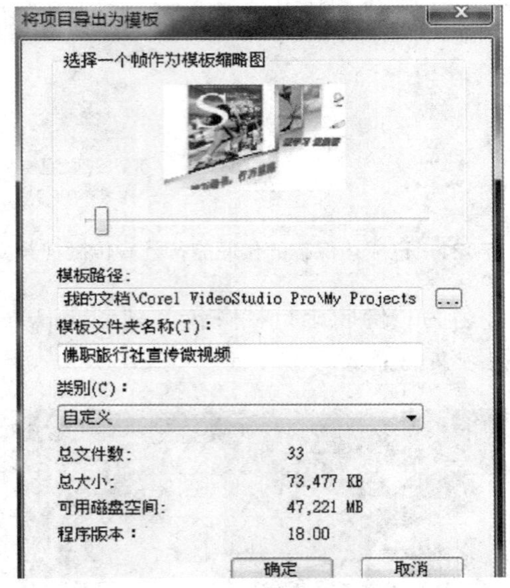

图 3-7-24　项目导出模板参数设置窗口

图 3-7-25　项目成功导出为模板

保存成功之后，在前面图 3-7-24 所示文件夹中可以找到保存的模板，打开文件夹里面的内容如图 3-7-26 所示。当文件复制到其他电脑，安装了会声会影 X8 以上的版本之后，点击“佛职旅行社宣传微视频 .vsp”文件，即可运行，查看项目情况，可替换素材进行修改。

图 3-7-26 佛职旅行社宣传微视频模板

任务资源

表 3-7-2 任务资源

网站名称	对应 APP 二维码
华侨城旅行社宣传片	
苏州文化国际旅行社宣传片	

续上表

网站名称	对应 APP 二维码
深圳捷旅国际旅行社宣传片	
佛职模拟旅行社宣传微视频	

学习评价

请根据你在本任务实施过程中的实际操作情况，完成评价表（表 3–7–3）的相关内容。

表 3–7–3　评价表

评价项目	评价依据	优秀	良好	中等	及格	继续努力
任务准备	是否了解企业宣传微视频的基本要求					
学习活动 1	是否能分析现有各企业微视频的优缺点，企业调研是否能了解视频制作目的、企业基本情况等信息					
学习活动 2	微视频策划方案是否有创意					
学习活动 3	分镜头脚本的撰写是否详细、合适					
学习活动 4	能否搜集到视频、音频、文字等相关素材，素材质量如何					

续上表

评价项目	评价依据	优秀	良好	中等	及格	继续努力
学习活动 5	能否运用会声会影顺利制作微视频					
任务效果						
问题与感想						
任务综合评价						

知识链接

1. 宣传片

宣传片就是用制作电视、电影的表现手法对企业内部的各个层面有重点、有针对性、有秩序地进行策划、拍摄、录音、剪辑、配音、配乐、合成输出制作而成的影片。制作宣传片的目的是声色并茂地凸显企业独特的风格面貌，彰显企业实力，让社会不同层面的人士对企业产生正面、良好的印象，从而建立对该企业的好感和信任度，并信赖该企业的产品或服务。宣传片是目前宣传企业形象的最好手段之一，可与广告相媲美。

2. 产品宣传片

产品宣传片意在突出产品的特点和功能，每个产品都有自己的形象，每个产品都有自己的特点，我们不仅要了解产品的功能定位，更要了解产品的本质特征，做产品宣传片意在体现出由产品所展示的品质、品位和品形到品牌的过渡。产品宣传片还可以用在促销、会展、招商、产品发布会等各种场合，从而可以帮助企业实现企业—代理商—经销商—零售商—消费者对企业形象和产品的共识。

3. 企业宣传片

企业宣传片意在树立企业形象，企业宣传片是企业强有力的展示，是全体受众对企业的一个全新接纳，一部策划优良的企业宣传片可在几分钟内向目标观众传递几万文字和几百张图片所表现的信息量，因为人们接受信息时有百分之九十以上是通过视觉接受的，而影像的信息密度尤其大，更重要的是能为企业本身和客户都节约许多宝贵时间。

4. 宣传片制作一般流程

（1）了解客户需求：即了解宣传片用途，面向的受众，了解项目的具体内容，有什么特点特色，哪部分是重点，哪部分是次重点。

（2）制作策划方案：策划方案是框架性的表述，主要根据项目的行业属性、特性来做创意，加入适合的元素，比如科技感或者中国风之类的。

（3）撰写分镜头脚本：策划方案通过之后就是写分镜头脚本，根据策划方案里面的框架写出旁白、字幕、画面等内容。

（4）拍摄与搜集素材：分镜头脚本制作好之后，根据脚本要求拍摄视频与图片，搜集相关素材。

（5）后期制作：运用会声会影或 Adobe Promiere 等视频编辑软件根据脚本文件对前期拍摄的影像资料进行加工处理，最终输出影像文件。

5. 宣传片策划文案注意事项

宣传片策划文案应注意以下几点，简单来说就是“八个字”，即欲、画、人、情、事、新、美、深。

欲：指对某一题材的最初感觉，该题材能否触动创作者的兴奋点，引起较强烈的创作和拍摄欲望。只有触动创作者的题材才能触动观众。

画：指拍摄对象（包括现场环境）是否具有可视性。人们对外部世界的感受 80% 以上来自视觉，因此作为视听艺术的宣传片首先应考虑视觉效果，采用独特的拍摄手法发挥电视画面优势，把画面语言作为宣传片的本体。

人：指人物形象、气质、口才、个性等是否具有特色、魅力。主人公选择的准确与否直接影响一部宣传片的成败。

情：指能否“出情”，引起观众的情感共鸣。以情抓住观众，成功大半在握。

事：指有没有故事，细节是否吸引人。给观众叙述一个真实动人的故事，好过强塞给群众一部二三流的虚构电影故事片。

新：指题材、角度、拍摄手法等是否新颖奇特。要做到人无我有，人有我新。创新、突破应是艺术创作者永远的追求。

美：指能否给观众以某种审美愉悦。一部优秀的宣传片必然是美的艺术品，或真实动人净化心灵，或教人向善升华境界，或意境优美令人神往。

深：指是否有挖掘的潜力（具有思想意义和美学价值）。那种“小中见大，平凡中蕴深意，一滴水见太阳”的题材最需要选择者用慧眼去发现、去拍摄。

6. 视频编辑三大步骤

第一步是采集。在拍摄完成后需要把视频内容传入计算机，随着 DV 的普及，视频采集的过程变得相对简化，只要计算机上配有 IEEE 1394 接口，通过 1394 电缆把 PC 与数字摄像机连接起来，就可以利用软件来控制摄像机，进行搜寻、采集或播放工作。采集的格式主要由采集软件来设定，现在很多软件都可以直接采集 MPEG-2 和 DV 等高清格式。

第二步是编辑。数字视频的编辑工作主要是依靠软件来完成，一般的编辑软件都包括素材整理、转场切换与特效、配音与添加字幕等功能。视频编辑软件可以很轻松地完成大多数你想象得出的视频处理工作，你可以重新安排场景顺序、添加字幕、在不同镜头间设置切换效果、用滤镜添加特殊效果、重新配音等。

第三步是输出。编辑完成之后的视频节目需要选择合适的方式输出，才能与别人分享自己的作品。最常见的就是刻录成 DVD 光盘，目前很多视频编辑软件都集成了 VCD/

任务实施

学习活动 1　收集旅游目的地网站评价资料

小科团队要对旅游目的地网站进行评价，首先要参考前人的经验，于是他们团队成员上网查找了有关旅游目的地网站评价的论文、网页等相关资料，团队成员查找到的部分资料如图 4–1–1 所示。

2015最新国家5A级景区名录.xls
基于地方政府旅游门户网站的目的地_省略_市_区旅游官方门户资讯网站为例_吴相利.pdf
景区网站评价中的文化属性探讨_章长城.pdf
旅游电子商务网站旅游目的地评价.ppt
旅游目的地营销组织官方网站评价方法_吴楠.pdf
我国5A级旅游景区网站功能评价及优化对策_袁梦如.pdf

图 4–1–1　旅游目的地网站评价部分资料

学习活动 2　了解旅游目的地网站评价方法

小科团队成员阅读所搜集的相关资料，了解旅游目的地网站的评价方法。将旅游目的地进行分类，可分为旅游目的地国家、区域性旅游目的地、城市旅游目的地与景区旅游目的地。查询的相关资料涉及两类：一种是地方政府旅游门户网站（包括省、市旅游局官网），另一种是旅游景区（主要是指 5A 级景区）网站。小科团队所关注的主要是旅游景区网站的评价，并对旅游景区网站评价方法进行了简单概述。

旅游目的地网站评价方法

从阅读的文章来看，对旅游目的地网站的评价有很多种方法，这些方法以技术评价为主，有的从功能方面进行评价。下面总结出四种主要的网站评价方法：

（1）平衡计分卡方法。平衡计分卡法是指对网站营销策略、网页设计、市场营销和信息技术质量等方面的评价，采取打分的方法。曾经有人采用这种方法对比分析中国（16 个省旅游局和 18 个市旅游局）与美国（30 个）旅游目的地网站的差异。

（2）互联网商务应用扩展模型评价方法。该方法主要从网站的三个角度进行评价，基于网络的推广阶段（基本信息层次与丰富信息层次）、信息和服务提供阶段（低水平交互—中水平交互—高水平交互）以及交易处理阶段。

（3）ICTRT 方法（信息—通信—交易—关系—技术，Information-Communication-Transaction-Relationship-Technical Merit）。该方法对旅游目的地网站的评价主要从以下四个方面进行：第一是最新和准确的旅游信息提供。第二是网站管理者与消费者的有效和恒定的通信。第三是网站可靠和无缝的电子交易。第四是网站与网站浏览者适当和可持续的关系维护。

（4）网站功能评价方法。该方法主要从网站首页链接速度、内容更新速度、是否一级域名、国际信息（语言版本）、主要链接数、旅游指南、是否有在线预订功能、是否有游客互动系统等角度进行评价。

学习活动 3　建立旅游目的地网站评价指标

小科团队将上述评价方法进行综合，设计出评价旅游目的地景区网站的指标体系，主要评价指标如表 4-1-1 所示。

表 4-1-1　旅游目的地网站评价指标

序号	评价指标
1	以景区为关键词搜索，搜索引擎结果有多少个
2	以景区为关键词搜索，官方网站排在第几位
3	官方网站首页链接速度（从点击网站或输入网址到网站状态栏显示完成，平均时间以秒为单位）
4	网站域名是什么，是否一级域名
5	网站语言版本（中文、英语、日语等）有几个
6	网站首页链接数有几个
7	网站首页是否有动画
8	网站首页画面是否协调美观
9	网站首页是否有微博、微信链接
10	网站是否有关于景点人文历史信息的详细介绍
11	网站是否有景区游览线路图与注意事项提醒
12	网站是否有在线预订功能，预订哪些产品
13	网站内容是否及时更新（最近更新消息时间）
14	网站有哪些游客互动功能（在线留言、论坛、会员注册、联系电话等）
15	网站文章是否能分享到微信、微博、QQ 空间、人人网等
16	网站是否有游客流量预测系统
17	网站是否有搜索功能
18	网站文字、图片搭配是否美观，适宜阅读
19	网站最满意三项
20	网站最不满意三项
21	您给本网站提出三项改善建议

学习活动 4 撰写旅游目的地网站评价报告

小科团队成员准备从全国 5A 级景区中选择几个景区的网站进行评价，广东省外选一个，广东省内选一个，佛山市选一个，最后团队选取了九寨沟、长隆欢乐世界、南海西樵山三个旅游目的地的网站进行评价。

旅游目的地网站评价报告

1. 旅游目的地网站评价基本情况

小科团队成员于 2015 年 8 月份分别对九寨沟、长隆欢乐世界、南海西樵山三个旅游目的地的网站进行评价，主要从网站速度、设计、功能等 21 个方面进行评价，网站评价的最终结果如表 4–1–2 所示。

表 4–1–2 旅游目的地景区网站评价一览表

序号	评价指标	九寨沟	长隆欢乐世界	南海西樵山
1	以景区为关键词搜索，搜索引擎结果有多少个	3 930 000	328 000	186 000
2	以景区为关键词搜索，官方网站排在第几位	7	20	8
3	官方网站首页链接速度（从点击网站或输入网址到网站状态栏显示完成，平均时间以秒为单位）	7	7	6
4	网站域名是什么，是否一级域名	http://www.jiuzhai.com，是	http://www.chimelong.com/happy，是	http://www.xiqiaoshantour.com，是
5	网站语言版本（中、英、日等）有几个	中文，English，Deutsch，Francaise，Pycckuu，Espanola，Portugues，Italian；8	中文，English；2	中文，English，日文；3
6	网站首页导航栏目有几个	8	10	12
7	网站首页是否有动画视频	有	有	有
8	网站首页画面是否协调美观	是	是	是
9	网站首页是否有微博、微信链接	有微博，没微信	微博、微信都有	有微博，没微信

续上表

序号	评价指标	九寨沟	长隆欢乐世界	南海西樵山
10	网站是否有关于景点人文历史信息的详细介绍	有	无	有
11	网站是否有景区游览线路图与注意事项提醒	无	有	有游览路线，但没有注意事项提醒
12	网站是否有在线预订功能，预订哪些产品	有，可预订飞机票、车票、门票、酒店	有，有预订门票与酒店的功能	有，可预订门票、绿色自行车、酒店以及订购西樵大饼
13	网站内容是否及时更新（最近更新消息时间）	及时更新（2015年8月31日）	没有及时更新（2015年7月11日）	更新速度一般（2015年8月17日）
14	网站有哪些游客互动功能(在线留言、论坛、投诉、会员注册、联系电话等)	投诉、联系电话、景区咨询、局长与书记信箱、搜索	客服热线	在线咨询、论坛、联系方式、会员注册
15	网站文章是否能分享到微信、微博、QQ空间、人人网等	能	能	不能
16	网站是否有游客流量预测系统	有	无	无
17	网站是否有搜索功能	有	无	无
18	网站文字、图片搭配是否美观，适宜阅读	美观、适宜	一般，新闻速递栏目新闻报道的文字字体有点小	美观、适宜
19	网站最满意三项	第一，景区咨询与投诉电话就放在首页,很方便;第二，网站有预订功能;第三，网站有详细的景点人文历史介绍且信息更新及时	第一，首页的动画宣传片生动活泼，很有吸引力;第二，网站的图片美观、生动;第三，网站内容设计比较人性化，如有游园指南、园区地图、交通指南等	第一，首页内容布置清晰、美观;第二，网站设计的栏目内容合理、吸引人;第三，每个景点的介绍详细，图片清晰、美观

7. 旅游目的地电子商务基本模式

从旅游目的地电子商务的整体来看，其模式主要有目的地营销组织（Destination Marketing Organization，DMO）与旅游者之间电子商务（B2C）、DMO 与旅游产品供应商（当地旅游服务企业）以及旅游中间商之间电子商务（B2B）、DMO 与目的地行政主管部门之间电子商务（B2G）和旅游者与旅游者之间电子商务（C2C）等。

8. 旅游目的地电子商务的发展阶段

（1）萌芽阶段（1997—2000 年）。

我国真正出现基于互联网的旅游网站以 1997 年中国旅游资讯网和华夏旅游网的成立为标志，此阶段的旅游网站信息很少，只是由一到数张设计简单、以景点介绍等简单文字为主的网页构成。

（2）起步阶段（2000—2001 年）。

2000 年 4 月以网上预订为主的中青旅在线诞生，电子商务模式首次被引入旅游网站。此阶段的旅游网站提供的预订服务一般只包括交通及住宿企业的电话等联系方式，游客的预订仍需绕开网站，直接与相关企业打交道。网站资讯信息已日益丰富，并由层次分明、包含超级链接的网页组成。

（3）发展阶段（2001—2002 年）。

2001 年 2 月，随着金旅雅途的成立，我国出现了一批以网上交易平台服务为主要业务的旅游网站。此时旅游网站已有较强的互动性，且开始提供一些在线服务。网上预订的业务也大大增强，只是游客在网上预订客房后仍需通过银行途径汇款，预订的飞机票等也需派人上门递送，属于“鼠标 + 水泥”的模式。

（4）完善阶段（2002—2009 年）。

2002 年 4 月我国第一个旅游目的地营销系统“南海目的地营销系统”在广东省南海区建成，南海旅游网成为我国首个运行 DMS（旅游目的地营销系统）的旅游网站。从此阶段开始，功能强大的数据库系统使游客可以很方便地实现食、住、行、游、娱、购等信息的在线查询，甚至可以借助多媒体工具进行网上虚拟旅游。

（5）新探索阶段（2009 年至今）。

随着 2010 年微博和网络团购、2011 年微信等互联网新兴工具的诞生，微博平台、网络团购活动、微信公众号已经成为旅游目的地树立品牌形象与推进产品销售的重要渠道，未来 3 ~ 5 年将会继续占据市场的重要地位。

9. 旅游目的地电子商务未来发展趋势

从我国旅游市场发展情况来看，旅游电子商务未来的发展趋势主要围绕两个方面进行：一是传统旅游电子商务运营模式的完善，二是新兴旅游电子商务运营模式的发展。传统旅游电子商务运营模式主要是指携程模式、旅游垂直搜索服务模式及在线旅行社模式，这三种模式在未来会选择不同路径来发展与完善。在现有模式不能对旅游电子商务市场构成全面覆盖的情况下，新兴模式的产生是不可避免的，团购模式、旅游点评模式和移动互联网模式是我国当下在线旅游销售领域的新兴旅游电子商务运营模式。随着微博、微信等社交网络的崛起，倡导开放、参与、分享、创造的理念，基于互联网思维推动旅游顾客群主导将成为在线旅行模式的未来发展方向。

10. 旅游景区网站

旅游网站是指基于互联网，拥有自己的域名，由若干个网页组成的网页组，在网页上存储一系列文本、图像和声音类旅游景区信息的 web 站点。使用者可通过旅游网站浏览所需要了解的旅游信息。旅游景区网站属于旅游网站的一种，它应具有普通旅游网站所具有的旅游景区信息公布、旅游产品查询、在线预订以及在线咨询服务等功能，在展示形式上应运用图像、声音和一些程序展示出该旅游景区所独有的特色。

任务 4-2　设计旅游目的地网站方案

任务引入

小科所在的旅游景区目前还没有官方网站，景区领导考虑建设官方网站，因此希望小科与他的团队近期能够设计出一个本景区的官方网站规划方案。

任务准备

小科团队在对景区官方网站规划方案进行设计之前需要做一些准备工作，首先要对旅游目的地景区网站的架构、基本功能有比较全面的了解。

任务实施

学习活动 1　搜集旅游目的地景区网站规划方案相关资料

小科与其团队接到新的工作任务就是撰写旅游目的地景区网站建设规划方案，虽然有前期做过旅行社网站建设方案的基础，但是旅游目的地景区网站的建设与旅行社网站的建设还是存在很大差异的。于是他组织团队积极搜集规划方案相关资料，具体资料如图 4-2-1 所示。

旅游目的地门户网站的组构研究_乔红艳.pdf
旅游目的地门户网站中女性形象的探析_李拉扬.pdf
旅游目的地品牌建设中景区口号及其_省略_4A级旅游景区官方网站的内容分析
政府旅游网站与旅游目的地形象建构研究_以周庄旅游网为例_郭晶晶.pdf
中国旅游目的地资讯网站构建要素评测分析_练红宇.pdf
景区网站建站方案书.doc
山东省城市旅游网站建设方案.doc
网站设计方案(模板).doc

图 4-2-1　旅游目的地网站规划相关资料

通过阅读相关文章，小科团队了解到网站规划方案的基本框架主要包括以下几个方面。团队成员理清了思路，撰写网站规划方案也从这几个方面入手。

（1）旅游目的地景区的基本情况。

（2）旅游目的地景区的市场分析，包括旅游目的地建站目的、客户需求、已有资源、要实现的主要功能、业务目标等。

（3）旅游目的地网站功能定位与主要内容，包括旅游目的地网站主要功能模块、主要页面及首页、栏目规划、导航的使用、互动性，网站的风格色调、标志与框架结构，旅行社网站网页的布局（布局模式、主题、导航条、友情链接）。

（4）网页设计与制作相关的技术实现要求。

（5）网站推广渠道。

（6）网站费用整体预算。

学习活动2　开展企业需求调研

为做好旅游目的地景区北湖的网站建设规划，团队成员深入企业各部门开展调研，同时现场勘察体验北湖的魅力。据了解，北湖由云东海街道管理，北湖及周边地区是一块生态宝地，森林覆盖率达80%，陆地水体比例约为7：3，山水相连，山环水抱，自然环境优美。云东海街道党工委、办事处正全力推进北湖的生态恢复和建设，用国际视野和战略眼光谋划云东海北湖，从建设“现代工业之区、生态时尚之城、幸福长寿之乡”的战略高度出发，全力推进北湖建设，打造佛山现代“新西湖”。目前北湖周边绿道已经基本建成，2012年三水云东海国际铁人三项赛在北湖绿道举行。现在景区周边的酒店、会展等配套设施建设还不到位，但景区雏形已经呈现，周末会有一些游客在徒步或骑行，还有准新婚夫妇在拍摄婚纱照。目前北湖网站建设的主要目的是为游客提供服务、宣传景区，吸引爱好运动的自助游游客，提高景区的知名度与美誉度，培养潜在客户，建立景区论坛共谋景区建设与发展。

学习活动3　撰写旅游目的地网站方案

“三水北湖景区”网站规划方案

1. 三水北湖旅游景区

“三水北湖旅游景区”位于风景秀丽的北江之滨，三水区西南镇之北郊，是三水市委、市政府“名牌带动，生态规划，科教兴市”跨世纪战略的重大举措成果。它的远期规划是以旅游观光、休闲度假、娱乐运动、高尚住宅、服务项目为主要功能，以回归自然为特点，以山水结合、林茂花繁为景观特色。目前该景区的基本雏形已经形成，免费向游客开放，是周末徒步、骑自行车的好去处。

2. 市场分析

目前三水区周边景区包括三水森林公园、三水荷花世界、侨鑫生态园、三水温泉等都建设有官方网站。三水北湖虽然没有完全开发，但北湖那烟波浩渺、波光粼粼的湖面，幽静的绿道，雅洁、妩媚、可爱的荷花，吸引了周边游客前往徒步、骑车，目前免费向游客开放，是周末休闲的好场所。在开发初期建设网站，可以培育潜在客户，提高景点的知名度与美誉度。

3. 功能定位和内容规划

（1）网站功能定位。

网站的功能定位于介绍景区的发展动态，宣传旅游景区的自然风光，吸引更多的旅游者，主要以服务游客为主要目的，培育潜在游客。

（2）网站总体风格。

在网站建设的初期，主页只提供简体中文一个语言版本，网站设计风格要适合休闲运动型游客的特点，页面设计以蓝色为主色调，突出景点的自然美。

（3）网站内容规划。

网站的主要栏目包括首页、北湖概况、北湖动态、北湖风景、北湖绿道、关于我们等栏目（如表 4-2-1 所示）。

表 4-2-1 网站首页布局一览表

<table>
<tr><td>景区标志</td><td colspan="6">景区动画或图片</td></tr>
<tr><td>首页</td><td>北湖概况</td><td>北湖动态</td><td>北湖风景</td><td>北湖绿道</td><td>关于我们</td><td>在线客服</td></tr>
<tr><td colspan="3">宣传图片</td><td colspan="4">北湖动态</td></tr>
<tr><td colspan="3">骑行活动</td><td colspan="4">北湖风景</td></tr>
<tr><td colspan="7">COPYRIGHT © 三水北湖景区</td></tr>
</table>

各栏目及时更新各种旅游信息，并将公司的特色服务信息放在首页，且有微信公众号等关注本站链接信息，同时各栏目文章需提供分享到微信、QQ 好友、QQ 空间等平台。

网站需要提供较完善的后台支持，包括网站系统管理、旅游产品维护、旅游产品订单管理、会员管理、新闻管理、友情链接、网站流量统计等功能。

4. 技术解决方案

鉴于模拟景区处在起步阶段，为节约成本，服务器使用第三方虚拟主机，后台服务直接使用开源的 Wordpress 系统，Wordpress 使用模板技术，模板可以委托第三方专业的模板公司设计。

5. 网站推广

从成本角度出发，可最先考虑以下几点推广方案：

网络推广：发动周边朋友通过 QQ 群、校友录等网络方式进行推广。

网站优化：包括优化网站代码、标题、关键字等，让页面在搜索引擎里尽量排得靠前。

竞价推广：暂时不利用百度竞价推广，公司承担不了竞价推广费用。

6. 整体预算

实施“三水北湖景区”网站建设主要开支包括以下几个方面。

网站开发费用：2.5 万（包括页面设计和代码开发）。这是咨询专业网站公司提供的基础报价。

服务器租用费：虚拟主机 600 元每年，域名费用 120 元每年。

网站维护费：包括内容和功能的更新、人员投入、网站推广等，0.5 万元每年。

注：北湖网站建设方案纯属个人兴趣，与云东海街道没有实际上的合作，里面的一些资料来自于模拟景区公司与现场调研。

学习评价

请根据你在本任务实施过程中的实际操作情况，完成评价表（表 4–2–2）的相关内容。

表 4–2–2　评价表

评价项目	评价依据	优秀	良好	中等	及格	继续努力
任务准备	是否了解旅游目的地景区网站的结构与功能					
学习活动 1	能否搜集到可供景区规划方案参考的相关资料					
学习活动 2	能否顺利开展企业调研，是否能够获取到所需素材与资料					
学习活动 3	规划方案撰写是否规范，能否满足网站建设前期分析的需要					
任务效果	任务实施是否达到预期目的					
问题与感想						
任务综合评价						

知识链接

1. 旅游目的地营销系统

旅游目的地营销系统（Destination Marketing System，DMS）是由政府主导、企业参与建设的一系列应用。该系统将目的地所有资源作为一个主体进行整合、策划，树立独具

特色的目的地形象，满足旅游者的个性化需求，并为之提供解决方案。

2. 旅游目的地网站

旅游目的地电子商务网站是指基于Internet和Extranet，拥有自己的域名，由若干相关的网页组成网页组，利用网络技术，从旅游专业角度，整合传统旅游资源，提供全方位多层次的网上旅游新场所，是旅游信息系统的传输媒体和交流的窗口。

旅游目的地电子商务网站是旅游目的地的各种机构或团体自行建立，以宣传本地风光、发布地方信息为主的旅游网站，起着提供旅游目的地信息、宣传旅游目的地整体形象、通过电子商务手段增加目的地旅游销售的重要作用。

我国的许多旅游目的地陆续建设了专门的网站，不少网站信息翔实，且规划设计极富特色，给远方的旅游者带来极具吸引力的第一印象。如丽江旅游网（http://ljtravel.net）、九寨沟旅游网（www.jiuzhai.com）。目前，这类网站主要是介绍旅游景点的特色以及一些旅游景区的相关设施。

3. 旅游目的地电子商务网站基本需求

（1）明显的位置和值得信赖的身份。

无论是在搜索引擎上，还是在那些被旅游者关注的网站上，都要给自己一个明显的位置。在网站上明确标识出网站的运营者身份，也是很重要的一个工作，“相信权威”是绝大多数人的正常思维逻辑。

（2）方便的咨询渠道和详尽的联络方式。

有很多网站运营者喜欢在网站中嵌入基于在线技术的沟通工具，比如QQ、微信或者其他在线客服软件，这是可以的。同时还可用电话这种最传统和有效的方式，这要求网站上要有详尽的联络方式。

（3）地图。

一个旅游者面对一个陌生的旅游目的地，没有什么内容会比地图更有助于其了解一个旅游目的地了。地图并不一定只做一幅，可以根据不同的内容做出多幅地图。

（4）可靠的推荐。

网站最好能提供一些值得信赖的导游服务推荐信息，这是自助游客们所希望获得的。

（5）安全的在线支付。

安全的在线支付是旅游目的地电子商务网站的一个重要组成部分，在线支付使得游客可摆脱烦琐的传统支付操作，彻底享受目的地带来的旅游快乐。

（6）目的地漫游。

可以借助虚拟三维模拟技术，把目的地资源和服务特色通过漫游的方式，把游客吸引过来。有了上述这些，也许并不能确立网站的成熟度和竞争优势，但已经足够“俘获”旅游者的心。

4. 旅游目的地电子商务网站的定位

旅游目的地电子商务网站应将以网站为中心的理念转变为以消费者为中心的理念，尽最大可能去满足消费者的个性化需求，缔造个性化的旅游网站。如根据地理、风俗、文化等差异来设计个性化的旅游产品。做到准确定位需要开展以下活动：①推广网上社区，培养稳定客户；②广泛进行市场调研，确定用户信息需求；③建立旅游者数据库，

实现有效的客户关系管理；④多方合作实现旅游目的地网站的互动服务。

5. **旅游目的地电子商务网站的结构**

按照现阶段旅游目的地电子商务网站的基本需求，其典型前台结构如图 4–2–2 所示。

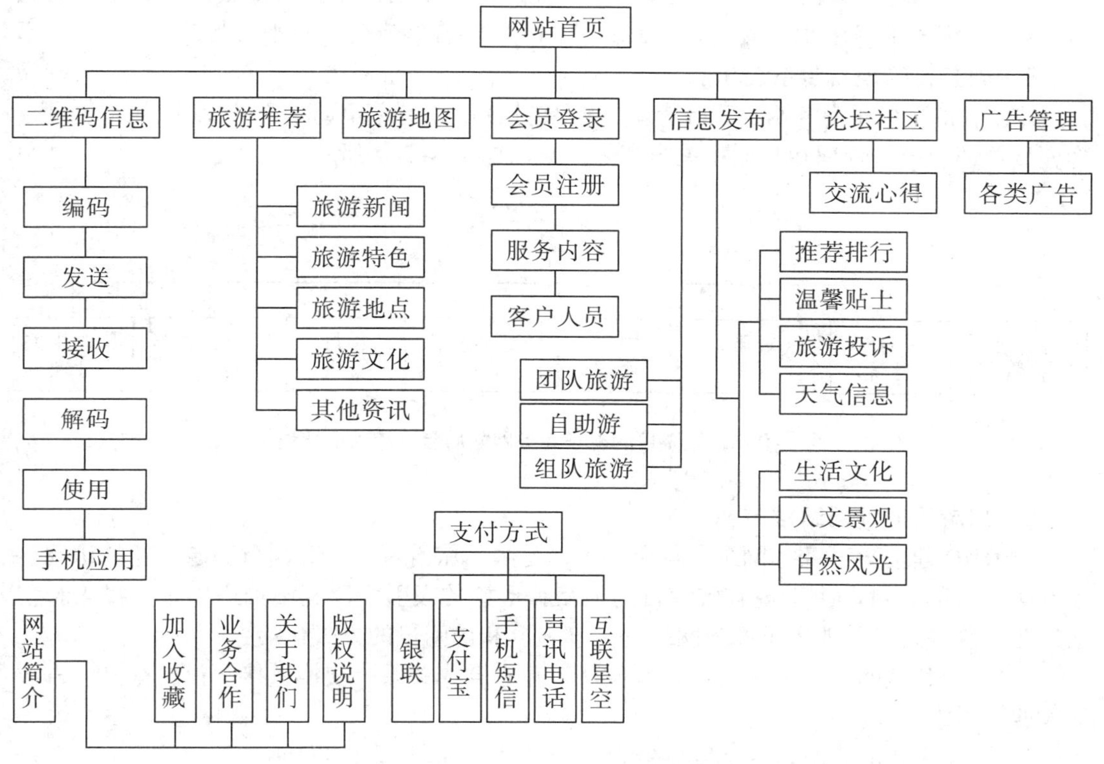

图 4–2–2 典型旅游目的地电子商务网站拓扑结构

6. **旅游目的地电子商务网站的功能**

（1）移动位置服务：随着新媒体技术的发展，手机已不仅是通信工具，还是公共和商业信息服务的主要媒介，成了人类的“影子媒体”。旅游目的地应充分重视手机这一媒介新趋势，开发旅游目的地信息服务的新领域，比如说短信息服务、移动位置服务、位置营销和移动商务等。

（2）目的地形象展示：旅游目的地网络营销的本质是通过互联网，为旅游者提供目的地信息，从而传播目的地形象，引导和促成潜在旅游者决策，实现旅游目的地的营销目标。

（3）结合 DMO 信息系统，旅游目的地电子商务网站还应该提供以下核心功能：①按类别、地理位置（通过电子地图）或按关键字等进行信息查询；②行程规划；③预订；④建立并管理消费者、访问者数据库（包括注册、会员资格和管理）；⑤客户关系管理；⑥市场促销；⑦市场研究与分析；⑧图片和视频库；⑨旅游节事活动规划与管理；⑩数据编辑与管理；⑪链接第三方信息来源，如天气预报、交通时刻表、旅游行程规划网站、

文艺演出和旅游节事活动的订票网站等；⑫在线支付。

7. 旅游目的地网站前台系统功能

典型的旅游电子商务网站前台应包括如下内容：①信息搜索；②特色旅游；③二维码生成；④旅游推荐；⑤三维地图；⑥会员服务；⑦信息维护；⑧我的工具条；⑨我的信箱；⑩广告展示；⑪论坛社区；⑫投票调查；⑬在线支付；⑭平台帮助。

8. 旅游目的地后台系统功能

旅游目的地电子商务网站后台管理，主要包括站内短消息管理、资讯管理、用户管理、管理员管理、广告管理和其他相关内容等。结构如图 4–2–3 所示。

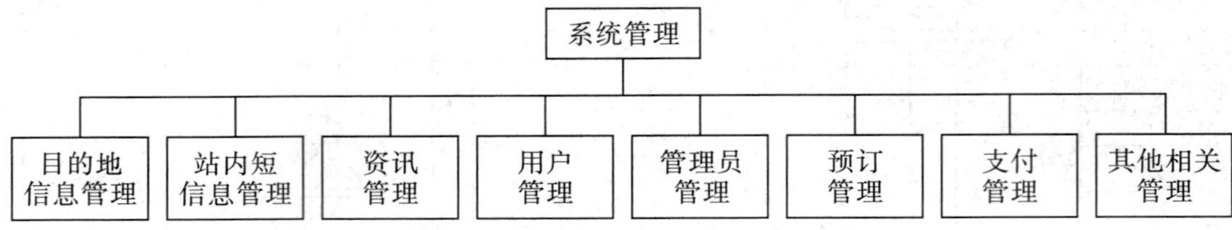

图 4–2–3 旅游目的电子商务网站后台系统功能模块

9. 旅游目的地网站推广

对 DMO 建立电子商务网站，首要的工作是吸引旅游者个人和同行旅游企业的访问。站点访问者的数量取决于现有旅游目的地品牌形象的吸引力、网站推广力量的投入和实施技巧。使旅游目的地电子商务网站提高知名度和访问量的方式包括：

（1）与其他网站（电子商务合作伙伴）建立合作关系，交换链接、投放有偿广告或加入搜索引擎。

（2）在主要的旅游目的地宣传资料和印刷品上都印上网站网址。

（3）通过网络活动（比如网上优惠、免费旅游等）和网上的各种宣传方式提高目的地旅游网站知名度。

10. 直接面向旅游者的网络营销技术

（1）E-mail 促销。从数据库或预订记录中挑选出消费者，向他们发送特定的目标邮件，例如优惠旅游产品信息或旅游者经常关心的简讯。

（2）网上旅游圈子。可以向网站的访问者提供参加专业的网上旅游圈子免费注册成为圈子成员的机会，使其享受包括提前告知、定期发送最新新闻和快捷预订等的增值服务。

（3）提供个性化主页。旅游目的地网站可以根据访问者的需要，为他们设置个性化的主页。

（4）贺卡祝福。在网站中提供免费的贺卡编辑和发送、接收功能，其中附带目的地网站的链接，使访问者通过发送贺卡宣传目的地网站。

（5）旅游见闻和评价。由于旅游是个人经历，因此可以让旅游者写关于他们旅程的短文并发表在网站上让他人阅读。

（6）论坛。为用户提供就一些专题进行讨论的场所，能活跃用户参与的气氛。

（7）旅游反馈。旅游目的地网站通过旅游反馈表来收集旅游者对旅游经历或对网站本身的意见反馈。

（8）咨询和销售数据。许多旅游者通过电话咨询、直接咨询或在线咨询获取旅游目的地信息，这是获取旅游者资料的机会。

（9）问题问答。鼓励用户参加网站的问题问答是收集用户个人资料及兴趣爱好的另一个好方法。

（10）虚拟旅游社区。虚拟旅游社区是旅游业实施在线营销及电子商务的一个重要环节。它的出现在一定程度上改变了旅游业的生产模式、学习模式、交流模式和商业模式。

11. 数字景区

数字景区以计算机和网络技术为依托，综合运用 3S 技术、互联网技术、多媒体技术、大规模存储技术以及虚拟仿真等技术，结合资源保护与开发管理理念，实现对景区的基础设施、日常经营管理进行自动数据采集和动态监测控制，为景区科学发展提供辅助决策服务，并借助网络或其他信息传播途径实现景区营销。数字景区一般包括基础设施、指挥调度中心、数据中心、旅游信息化应用系统及网站系统五大部分内容。

12. 智慧景区

智慧景区指景区能够通过智能网络对景区地理事物、自然资源、旅游者行为、景区工作人员行迹、景区基础设施和服务设施进行全面、透彻、及时的感知，对游客、景区工作人员实现可视化管理，优化再造景区业务流程和智能化运营管理，同旅游产业上下游企业形成战略联盟，实现有效保护遗产资源的真实性和完整性，提高对旅游者的服务质量，实现景区环境、社会和经济的全面、协调和可持续发展。

13. Wordpress 介绍

Wordpress 是一种使用 PHP 语言开发的博客平台，用户可以在支持 PHP 和 MySQL 数据库的服务器上架设属于自己的网站，也可以把 Wordpress 当作一个内容管理系统（Content Management System，CMS）来使用。Wordpress 有许多第三方开发的免费模板，安装方便，简单易用。不过要做一个自己的模板，则需要你有一定的专业知识。比如你至少要懂得标准通用标记语言下的一个应用 HTML 代码、CSS、PHP 等相关知识。Wordpress 官方支持中文版，同时有爱好者开发的第三方中文语言包，如 wopus 中文语言包。Wordpress 拥有成千上万个各式插件和不计其数的主题模板样式。

任务 4-3　设计旅游目的地网站首页

任务引入

小科与其团队在旅游目的地景区网站方案中已经全面规划好旅游目的地景区网站的栏目、导航链接结构和网站整体风格以及网站首页的示意图，接下来领导希望看到官方网站首页的效果图。

任务准备

要完成旅游目的地网站首页的效果图，首先要多看看优秀旅游目的地景区网站首页来学习和思考，掌握网站首页布局的主要形式以及设计思路。

任务实施

学习活动 1　了解旅游目的地网站首页布局类型

完成旅游目的地景区首页设计，首先要向效果较好的 5A 级旅游景区网站学习（如图 4-3-1 与图 4-3-2 所示），了解这些网站的基本布局。从这些网站的情况来看，网站首页一般宽度为 1 444 像素，高度不限，首页内容包括标志、导航、横幅、内容、友情链接、版权等几个部分。网站页面布局结构有多种类型，包括同、匡、回、川、吕字型等布局类型，但无论是哪种布局类型都可以找到上述 5 种布局类型的元素。

图 4-3-1　西樵山景区网站效果图

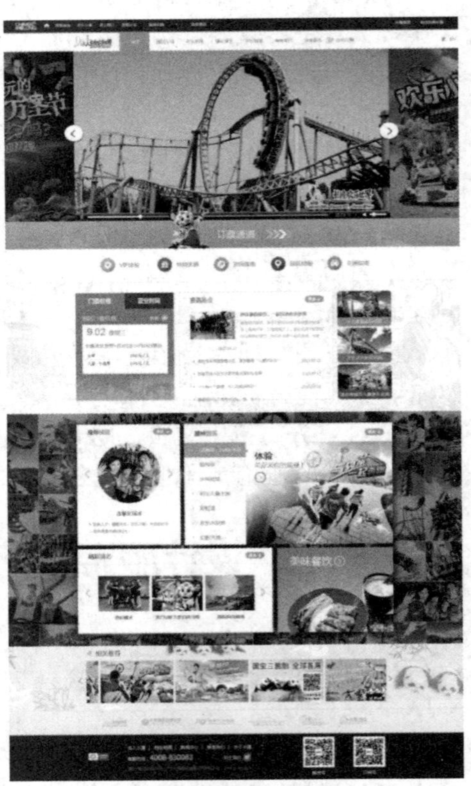

图 4-3-2　长隆欢乐世界网站效果图

学习活动 2　构思旅游目的地网站首页

小科团队在学习优秀旅游目的地景区网站的基础上，开始着手构思北湖景区网站的首页设计。由于目前景区还处于建设阶段，没有正式运营，没有门票等销售活动，以宣传为主要目的，因此网站首页的设计以简单实用为主。根据前面网站规划方案的栏目要求，小科团队设计的网站布局草图如图 4–3–3 所示。

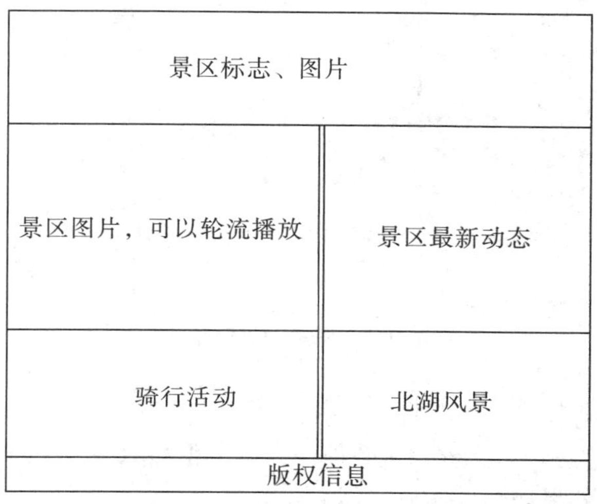

图 4–3–3　北湖网站首页布局图

学习活动 3　运用 Photoshop 软件制作网站效果图

小科团队成员在前期学习与思考的基础上，现在开始着手设计网站的效果图，本次运用 Photoshop 软件（简称 PS 软件）来制作一个简单的网站效果图，最终以网络公司给出的效果图为准，这只是给领导看的效果简图。

步骤 1：收集网站效果图素材

小科与团队成员共同努力，通过现场拍摄与网站搜索的方式，搜集到一些照片、文字与 PS 素材，如图 4–3–4 所示。

图 4–3–4　北湖网站首页设计素材

步骤 2：运行 PS 软件新建文件

打开 PS 软件，在界面中点击【新建】，弹出如图 4-3-5 所示界面，设置网页宽度为 950 像素，高度为 800 像素，分辨率为 72 像素 / 英寸。

新建
名称(N)：北緋网站效果图
预设(P)：自定
大小(I)：
宽度(W)：950 像素
高度(H)：800 像素
分辨率(R)：72 像素/英寸
颜色模式(M)：RGB 颜色 8 位
背景内容(C)：白色
高级
颜色配置文件(O)：sRGB IEC61966-2.1
像素长宽比(X)：方形像素
确定
复位
存储预设(S)...
删除预设(D)...
图像大小：
2.17M

图 4-3-5　新建 PS 文件页面

步骤 3：创建参考线

根据前面设计的网站布局，在 PS 软件中，点击【视图】—【新建参考线】，可创建水平、垂直参考线，效果如图 4-3-6 所示。

图 4-3-6　创建网站首页参考线

步骤 4：插入图片横幅与标志

在 PS 软件中点击【矩形工具】，画出参考线范围大小的矩形，如图 4–3–7 所示。然后点击【文件】—【置入】插入图片“映霞北湖”，效果如图 4–3–8 所示。

图 4–3–7 运用矩形工具插入矩形

图 4–3–8 置入“映霞北湖”图层后效果

在图 4–3–8 所示界面，选中“映霞北湖”图层，点击【右键】，再点击【创建剪贴蒙版】，会自动变成如图 4–3–9 所示界面。

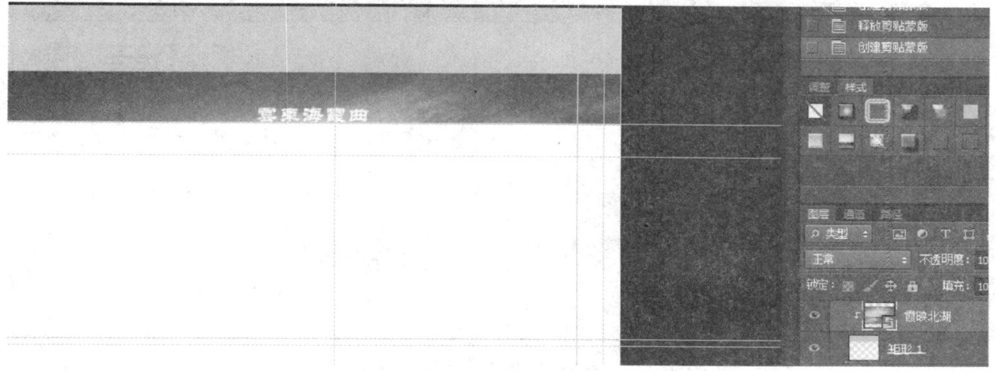

图 4–3–9 创建剪贴蒙版后效果

在图 4–3–9 所示界面，点击“映霞北湖”图层，移动到合适的位置，或按【Ctrl+T】进行移动，达到如图 4–3–10 所示效果。

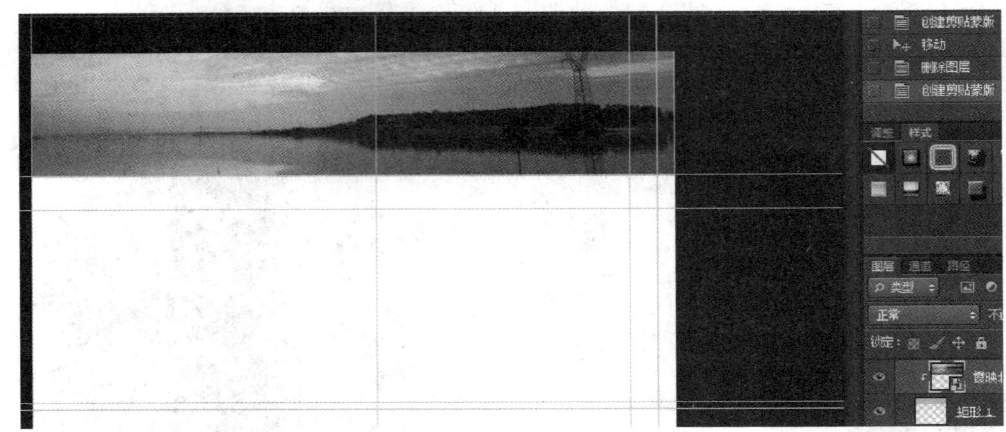

图 4–3–10　横幅图片设计效果

在图 4–3–10 所示界面，点击【文件】—【打开】，打开素材中的“北湖 logo.psd”文档，如图 4–3–11 所示。

图 4–3–11　北湖标志文件

选中“北湖 LOGO”图层，点击【右键】，再点【复制图层】，进入如图 4–3–12 所示界面，选中目标文档为“北湖旅游景区网站效果图 .psd”，点击【确定】，进入如图 4–3–13 所示界面，并将标志移动到合适位置。

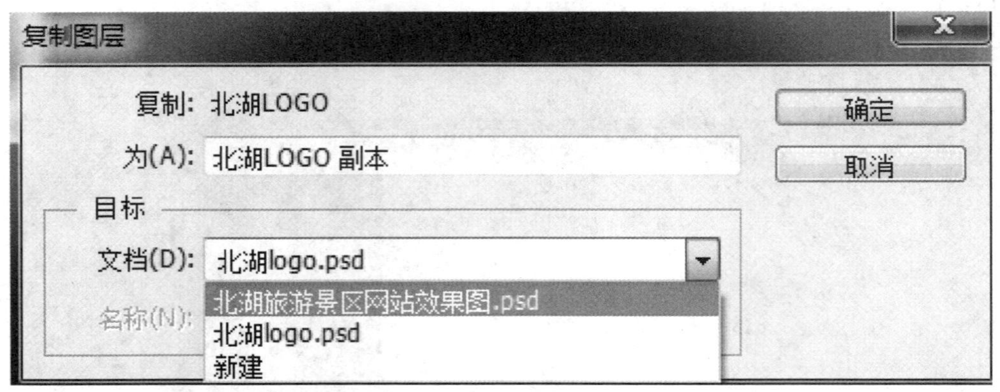

图 4–3–12　复制“北湖 LOGO”到目标文档

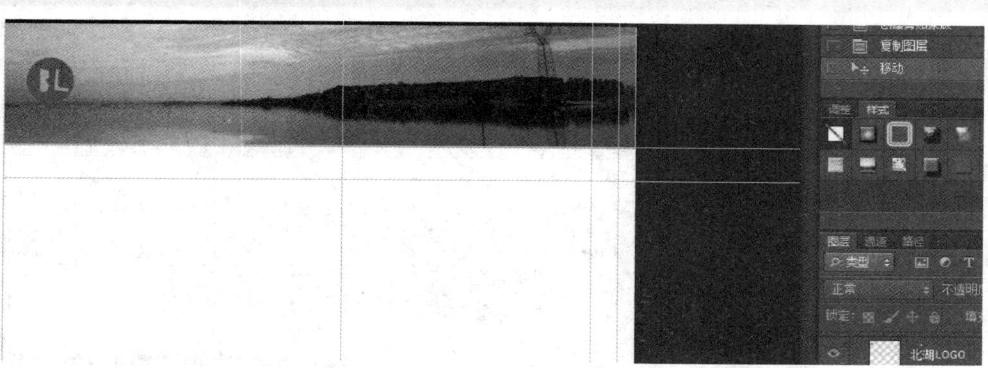

图 4–3–13　加入北湖标志页面

在图 4–3–13 所示界面，点击工具栏中的【T】，即文本工具，在横幅合适位置输入“北湖”二字。将字体设置为“禹卫书法行书简体”，如果电脑本身没有该字体，可以下载之后，点击安装，将字体安装到电脑上，便可以使用了，当然也可用其他字体。字号为“36”，设置好之后，再点击右键，选择【混合选项】—【描边】，描边设置如图 4–3–14 所示。点击确定之后，最终文字效果如图 4–3–15 所示。

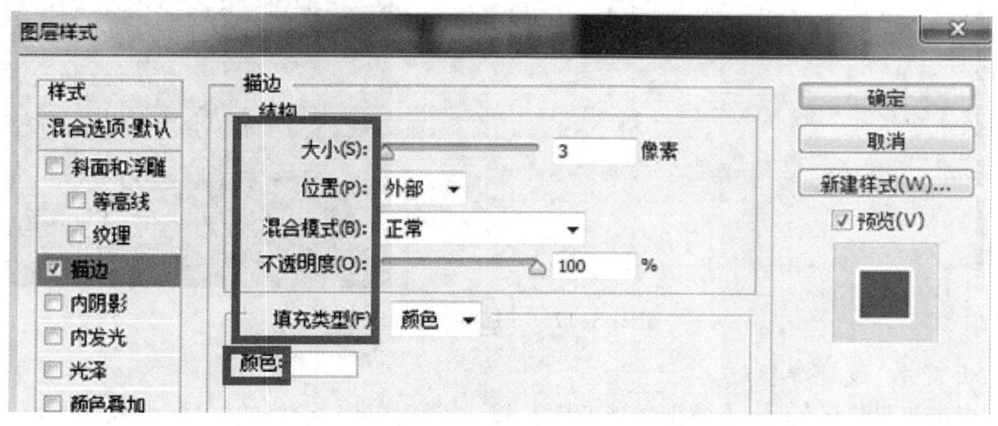

图 4–3–14　“北湖”文字描边设置

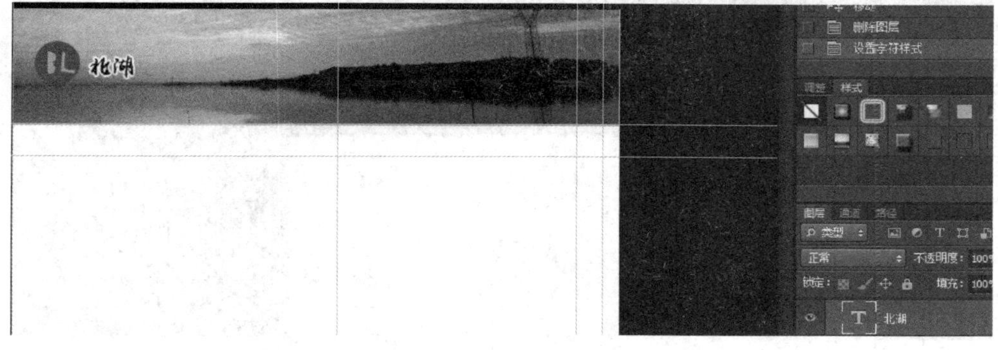

图 4–3–15　插入“北湖”二字之后的效果图

在图 4–3–15 所示界面，点击【图层】—【新建】—【组】，进入如图 4–3–16 所示界面，将图层名称设置为“横幅与 logo”，其他默认。

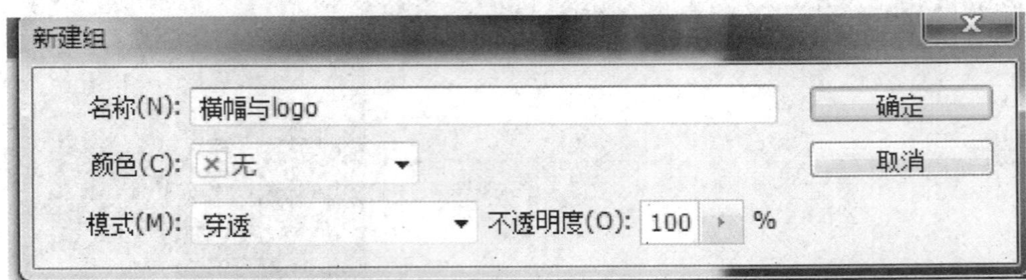

图 4–3–16　新建组界面

新建图层之后，选中上述做的各图层，将它们拖入到“横幅与 logo”组中，最终效果如图 4–3–17 所示。

图 4–3–17　“横幅与 logo”组

步骤 5：设计导航栏

点击工具栏的【T】—【横排文字工具】，输入前面团队讨论好的栏目，效果如图 4–3–18 所示，导航栏文本输入完毕。

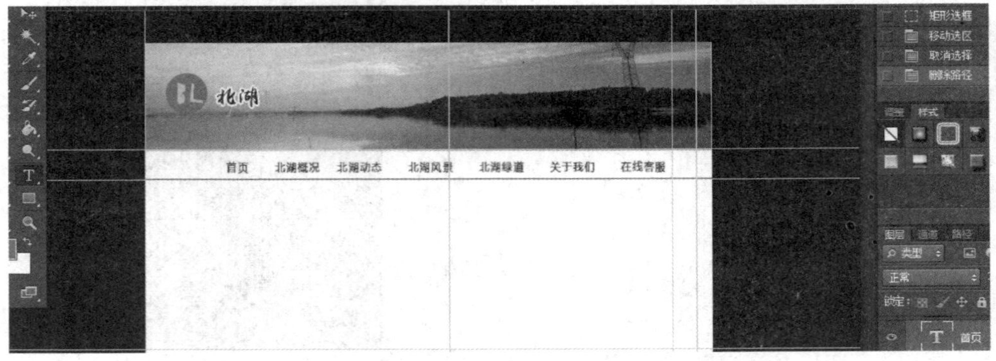

图 4–3–18　输入导航栏目文本

为了美观，各导航栏之间要用分隔线隔开。操作过程是：打开网站建设素材文件，将里面的导航分隔线、导航下面的横线以及三角形（素材文件如图 4–3–19 所示）复制图层到北湖旅游景区网站效果图中，然后新建分组，将导航栏目所有图层放入组中，最终效果如图 4–3–20 所示。

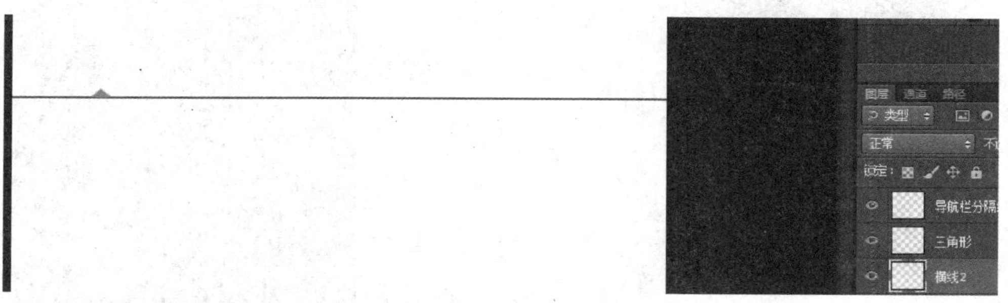

图 4–3–19　素材文件部分内容

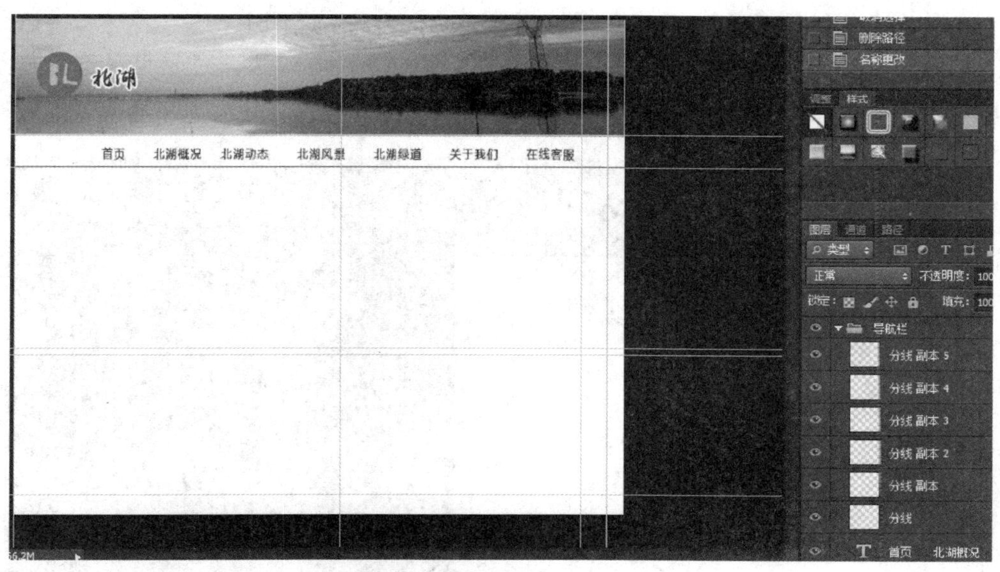

图 4–3–20　导航栏设置成功后效果

步骤 6：制作图片轮播

用前面所介绍的方法，制作图片轮播，效果如图 4–3–21 所示。

图 4-3-21　图片轮播设置成功后效果

步骤 7：制作北湖动态

运用前面介绍的方法插入图片和文字、图片自由变换等方法，完成北湖动态内容的制作，效果如图 4-3-22 所示。

图 4-3-22　北湖动态内容制作成功后效果

步骤 8：制作活动、图集内容

运用前面介绍的方法，完成活动、图集内容的制作，要注意文字对齐，最终效果如

图 4-3-23 所示。

图 4-2-23　活动、图集内容制作完成后效果

步骤 9：制作版权内容与分享图标

最后剩下的还有版权内容与分享图标，制作方法与前面介绍的类似，网站首页最终效果如图 4-3-24 所示。

图 4-3-24　北湖旅游景区网站首页效果图

步骤 10：保存设计好的效果图

所有内容设置好之后，点击【文件】—【另存为】，分别保存为 psd 文档与 jpg 文档，最终保存文件如图 4-3-25 所示。

图 4-3-25　北湖旅游景区网站效果图保存文件

到目前为止，小科团队已经成功完成旅游目的地景区北湖的网站效果图，这只是一个网站的效果图简图，最终设计效果以网站设计公司出示的详细效果图为准。

学习评价

请根据你在本任务实施过程中的实际操作情况，完成评价表（表 4-3-1）的相关内容。

表 4-3-1　评价表

评价项目	评价依据	优秀	良好	中等	及格	继续努力
任务准备	是否了解旅游目的地网站首页主要栏目与 PS 软件的基本操作					
学习活动 1	是否了解旅游目的地网站首页的基本布局类型					
学习活动 2	对旅游目的地网站的构思有无一些个人的见解					
学习活动 3	能否运用 PS 软件，完成构思中的基本草图，制作相对详细的网站效果图					
任务效果	任务实施是否达到预期目的					
问题与感想						
任务综合评价						

很少的缘故，因为通过创意广告“拐弯抹角”地和消费者沟通显然太慢了。换句话说，平面创意广告的最大作用是树立品牌形象，而旅游企业主大多要求每一次广告投放都要产生实际销量，但是总投放线路广告，说实话，很没有技术含量。那么，“短、平、快”的“软文广告”效果来得既直接又有面子——是介于形象广告和线路广告之间的双赢之举。

（4）文章的末尾署名是“陈泳佳”，但个人的建议是，即使文章是自己写的，“旅游软文”最好署上记者的名字，可信度比旅行社负责人的“软文广告”可信度更高。

（资料来源：http://blog.sina.com.cn/s/blog_718878b30101gbm8.html）

步骤 2：案例学习总结

旅游软文营销至少具备以下几个要点：

（1）本质是广告——追求低成本和高效回报，不要回避商业的本性。

（2）伪装形式是新闻资讯、评论或包含文字元素的游戏——使受众“眼软”（只有眼光驻留了，徘徊了，才有机会）。

（3）宗旨是制造信任——使受众“心软”（只有相信你了，才会付诸行动）。

（4）关键要求是把卖点说得明白透彻——使受众“脑软”（有了印象，还要了解清楚，否则脑子还是硬邦邦的）。

（5）着力点是兴趣和利益——使受众“嘴软”（拿人家的手软，吃人家的嘴软）。

（6）重要特性是口碑传播性——使受众“耳软”（朋友推荐的，更愿意倾听）。

现在，市场上可以看到一些旅游度假类的杂志，这些杂志和《中国旅游》或者旅游局办的杂志完全不同，并不完全以记者采访的形式来做内容。它们的定位是一种介乎广告软文和旅游体验之间的广告类旅游杂志。比如，有人去了墨脱回来写一篇关于墨脱的游记刊载在杂志上，文章的旁边，马上就有墨脱的某某旅行社精品套餐，价格如何，线路怎样都非常清楚。

由此可见，旅游产品和杂志社的旅游游记与旅游感受已经混合在一起，广告和软文已经完全打包在一起——这算是一种新形式吧。

（资料来源：http://blog.sina.com.cn/s/blog_5320c95b0100a0oc.html）

学习活动 3　撰写旅游目的地景区营销软文

小科团队接下来的工作就是要撰写北湖景区的营销软文，在撰写软文时需要了解景区产品的基本情况，可以进行实地调研。小科团队认为目前北湖还处于开发阶段，景点人气不旺，但特别适合喜欢健身运动的家庭组织全家去骑车、步行，体现家庭关系的欢乐和谐。于是小科打算以游记的方式撰写这篇营销软文。

周末与孩子在一起的快乐

女儿 8 岁了，我很珍惜每个周末陪女儿一起玩的时间。她很小的时候我就带她在小区里面跑跑跳跳、滑滑梯，也到周边的广场去玩滑轮、做游戏、跳绳、跑步。随着孩子逐渐长大，她不满足于在家周边玩耍了。另外，孩子上小学会认字了，学会了上网、玩手机，一到周末叫她出去玩，她可能会说我想休息下，看看电视。在这种情况下是不是让她周末两天都待在家里看电视、玩平板或手机、摆弄她的玩具呢？

不，我想每个周末能给孩子不一样的时光，让她能感受周末与父母在一起的快乐，增长孩子的见识，让她长大了有很多美好的童年回忆。那么周末去哪里玩呢？

我们去过的周边景点包括三水森林公园、云东海北湖、左岸公园、南国桃园、东风水库、千灯湖、高明皂幕山、南丹山、白云湖以及我们所在的北江大堤，从官窑一直到清远，感受北江的魅力，有时我们会在周边的村庄打篮球、打羽毛球。我们的游玩不在于名川大山，而在于与孩子们在一起交流、玩耍的快乐。有些地方我们经常去，我们一家人最喜欢去的地方就是离我们家不远的北湖，可能大家不太熟悉北湖，但一定知道云东海。三水云东海包括两个湖，一个是月亮湖（位于三水行政服务中心旁），一个是北湖。相对来说我更喜欢北湖，因为北湖水域面积大，据说有接近4.7平方千米，一眼看不到边际，刚开始来玩时我以为是海呢。湖边的绿道风景优美，整个绿道很长，不知道具体公里数，但我们曾经步行了6个多小时，一路上与小孩讲故事、做游戏、猜谜语、蹦蹦跳、套圈圈、追逐嬉戏，其乐无穷。我们有时在车里带了自行车，沿着绿道进行骑行比赛，与孩子开心地玩耍，这是无与伦比的快乐。

一到周末，我们会问孩子这周去哪里玩，她说得最多的是“咱们去北湖骑自行车吧”。通常我们在北湖骑完车，出一身汗，然后开车去芦苞渔村吃炖鱼，真是又美又爽，我享受周末与孩子在一起的快乐。

学习评价

请根据你在本任务实施过程中的实际操作情况，完成评价表（表4-4-1）的相关内容。

表4-4-1　评价表

评价项目	评价依据	优秀	良好	中等	及格	继续努力
任务准备	是否了解营销软文的作用，知道什么样的文章是营销软文					
学习活动1	能否找到有关营销软文方面的书本、论文、PPT等资料					
学习活动2	是否能感受营销软文的魅力，从优秀软文中得到启发					
学习活动3	是否尝试着去撰写一篇营销软文，体验写作的乐趣					

续上表

评价项目	评价依据	优秀	良好	中等	及格	继续努力
任务效果	任务实施是否达到预期目的					
问题与感想						
任务综合评价						

知识链接

1. 软文营销

软文营销就是指通过特定的概念诉求、以摆事实讲道理的方式使消费者走进企业设定的“思维圈”，以强有力的针对性心理攻击迅速实现产品销售的文字模式和口头传播。软文包括新闻、第三方评论、访谈、采访和口碑等。

2. 软文

软文是基于特定产品的概念诉求与问题分析，对消费者进行有针对性心理引导的一种文字模式。从本质上来说，它是企业软性渗透的商业策略在广告形式上的实现，通常借助文字表达与舆论传播使消费者认同某种概念、观点和分析思路，从而达到企业品牌宣传、产品销售的目的。

3. 软文话题策划

软文话题的策划要准确把握用户群的特点。再者就是根据营销的导向性来策划话题。应该注重用户信任的建立，反映软文营销的话题是奥妙、可意会而难以言传的，对一些侧重活动和特色的产品进行推广，非常新颖。

任务 4-5　制作旅游目的地产品微视频

任务引入

小科所在景区的网站目前还在建设当中，素材已经搜集到部分文字材料，还要继续搜集图片、视频等资料。在此期间，公司领导要求团队成员制作一个宣传景区的微视频，时间不长于 3 分钟。

任务准备

微视频看似只有短短的几分钟，但要在这几分钟内将景区宣传到位，其制作可是一项具有挑战性的工作。这需要深入企业调研，了解领导制作视频的目的、领导是否有自己的构思与想法，还需要搜集大量的图片、小视频片段等材料，有些素材甚至需要团队成员现场拍摄。除此之外，还要了解微视频制作的基本流程与方法，需要的知识储备非常多。

任务实施

学习活动 1　学习优秀微视频与进行旅游景区调研

小科团队成员想要设计微视频，首先要搜集目前国内旅游景区中微视频制作得比较好的案例，观看学习。小科团队成员搜集到的一些旅游景点的微视频如图 4-5-1 所示。

图 4-5-1　旅游景区优秀微视频材料

在微视频学习的基础上，小科团队成员在景区开展调研活动，了解到北湖目前仍然处于开发阶段，基础设施已经建好，但周边没有实质性的经营场所，是一片公共湖面区域与绿地，是周末家庭度假、玩耍的好场所，但只适宜有车一族来游玩，因为公共交通不是很方便。所以，这次视频制作的目的是宣传景区的自然景观，吸引家庭游客。

学习活动 2　撰写旅游目的地景区微视频策划方案

（1）制作时长：总时间长度 2 ~ 3 分钟。

（2）制作表现形式：风格以自然、大气、唯美的意境和清新、质朴写实性的画面相结合，配以柔和的音乐，构造出一部极具高品质、高水准、深层次的景区形象宣传微视频。

（3）表现手法：以扎实的论述吸引人，以清新质朴的画面感动人，以大气的风范震撼人，实景影像运用意境唯美和大气动感、简洁的镜头，选取柔和、节奏优美的音乐。

（4）制作形式：采用实拍、素材剪辑相结合的手法进行制作。

（5）内容构思：本微视频内容包括以下 3 个方面：①北湖的整体图片；②北湖的自然风光、活动照片以及相关视频；③片尾再次出现北湖图片，出现“北湖欢迎您”的字样。

学习活动 3　撰写旅游目的地景区微视频分镜头脚本

小科团队成员经过讨论，认为北湖主要是自然风光美，因此微视频主要展现一些自然风光图片与游客自由游玩的视频片断以吸引游客，具体的分镜头脚本如表 4–5–1 所示。

表 4–5–1　北湖景区微视频分镜头脚本一览表

组镜	画面	画外音 / 旁白
1	北湖的整体图片	无
2	北湖花朵照片	无
3	北湖游客活动	无
4	北湖自行车骑行与运动	无
5	小孩湖边跳舞	无
6	小孩湖边翻筋斗	无
7	大量游客游玩	无
8	北湖筏舟照片	北湖欢迎您
9	片尾	谢谢欣赏！小科团队制作

学习活动 4　拍摄微视频与搜集素材

小科团队成员根据分镜头脚本的基本情况，开始搜集与北湖相关的图片，发现现成的图片不够用，立即组织团队成员现场拍摄视频与照片，经过几天的努力，集齐了视频、音频与图片照片等素材，如图 4–5–2、图 4–5–3 和图 4–5–4 所示。

北湖荷花.mp4

桂花岛玩耍游客.mp4

小孩在桂花岛跳舞.wmv

小朋友在北湖翻筋斗.MOV

图 4–5–2　北湖微视频视频素材

图 4–5–3　北湖微视频图片素材

图 4–5–4　北湖微视频音频素材

学习活动 5　后期制作旅游目的地景区微视频作品

小科团队收齐相关视频之后，开始进入后期的微视频制作过程，团队成员考虑运用简单易学的会声会影来完成整个视频制作过程。

步骤 1：打开会声会影 X8 新建项目

点击【开始】—【Corel VideoStudio Pro X8】，进入如图 4–5–5 所示界面，软件会自动新建一个项目。如果要了解该项目的一些参数，你可以点击【设置】—【参数选择】，查看相关参数。

图 4–5–5　打开会声会影X8 的界面

为了避免工作过程中内容丢失，新建项目建好之后，将之保存，点击【文件】—【保存】，就进入如图 4–5–6 所示界面。保存成功之后，界面的右上角会出现文件名称，即“北湖宣传微视频”，分辨率为 720 × 576。

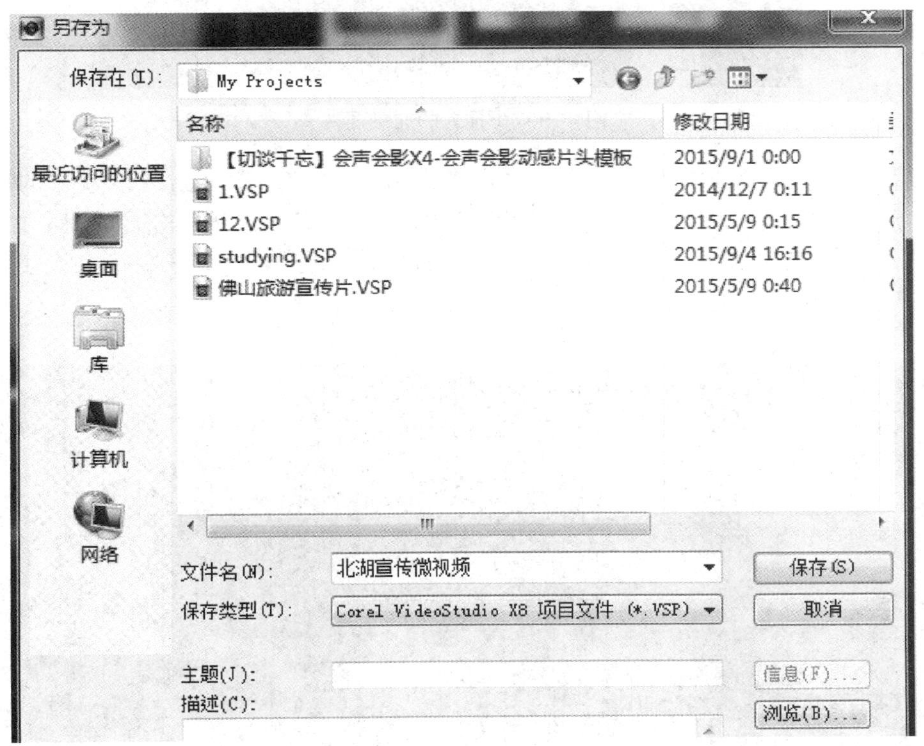

图 4–5–6　保存会声会影项目文件

步骤 2：导入北湖照片并添加滤镜

点击【文件】—【将媒体文件插入到时间轴】—【插入照片】，即可将资源图片素材中的照片插入到时间轴上，如图 4–5–7 所示。

图 4–5–7　插入的北湖照片

然后点击【时间轴视图】，双击“霞映北湖”图片，就会出现该素材的属性与照片选项，如图 4–5–8 所示。将图片持续时间修改为 50 秒，然后点击FX，即【滤镜】，双击“视频平移和缩放”滤镜，将它拖动到时间轴上的素材上，素材就会发生变化，如图 4–5–9 所示，红色边框区域内发生了变化。

图 4–5–8　图片的照片与属性选项

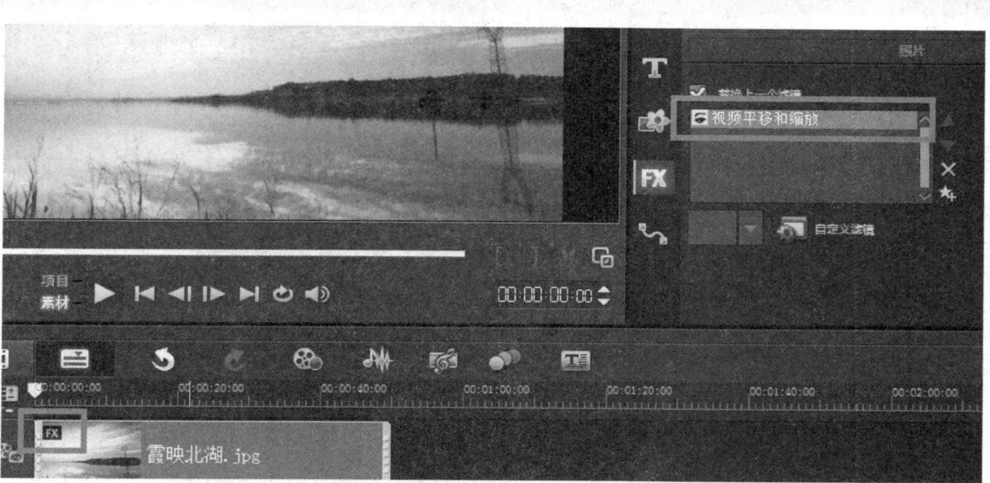

图 4-5-9　添加滤镜之后的图片

步骤 3：添加“北湖”文本

点击【T】，即标题，选中第五个标题类型，将它拖到标题轨，如图 4-5-10 所示。然后双击标题，就会出现预览窗口，在此界面双击，可编辑文本，将原有的文本删除，输入“北湖”。在编辑窗口修改“北湖”的字体大小为 48，选取标题样式，如图 4-5-11 所示。还可设置动画效果，如图 4-5-12 所示。

图 4-5-10　在标题轨上添加标题

图 4-5-11　修改标题内容并设置标题字体与格式

图 4-5-12　“北湖”文本的动画效果

选中标题轨中的“北湖”文本，点击【复制】，将鼠标放到标题轨上，当出现“+”号形状时点击鼠标左键，这样就将刚才复制的文本粘贴到标题轨了，然后删除标题中的动画效果（也就是将图 4–5–12 中应用前面的钩去掉），将文本持续时间调整到与“霞映北湖”一样长，如图 4–5–13 所示。这样制作的目的是前面有动画，后面的文本保持不动。

图 4–5–13　复制“北湖”文本到标题轨

步骤 4：制作北湖花朵照片进入效果

点击【文件】—【将媒体文件插入到素材库】—【插入照片】，选中“北湖的小花与蝴蝶 3”如图 4–5–14 所示，这样素材库中就有插入的照片了。

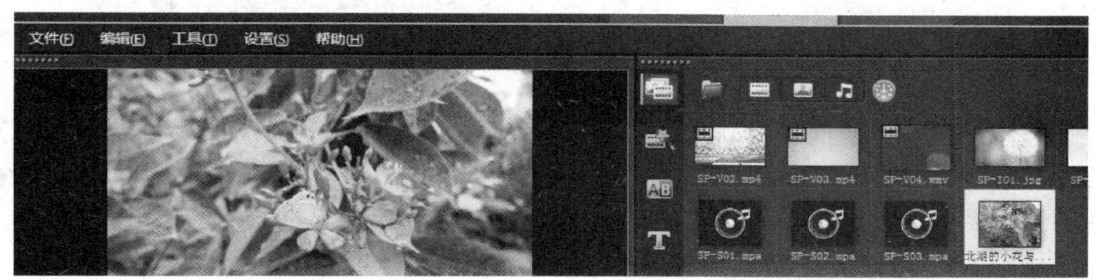

图 4–5–14　在素材库中导入照片“北湖的小花与蝴蝶 3”

将素材库中的照片拖入到覆叠轨 1 上，然后双击该素材，设置时间长度为 0:00:07:20，设置素材的滤镜为“向外扩张”，基本动作为“从左进入”，没有退出动作，如图 4–5–15 所示。

图 4–5–15　设置“北湖的小花与蝴蝶 3”的滤镜与基本动作

再点击【遮罩和色度键】，设置图片的边框像素为 3，边框为白色，效果如图 4–5–16 所示。

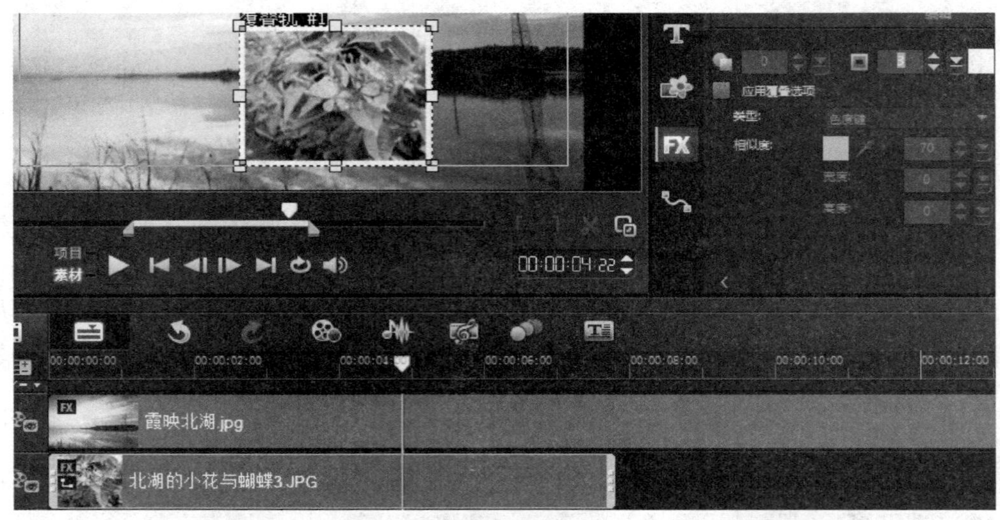

图 4–5–16　设置“北湖的小花与蝴蝶 3”图片的边框

还需添加荷花，此时现有轨道已经不够用，点击【轨道管理器】进入如图 4–5–17 所示界面，将显示覆叠轨设为 4 条，标题轨 2 条，音乐轨 3 条，点击【确定】，增加相应的轨道，如图 4–5–18 所示。

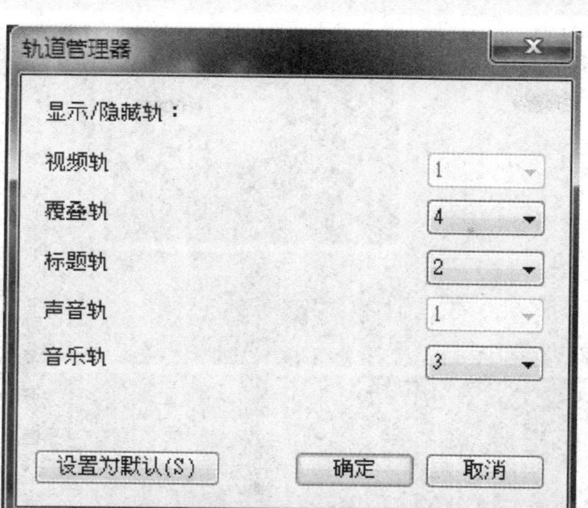

图 4–5–17　在轨道管理器中增加轨道

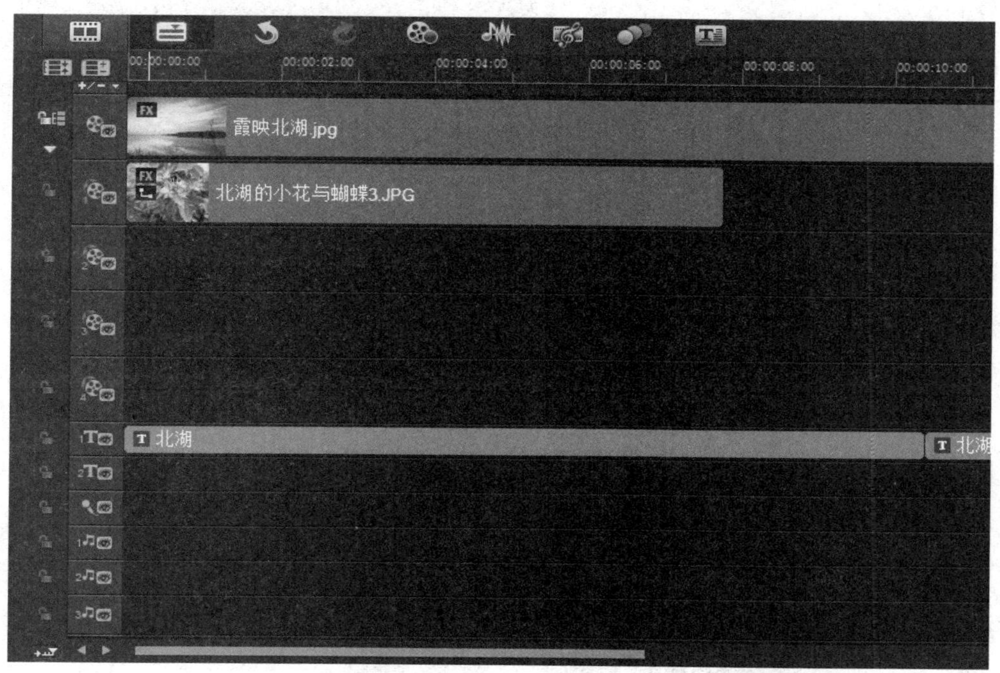

图 4–5–18　新增轨道后的时间轴

用插入“北湖的小花与蝴蝶 3”同样的方法插入“北湖荷花”，设置时间长度为 0:00:05:20，效果如图 4–5–19 所示。然后选中“北湖的小花与蝴蝶 3”素材，点击【复制属性】，再选中“北湖荷花”点击【粘贴可选属性】，进入如图 4–5–20 所示窗口。

图 4-5-19　在时间轴覆叠轨 2 上插入“北湖荷花”

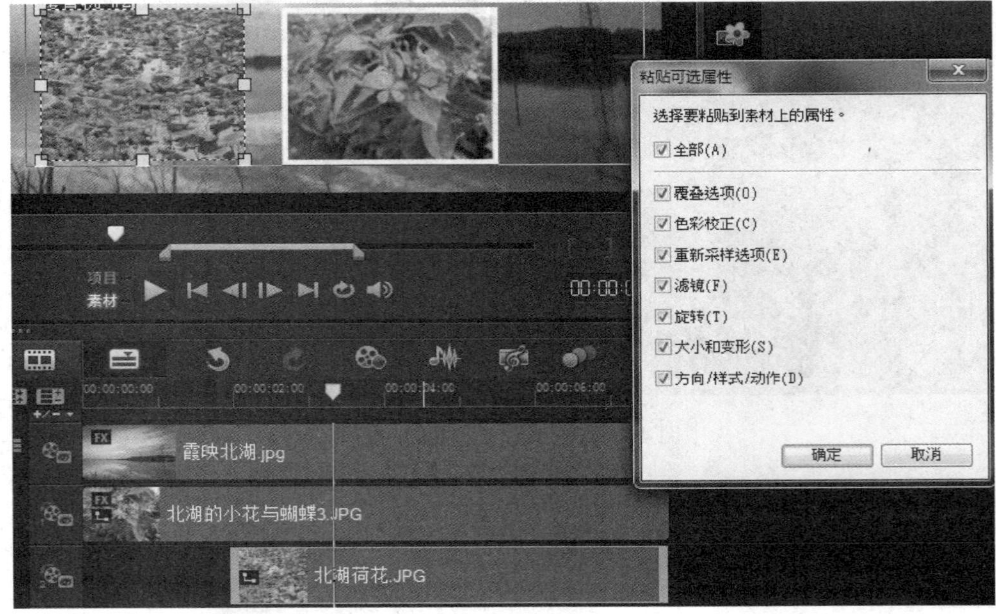

图 4-5-20　粘贴可选属性窗口

在上述粘贴可选属性窗口中，点击【确定】就把“北湖的小花与蝴蝶 3”素材的相关属性粘贴到“北湖荷花”图片，效果如图 4-5-21 所示。

图 4-5-21　设置好的“北湖荷花”图片效果

步骤 5：制作北湖花朵照片退出效果

选中“北湖的小花和蝴蝶 3”素材，点击【复制】，然后将鼠标放到覆叠轨 1 上，当出现“+”号时，点击鼠标左键，这样就将刚才的素材粘贴到时间轴上了，然后修改【基本动作】中进入为“静止”，退出为“从左边退出”，效果如图 4-5-22 所示。

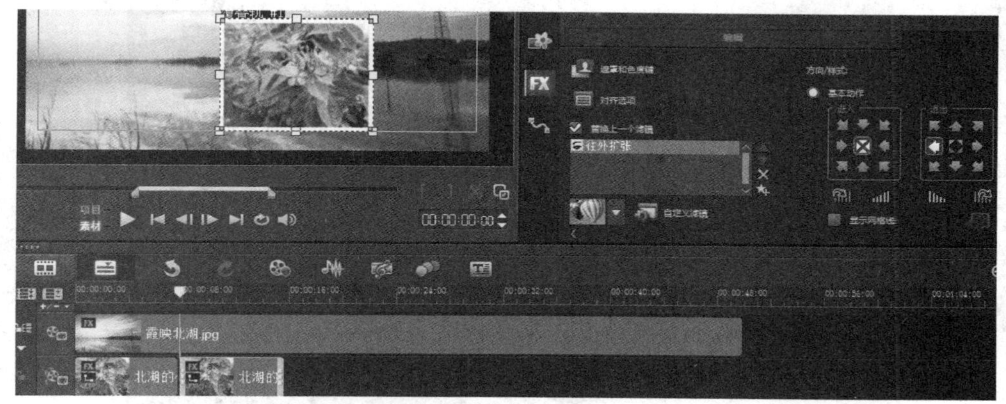

图 4-5-22　设置“北湖的小花与蝴蝶 3”退出效果

用上述同样的方法可以制作“北湖荷花”的退出效果，制作好之后效果如图 4–5–23 所示。

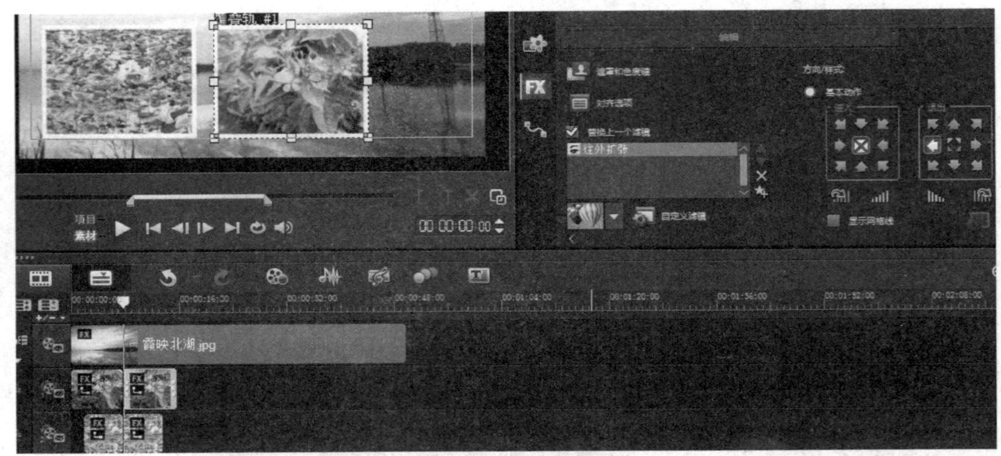

图 4–5–23　设置“北湖荷花”的退出效果

步骤 6：制作北湖游客游玩的效果

用上述同样的方法制作游客游玩的效果，只是滤镜变为【视频平移和缩放】，动作方向改为“从上进入”与“从上退出”，图片摆放的位置也有变化，如图 4–5–24 所示。

图 4–5–24　制作北湖游客活动的进入与退出效果

步骤 7：制作北湖骑行与其他活动效果

用前面介绍的方法将北湖绿道骑行的照片插入到时间轴上，如图 4-5-25 所示，设置时间长为 0:00:09:00，勾选【应用摇动和绽放】，然后点击【自定义】，进入如图 4-5-26 所示界面，让图自中间向左下角运动，形成游客骑自行车运动的效果。

图 4-5-25　插入北湖骑行的照片

图 4-5-26　自定义图片运动

然后再选中当前素材，点击【选项】—【属性】—【遮罩和色度键】，进入如图 4-5-27 所示界面，点击【遮罩帧】，选中如图 4-5-27 所示遮罩类型。

图 4-5-27　设置北湖骑行照片素材的遮罩

运用上述方法将小孩子跳跃的图片插入到时间轴上，并设置时间间隔与遮罩，如图 4-5-28 所示。

图 4-5-28　设置小孩跳跃照片的遮罩

步骤 8：设置小孩湖边游玩视频效果

点击素材库左侧的，即【图形】，选中黑色图形，将它拖入到时间轴的视频轨上，时间设置为 0:00:40:00，效果如图 4-5-29 所示。

图 4-5-29　将黑色图形插入到视频轨

选中视频轨的黑色图形，然后点击AB，即【转场】，将“开门”转场拖到“霞映北湖”与黑色图形之间的位置，即加入转场效果，如图 4-5-30 所示。

图 4-5-30　设置转场效果

然后将“小孩在桂花岛跳舞”的视频素材拖入到覆叠轨 1 上，接着播放视频，选取其中的 14 秒，在此位置点击预览窗口中的✂，如图 4-5-31 所示，将视频分割成两个部分，如图 4-5-32 所示。然后选中后半部分素材，点击【右键】—【删除】或者直接按键盘上的【delete】键删除。

图 4–5–31　插入“小孩在桂花岛跳舞”视频

图 4–5–32　视频分割后效果

将素材库中的“相框”插入到覆叠轨 2 上，调整到合适的位置、时间长度与大小，使它与上面的视频素材大小正好相当，设置成视频在那个框里播放的效果，如图 4–5–33 所示。

图 4–5–33　插入相框中的图片到覆叠轨 2

步骤 9：设置“小朋友在湖边翻筋斗”的效果

用步骤 8 中类似的方法将“小朋友在湖边翻筋斗”的视频插入到时间轴上，然后查看视频，选取其中的 12 秒。视频后半部分有一段不想要的内容，这需要用到滤镜中的“剪裁”滤镜，将其拖到视频素材中，如图 4-5-34 所示。在图中所示位置点击【自定义滤镜】进入如图 4-5-35 所示界面。

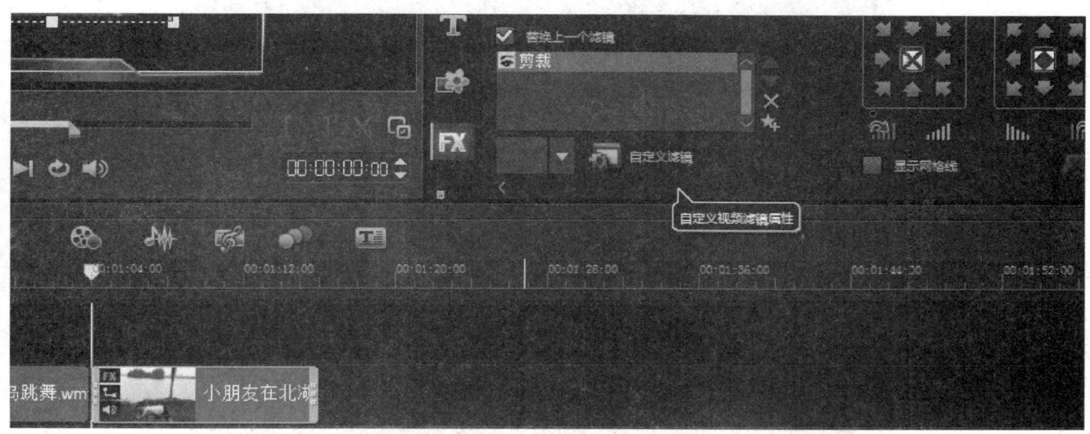

图 4-5-34　添加剪裁滤镜

图 4-5-35　设置剪裁参数

在图 4-5-35 中，将起始关键帧中的宽度设置为 70%，高度为 90%，这样就可以把视频后半部分不想要的内容去掉了。

图 4–5–36 设置好的“小朋友在湖边翻筋斗”视频

步骤 10：设置游客在北湖游玩的视频

用上述方法同样设置游客在北湖游玩的视频，效果如图 4–5–37 所示。

图 4–5–37 设置游客在北湖游玩视频的效果

步骤 11：在北湖筏舟图片上设置“北湖欢迎您”

在视频轨上插入“北湖筏舟”的图片，时间长度的 0:00:20:00，设置滤镜为“视频平移和缩放”，效果如图 4–5–38 所示。

图 4–5–38　设置北湖筏舟图片

运用前面学过的方法添加标题到标题轨，如图 4–5–39 所示，设置“北湖欢迎您”的时间长度与图片长度一致。

图 4–5–39　制作“北湖欢迎您”字幕

步骤 12：制作视频片尾

最后是制作视频的片尾，首先点击【图片】，选【外框】将图中的第一种外框拖入到时间轴上，效果如图 4–5–40 所示。

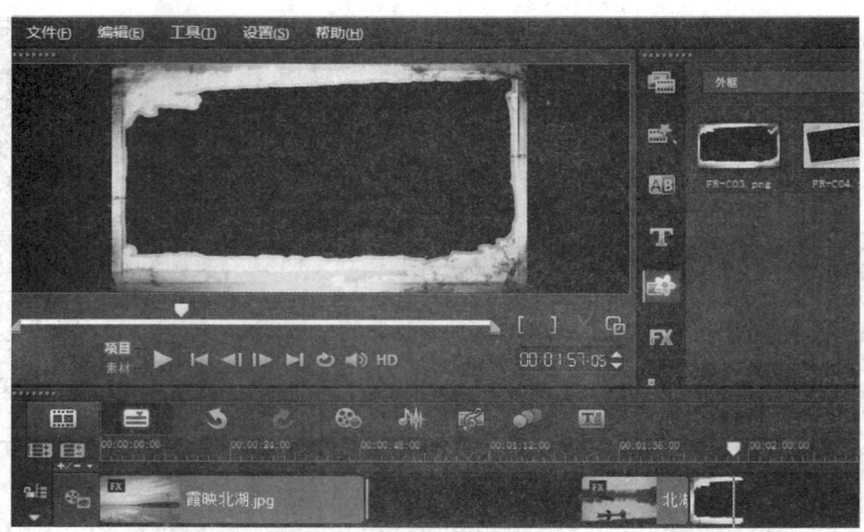

图 4–5–40 在时间轴上添加图片外框

在图 4–5–40 的基础上，用前面介绍的方法添加字幕，如图 4–5–41 所示，然后设置字幕的动画效果。

图 4–5–41 制作片尾字幕

步骤 13：插入背景音乐

图片、视频资料制作完毕之后点击【文件】—【将媒体文件插入到时间轴】—【插入音频】，然后选中准备好的背景音乐，插入后效果如图 4–5–42 所示。

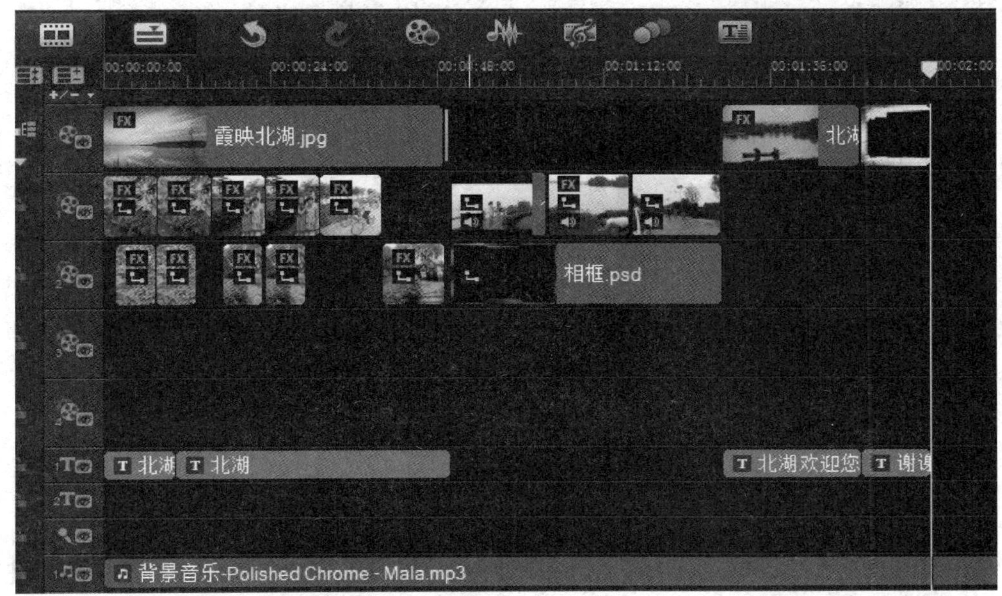

图 4–5–42　插入媒体背景音乐

由于背景音乐的时间长于图片的时间，因此要在图片与视频处点击✂，分割背景音乐，将多余的删除，再选中背景音乐，设置为淡出。

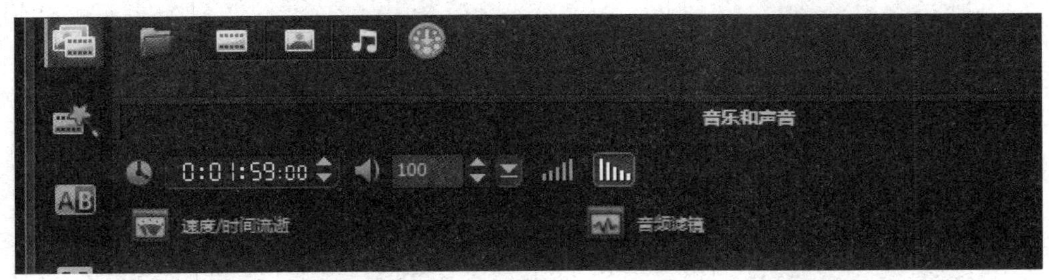

图 4–5–43　设置背景音乐淡出效果

步骤 14：导出视频

完成上述操作之后，点击【文件】—【保存】，保存制作好的作品。然后点击【共享】，进入如图 4–5–44 所示界面。根据需要选择合适的文件格式，这里选择与项目设置相同，如图 4–5–45 所示，点击【开始】保存视频文件。保存后，在默认文件夹找到保存好的微视频，如图 4–5–46 所示。

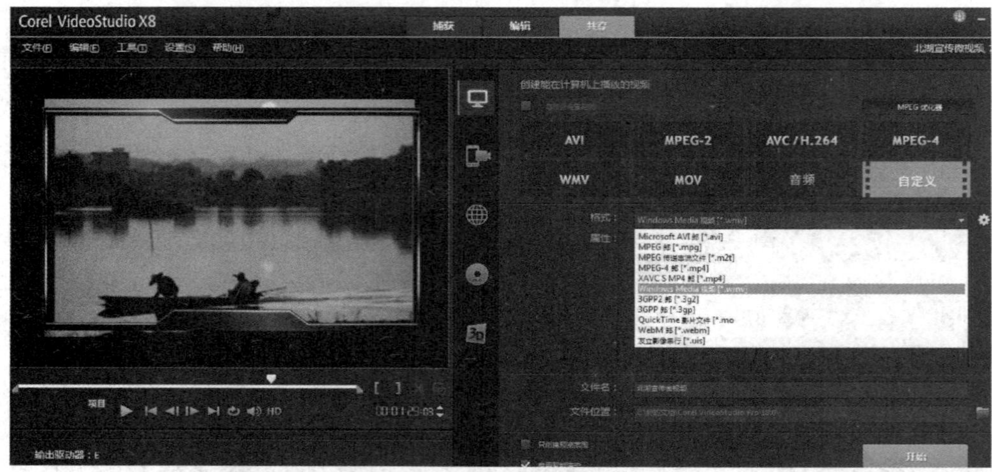

图 4-5-44　保存文件格式类型

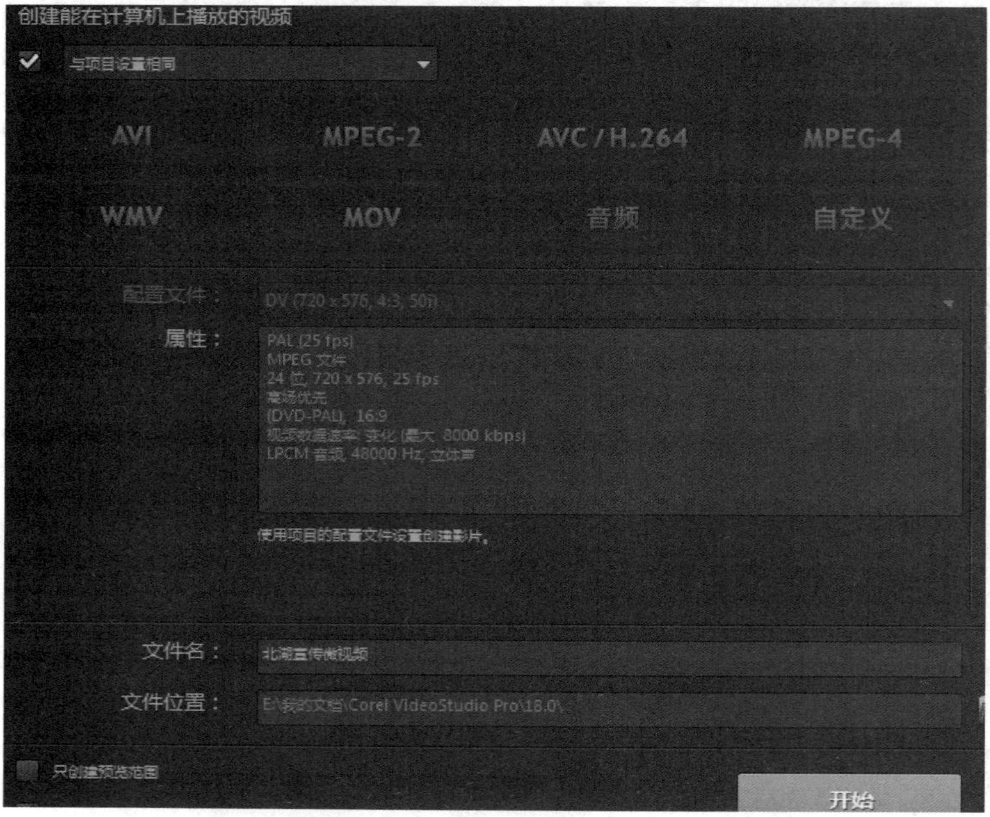

图 4-5-45　保存文件

图 4-5-46　保存好的微视频

步骤 15：将当前项目保存为模板

为了方便将来修改，可将当前项目保存为模板，点击【文件】—【导出为模板】，出现如图 4-5-47 所示界面，点击【是】之后模板保存成功。

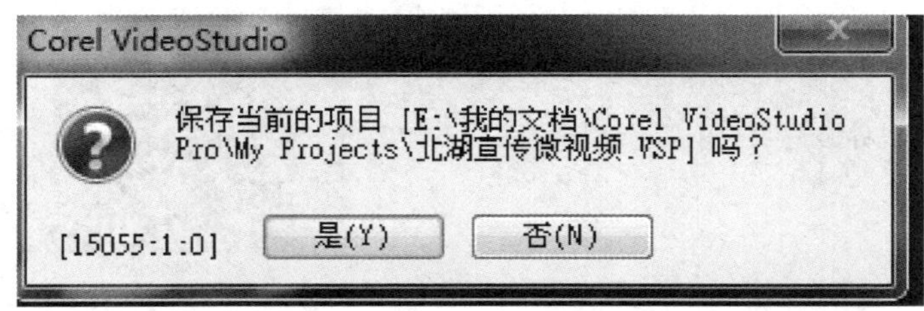

图 4-5-47　确定保存模板窗口

保存之后，制作微视频的所有素材都保存到一个文件夹，包括“北湖宣传微视频.vsp”项目文件，如图 4-5-48 所示。

图 4-5-48　保存模板中的相关文件

任务资源

表 4–5–2　任务资源

网站名称	对应 APP 二维码
九寨沟微视频	
长隆欢乐世界微视频	
南海西樵山宣传微视频	
旅游目的地景区北湖宣传微视频	

学习评价

请根据你在本任务实施过程中的实际操作情况，完成评价表（表 4–5–3）的相关内容。

表 4–5–3　评价表

评价项目	评价依据	优秀	良好	中等	及格	继续努力
任务准备	是否对旅游目的地宣传视频有所了解，知道制作微视频的工具					

续上表

评价项目	评价依据	优秀	良好	中等	及格	继续努力
学习活动 1	是否能够学习优秀微视频中的亮点，了解旅游景区制作微视频的目的					
学习活动 2	能否按照领导的要求撰写景区微视频策划方案					
学习活动 3	分镜头脚本的设置是否能够体现整个景区的宣传主题					
学习活动 4	能否搜集到视频、图片、音乐等相关素材，现场拍摄能否找到相关资料					
学习活动 5	是否熟悉会声会影的基本操作，能否按要求完成微视频的后期制作					
任务效果	任务实施是否达到预期目的					
问题与感想						
任务综合评价						

知识链接

1. 景区宣传视频效果

一段好的景区宣传视频能让观众印象深刻、悠然神往，一个好的景区营销方案能让景区名声大振、享誉世界。

2. 景区宣传微视频制作要求

微视频拍摄手法应具有较强的发现力、捕捉力和表现力，角度新颖、可视性强。所拍摄到的图片要求柔美、流畅，视频要有专业配音，中文解说（女声）要求清晰、清楚，并富有感情。

3. 景区微电影制作的几个要点

随着微电影的流行，许多企业和单位都开始考虑制作微电影，将企业的元素体现在里面，这样不仅能起到宣传的效果，而且还能吸引消费者。不仅是企业，旅游行业也是一样，可以通过制作微电影来体现景区的特点。微电影主要是通过有故事有情节的元素来展现景区，不像旅游宣传片那样，全程体现景区的特点。它是通过故事来引导性地宣传景区。那么旅游微电影制作要注意哪几点呢？

（1）故事要点。需要选择一个有情景的故事来展现，故事既要吸引消费者，又要能够很自然地过渡到景区，将景区的风貌展现出来，那么这就需要前期创作一个有吸引力的故事。

（2）要与其他景区微电影不同。只有通过别出心裁的故事展现，才能吸引更多消费者去观看这个微电影，因此不能千篇一律地与别的景区的微电影类型一致，这样起不到吸引消费者的效果。

（3）旅游微电影的广告性。微电影的主要任务并不是展示故事，而是要通过故事来突出所要宣传的景区，因此这两者要很自然地过渡，才能更完美地展现景区的特点。

（4）旅游微电影的传播。每一部微电影的制作都有其目的性，而对于旅游业来说，就是为了将景区宣传出去，那么这就涉及传播渠道的问题。像微电影这样的传播形式主要还是靠网络平台来宣传。目前有很多微电影都是在网络上传播开的。

在互联网时代，微电影已经成为人们热衷观看的简短视频。通过微电影的制作，可以将旅游景区以故事的形式展现出来，给人们一种新型的感受，因此旅游宣传片制作也是有其必要性的。

拓展训练

（1）请选择你所在区域的5A级或4A级旅游景区，根据景区网站评价指标对该景区网站进行评价，并撰写评价报告。

（2）请选择某个你喜欢的旅游目的地景区设计该景区网站的策划方案。

（3）请选择某个你喜欢的旅游目的地景区设计该景区网站的首页。

（4）请为你喜欢的某个旅游目的地景区撰写一篇产品营销软文。

（5）请为你喜欢的某个旅游目的地景区制作景区宣传微视频。

参考文献

[1] 巫宁，杨路明．旅游电子商务理论与实务［M］．北京：中国旅游出版社，2003.
[2] 布哈里斯．旅游电子商务［M］．马晓秋，等译．北京：旅游教育出版社，2004.
[3] 巫宁．旅游信息化与电子商务经典案例［M］．北京：旅游教育出版社，2006.
[4] 肖江南．旅游电子商务［M］．福州：福建人民出版社，2007.
[5] 贾鸿雁．旅游电子商务与信息系统［M］．北京：化学工业出版社，2007.
[6] 杨路明，巫宁．现代旅游电子商务教程［M］．2版．北京：电子工业出版社，2007.
[7] 章牧．旅游电子商务［M］．北京：水利水电出版社，2008.
[8] 韩林．旅游电子商务［M］．重庆：重庆大学出版社，2008.
[9] 朱若男，辛江，刘娜．旅游电子商务［M］．北京：中国旅游出版社，2008.
[10] 舒伯阳．旅游企业电子商务［M］．北京：中国劳动社会保障出版社，2009.
[11] 董林峰，等．旅游电子商务［M］．天津：南开大学出版社，2009.
[12] 余扬．旅游电子商务［M］．北京：旅游教育出版社，2015.
[13] 牟绍波，韩勇．旅游电子商务［M］．成都：西南交通大学出版社，2011.
[14] 陆刚．旅游电子商务［M］．北京：中国物资出版社，2011.
[15] 葛晓滨．旅游电子商务教程［M］．北京：中国人民大学出版社，2011.
[16] 奚骏，崔久玉．旅游电子商务［M］．北京：北京理工大学出版社，2011.
[17] 涂同明，涂俊一，杜凤珍．乡村旅游电子商务［M］．武汉：湖北科学技术出版社，2011.
[18] 张浩宇．旅游电子商务［M］．北京：中国旅游出版社，2011.
[19] 陆均良，沈华玉，朱昭君．旅游电子商务［M］．北京：清华大学出版社，2011.
[20] 范智军．旅游电子商务［M］．北京：清华大学出版社，2011.
[21] 任欣颖．旅游电子商务基础与应用［M］．北京：中国人民大学出版社，2012.
[22] 董林峰，等．旅游电子商务［M］．2版．天津：南开大学出版社，2012.
[23] 淘宝大学．网店美工实操［M］．北京：电子工业出版社，2013.
[24] 周春林，等．旅游电子商务教程［M］．北京：旅游教育出版社，2013.
[25] 赵立群，等．旅游电子商务［M］．北京：清华大学出版社，2013.
[26] 范智军，徐勇雁．旅游电子商务实务［M］．上海：上海交通大学出版社，2013.
[27] 杨路明，等．现代旅游电子商务［M］．3版．北京：电子工业出版社，2013.
[28] 易建秋，等．旅游电子商务在旅游酒店业、会展服务业的应用［M］．成都：西南交通大学出版社，2014.
[29] 张琼．旅游电子商务［M］．北京：旅游教育出版社，2014.
[30] 欧海鹰．旅游电子商务企业案例分析［M］．北京：旅游教育出版社，2015.
[31] 朱松节．旅游电子商务［M］．南京：南京大学出版社，2015.
[32] 杨路明，等．旅游电子商务理论及应用［M］．北京：化学工业出版社，2015.

[33] 昝辉. SEO 实战密码：60 天网站流量提高 20 倍 [M]. 3 版. 北京：电子工业出版社，2015.

[34] 苏高. 软文营销从入门到精通 [M]. 北京：人民邮电出版社，2015.

[35] 徐茂权. 网络营销决胜武器：软文营销实战方法·案例·问题 [M]. 2 版. 北京：电子工业出版社，2015.

[36] 严刚. 字里行间的商业秘密：软文营销（升级案例版）[M]. 北京：清华大学出版社，2014.

[37] 淘宝大学. 电商运营实训手册 [M]. 北京：电子工业出版社，2014.

[38] 王新美. 中文版会声会影 8：DV 影片采集编辑刻录实例详解 [M]. 北京：人民邮电出版社，2005.

[39] 孙爽，等. 旅游电子商务行业发展现状及展望 [J]. 企业改革与管理，2015（6）：143-143.

[40] 雨佳. 中国旅游网站第一名伴您走遍天涯：华夏旅游网 [J]. 中国科技信息，2000（5）：36-37.

[41] 朱波，李顶曦. 坐地日行八万里　8 家电子商务旅游网站横向测试 [J]. 2001（1）：56-70.

[42] 中国互联网络信息中心. 2014 年中国在线旅行预订市场研究报告 [R]. 中国互联网络信息中心，2015.

[43] 艾瑞咨询集团. 2015 年中国在线旅游度假行业研究报告 [R]. 艾瑞咨询集团，2015.

[44] 艾瑞咨询集团. 2015 年中国在线旅游行业年度监测报告 [R]. 艾瑞咨询集团，2015.

[45] 艾瑞咨询集团. 2015 年中国在线旅游移动端行业研究报告 [R]. 艾瑞咨询集团，2015.

[46] 易观智库. 中国在线旅游市场格局盘点 2014 [R]. 易观智库，2015.

[47] 易观智库. 中国在线旅游市场年度综合报告 2015 [R]. 易观智库，2015.

[48] 劲旅网. 劲旅网发布 6 月份媒体平台型旅游网站监测排名 [EB/OL].（2015-07-31）[2015-08-12]. http://www.ctcnn.com/html/2015-07-31/10708237.html.

[49] 劲旅网. 劲旅网发布 6 月份主要在线旅游网站团购频道覆盖数监测 [EB/OL].（2015-07-30）[2015-08-12]. http://www.ctcnn.com/html/2015-07-30/16882811.html.

[50] 劲旅网. 劲旅网发布 6 月份主要 UGC 型在线旅游网站和产品监测排名 [EB/OL].（2015-07-27）[2015-08-12]. http://www.ctcnn.com/html/2015-07-27/17073388.html.

[51] 劲旅网. 劲旅网发布 2015 年 6 月国内预订类旅游 APP 下载量 TOP10 [EB/OL].（2015-07-24）[2015-08-12]. http://www.ctcnn.com/html/2015-07-24/19520389.html.

[52] 劲旅网. 劲旅网发布 2015 年 6 月国内攻略类旅游 APP 下载量 TOP10 [EB/OL].（2015-07-24）[2015-08-12]. http://www.ctcnn.com/html/2015-07-24/19535138.html.

[53] 劲旅网. 劲旅网发布 2015 年 6 月国内工具类旅游 APP 下载量 TOP10 [EB/OL].（2015-07-24）[2015-08-12]. http://www.ctcnn.com/html/2015-07-24/13622856.html.

[54] 劲旅网. 劲旅网发布 2015 年 6 月国内分享类旅游 APP 下载量 TOP10 [EB/OL].（2015-07-24）[2015-08-12]. http://www.ctcnn.com/html/2015-07-24/19439242.html.